名著に学ぶ
これからの英語教育と教授法

名著に学ぶ

これからの英語教育と教授法

外山正一・岡倉由三郎
O. イェスペルセン・H. スウィート

中村 捷 [編著]

開拓社

は じ め に

　本書は英語教授法の原点とも言うべき，下記にあげる4冊の著作の内容を要約し，解説を付したものである．

　　外山正一著『英語教授法　附正則文部省英語読本』（1897（明治30年））
　　岡倉由三郎著『英語教育』（1911（明治44年））
　　オットー・イェスペルセン著『外国語教授法』（1904（明治37年））
　　ヘンリー・スウィート著『言語の実際的研究』（1899（明治32年））

これらの本を取り上げるのは，英語教育史的興味からではなく，これらの著書のいずれもが現代的意味を持っているからである．現代に通用する英語教育の基本原理について述べているからである．現在の英語教育関係の本を見ると，さまざまな教授法の紹介からコーパスの利用法まで至れり尽くせりの内容であるが，英語教育の質が特に高まっているかというと，そうでもなく，それは英語の学力調査の結果に表れている．一方では，このような事実に対して，「英語教育の危機」などの文字が躍るセンセーショナルな題名の本がいくつも現れている．

　このような状況に惑わされることなく，英語教育の原点に戻って，「教えるとはどういうことか」，「外国語を学ぶとはどういうことか」，「教えることの基本原理は何か」，「外国語を学ぶことの基本原理は何か」などの基本的問題を考えることが現在最も必要とされていることである．教え方の技術的な問題ではなく，「訳読」「暗唱」「音読」等々の学習活動の基本原理は何か，基本的問題は何か，を理解することが，教授上も学習上も極めて重要であって，このような問題意識を十分に持つことが，教授や学習をより効率的に効果的にするために不可欠である．そのような基本原理を理解すると，教授の内容にはそれぞれに特有の多面性とそれに関わる問題点があることを理解できるようになる．それに伴って，教師は，教授において基本原理に沿った最善の教授方法を臨機応変に取り入れて工夫を施し，教師それぞれが自分自身の独自の教授法を作り出すことが重要であることが分かるであろう．何とかメソッドとか何とかアプローチとかの名前の付いた教授法で，これまでに英語教育において大きな成果をあげたものはなく，ある一つのメソッドやアプローチに従って外国語教育を

一律に律することが誤りであることは，英語教育の歴史が明らかにしているところである．

　ここで取り上げた著作は，それぞれの筆者が自分自身の言語観，教育観に基づいて書いたものである．読者はお互いに相容れない説明がなされていることに気づかれることがあると思うが，それはひとつの学習活動であっても多面的であって，どの側面に光を当てるかによって説明が異なるためであるに過ぎない．つまり，いずれの説明も正しいという状況が，教授や学習活動においては起こり得るのである．そこに教授と学習に見られる多面性がある．これらの多面的側面をできる限り正しく捉えることが，教授と学習における基本的原理や基本的問題を理解することに他ならない．このような視点から，読者には本書をいわば「創造的に」読んでいただくことを希望したい．

　本書は上記 4 冊の著作の要約と解説であるが，編著者が内容を咀嚼し，編著者のことばでまとめたものではない．本書の内容はすべて，原著者のことばで述べられている．その方が真意が伝わりやすいと考えたからである．

　本書の出版に際しては，開拓社の川田賢氏には一方ならぬお世話になった．本書の題名についても貴重な示唆をいただき，その線に沿って題名を決定した．心よりお礼申し上げたい．

2016 年 9 月

編著者　中村　捷

目　次

はじめに

I.　序　　論 ………………………………………………………… 1

II.　外山正一著『英語教授法　附正則文部省英語読本』………… 9
　　緒言 ……………………………………………………………… 10
　　第1章　外国読本及びこれに類似の読本 …………………… 10
　　第2章　文部省正則英語読本 ………………………………… 15
　　第3章　正則英語読本使用法 ………………………………… 16
　　第4章　外国語の課業における一大弊風 …………………… 18
　　第5章　翻訳の仕方 …………………………………………… 19
　　第6章　教師への注意 ………………………………………… 21

III.　岡倉由三郎著『英語教育』……………………………………… 29
　　第1章　緒言 …………………………………………………… 29
　　第2章　英語は独修し得べきか ……………………………… 30
　　第3章　英語教育を始める時期 ……………………………… 30
　　第4章　教授法の過重視を難ず ……………………………… 32
　　第5章　英語教授の要旨 ……………………………………… 34
　　第6章　予備的訓練 …………………………………………… 39
　　第7章　英語各分科の連絡及び関係 ………………………… 41
　　第8章　文字の書き方及びその練習 ………………………… 45
　　第9章　発音及び読み方 ……………………………………… 48
　　第10章　解釈について ………………………………………… 54
　　第11章　会話及び作文について ……………………………… 71
　　第12章　文法について ………………………………………… 76

第 13 章　英語の各分科とその内的関係 …………………………… 79
第 14 章　教師に対する要求 ………………………………………… 81
第 15 章　参考書のくさぐさ ………………………………………… 84

IV.　オットー・イェスペルセン著『外国語教授法』 ………… 87

序 ……………………………………………………………………… 87
第 1 章　緒論 ………………………………………………………… 88
第 2 章　文例 ………………………………………………………… 91
第 3 章　読本の選択 ………………………………………………… 96
第 4 章　読本の使用法 ……………………………………………… 104
第 5 章　種々の教授法 ……………………………………………… 110
第 6 章　翻訳，音読，書き取り …………………………………… 121
第 7 章　語法教授上の要点（その一：数字の指導，文の変換）…… 130
第 8 章　語法教授上の要点（その二：機械的暗記の弊害，活用形や
　　　　形式の練習法，和文英訳）………………………………… 137
第 9 章　語法教授上の要点（その三：文法規則発見の手順，文法の
　　　　扱い方，同意語，語彙集）………………………………… 146
第 10 章　発音の取り扱い方 ………………………………………… 153
第 11 章　余論 ………………………………………………………… 166

V.　ヘンリー・スウィート著『言語の実際的研究』 ………… 173

序 ……………………………………………………………………… 174
第 1 章　言語の研究 ………………………………………………… 175
　実際的研究と理論的研究／一般原則の必要性／よい学習法と悪い
　学習法
第 2 章　音声学 ……………………………………………………… 177
　音声学は新機軸ではない（模倣の誤り，細かい区別の誤り）／研究
　方法：器官的および聴覚的（音の孤立化，音構成の分析）／母国語
　の音と一般音との関係
第 3 章　音声表記法 ………………………………………………… 180
　普通つづり法と表音式つづり法との関係
第 4 章　外国の字母（アルファベット）…………………………… 182
　外国字母の字訳
第 5 章　様々な発音 ………………………………………………… 184

人為的発音／口語性（colloquialism）の度合い／発音の標準
第 6 章　音声学の一般的研究 ………………………………………… 187
　　音声学の利点
第 7 章　話し言葉から始めよ ………………………………………… 189
　　話し言葉は書き言葉の源／実際的考察
第 8 章　言語の困難 …………………………………………………… 191
　　外的困難／母語との関係／内的困難／音声上の困難／各言語の一般的困難／真の困難は語彙にある／すべての言語は同等にむずかしい
第 9 章　教授法の一般原則 …………………………………………… 199
　　言語は部分的にしか合理的ではない／言語における不合理な結合：我々は規則では話せない／自然教授法（ナチュラル・メソッド）／海外居住／先天的素質／国民的素質／すべての人に通用する教授法
第 10 章　教授法の特別原則 …………………………………………… 208
　　規則：機械的孤立化（mechanical isolation）／分析と総合／語形変化表／単語表を暗記すること／分離した文：文脈／連合（Association）／記憶；反復／テキスト，文法，語彙の間の関係／漸進的教授法の諸段階：不規則変化
第 11 章　文法 …………………………………………………………… 221
　　語形論と統語論（Accidence and Syntax）／形式的および論理的統語論／語形論と統語論を一緒に教えること／文法的分析の段階／文法は無意識的に学ばれる／用例
第 12 章　辞典；語彙の研究 …………………………………………… 227
　　範囲（完全さ，簡潔さ，一目で見渡せること（Surveyability），意味，用例，文法的情報およびその他の情報）／論理的辞典／言語の語彙の研究（辞典の使用，意味の形式的研究，意味の論理的研究）
第 13 章　テキスト；読本 ……………………………………………… 233
　　テキストの分類／連続性／長さ／明瞭な文脈／限られた語彙／最も必要な要素を最初に／主題の親近生／ことばの簡潔さ／多様性／むずかしさの段階／興味／文学的テキスト／形式の優先；文法的テキスト
第 14 章　異なる言語間の関係：翻訳（＝訳読）(translation) ………… 243
　　自国語の知識を得ることから始めよ／交叉連合／翻訳せず外国語で考えること／外国語からの翻訳（絵画式教授法，外国語による説明，翻訳は知識をより正確にする，翻訳の三つの段階），自由作文：質疑応答

第 15 章　会話 ………………………………………… 251
第 16 章　文学，文学的作文 ………………………… 253
　作文
第 17 章　一般的事項（原本第 19 章）……………… 254
　時間と努力／成果：知識の段階と程度（完全な知識，熟達した知識，基礎知識）／摘要とノートブック／テキストの主題内容／子供を教えること／成人のための教授法；自学（母語話者の教師がいる場合，明確な知識から始めよ；翻訳文から，文法書）

VI.　独自の教授法をもつこと：あとがきに代えて ………… 265

参照文献および新聞記事 ……………………………………… 271

索　　引 ………………………………………………………… 275

名著に学ぶ
これからの
英語教育と教授法

外山正一・岡倉由三郎
O. イェスペルセン・H. スウィート

I. 序　論

　ここで取り上げた4冊の本は，英語教授法の名著と言われているものである．いずれも日本の明治時代に書かれたものであるが，これらの本を取り上げるのは，英語教育史的興味からではなく，これらの著書がいずれも現代的意味を持っているからである．現代に通用する英語教育の基本原理について述べているからである．現代の英語教育関係の本を見ると，さまざまな教授法の紹介からコーパスの利用法まで至れり尽くせりの内容である．そのような恵まれた環境にあるので，英語教育の質が非常に高まっているかというと，そうでもなく，英語の学力調査によれば，中学3年生の7割が英語検定3級のレベルに達していないという（p. 220参照）．また，ある研究によれば，大学生でも中学校レベルの誤りを犯す学生が散見されるという．大学の英語教員の間では，一定のレベルを超える大学においてさえ，学生の英語力が年々落ちているというのが共通認識となっている．やはりどこかに問題点があると考えざるを得ない．

　そのような状況に直面して考えるべきことは何か．それは基本に立ち返ることである．教え方の技術的な問題ではなく，教えるとはどういうことか，外国語を学ぶとはどういうことか，教えることの基本原理は何か，外国語を学ぶことの基本原理は何か，の基本的問題を考えることである．このような基本問題を考えるとき，原点となるのは何か，と思いを巡らすときに立ち現れるのが，本書で紹介する4冊の本である．

　　外山正一著『英語教授法　附正則文部省英語読本』（大日本図書株式会社，
　　　明治30（1897），78頁）
　　岡倉由三郎著『英語教育』（博文館，明治44（1911）年，233頁）

オットー・イェスペルセン著『外国語教授法』*How to Teach a Foreign Language*, by Otto Jespersen; Translated from the Danish original by Sophia Yhlen-Olsen Bertelsen, London: George Allen & Unwin, LTD, First Edition 1904, 194 pages.（明治 37 年）

ヘンリー・スウィート著『言語の実際的研究』*The Practical Study of Languages: A Guide for Teachers and Learners*, by H. Sweet: London, J. M. DENT & CO., Bedford Street, Covent Garden, 1899, 276 pages.（明治 32 年）

この中で外山の著作が最も古く，ついでスウィート，イェスペルセン，岡倉の順序である．岡倉の参考文献にはスウィートとイェスペルセンの著作が上がっているので，この両者の影響を受けていることは明らかである．イェスペルセンの著作の中にはスウィートへの言及が見られる．これらの中で先陣を切っているのは外山である．そこで，まず，外山の著書から見ることにしよう．

石橋幸太郎は，その随筆「外国に学ぶ」（『随筆集日本人と外国語』（財団法人語学教育研究所編，開拓社））において次のように述べている．「明治文化の基礎を培ってきた先覚者たちは，使命の自覚の上に立つ確固たる信念を持ち，自主的態度を貫いた．英語関係者に範囲を限っても，たとえば，外山正一，岡倉兄弟，内村鑑三，齋藤秀三郎などの名を，われわれは即座にあげることができる．外山正一の『英語教授法』（1897 年）は，題名の示すとおり，英語教授に関する小冊子であるが，これは，おそらく，日本人のための英語学習を説いた最初の本であろう．それまで外国製の教科書を無批判に用いていたのを，日本人の立場から改めて検討しなおして，日本人向きの教科書を編纂し，いわゆる正則英語への道を開いた外山の功績は不朽と言ってよい．」このように述べて，外山の功績を高く評価している．日本の英語教育はここに始まったと言ってよい．ここに紹介する『英語教授法』で述べられている提言は，スウィートやイェスペルセンで指摘されている事柄を先取りしているところもあり，現代でも色あせることのない有益な示唆に満ちている．

岡倉由三郎は多彩な研究活動をした英学者である．大学で言語学を学び，その後，朝鮮語や琉球語の研究をして，国語学から音声学の研究に進み，さらに英語教授法に移り，市河と共に『英文学叢書』（研究社）の編集も行っている．今日も放送されている NKH ラジオの「英語会話」の放送は 1934 年（昭和 9 年）に始まっているが，このラジオの「英語講座」を初年度から 10 年以上担当したのも岡倉であった（この辺りの事情は山口誠著『英語講座の誕生』（講談社選書メチ

エ，2001 年）に詳しい）．

　本書で紹介する『英語教育』について，高梨健吉は『日本の英語教育史』において次のように論じている．「岡倉由三郎は日本における新教授法の最初の唱道者であった．明治 44 年に出版した『英語教育』は，直接教授法を基調として英語教授法全般にわたって説いた名著である．題名を「英語教授法」ではなくて「英語教育」としたところも，その抱負がうかがわれる．この本は久しく英語教育者の必読書であり，今読んでも教えられるところが多い．」そして，この本の中で特に英語教師の胸を強く打つのは，英語教師はいかにあるべきかを説いた一章であると述べている．

　英語を専門的に学んだ人でイェスペルセンの名前を知らない人はほとんどいないであろう．代表的著作の『近代英語文法』(*Modern English Grammar*, 全 7 巻，1904～1949) は，体系化された英語の知識の宝庫であり，英語学研究者は，その拠って立つ理論に関わらず，少なくとも研究に関連する部分は必ず読むべき本であり，必ず有益な情報と資料を得ることのできる文献であることは，今でも変わりがない．イェスペルセンの伝記記事を書いた Niels Haislund は「『近代英語文法』のきわめて大切な特徴の一つは，そこに引用された用例が彼自身の手で収集された材料の宝庫であることだ．」と書いて，この本に含まれる用例の豊富さと重要性を特記している（『言語学者列伝』樋口時弘訳，朝日出版，2010 年）．多くの学生が英語学の基礎を培うために読んだ『エッセンシャル英文法』(*Essentials of English Grammar*, 1933) は，その簡約版である．いまでも英文法の基礎文献としての輝きを失っていない．

　イェスペルセンは，研究の初期段階から，言語研究と同様に外国語教育にも関心と熱意を持っていて，若いときすでに外国語教育の刷新に関する論考を発表している．そして自分自身の経験に基づいて 1901 年にデンマーク語でまとめたのが本書である．1904 年に *How to Teach Foreign Languages* として英訳版が出版され，広く読まれるに至った．本書は『英語学と英語教育』（伊藤健三・島岡丘・村田勇三郎著，1982 年，大修館書店）でも取り上げられ，「全編にみなぎる教育に対する情熱とそこに提言されている具体的問題の多くは，今日の教室にも直接つながるものである」と述べて現代性を強調している．

　スウィートは優れた言語学者であり，語学の天才であった．その二つの知識と能力を惜しみなく語学教育に注いだ結果が『言語の実際的研究』であると言ってよいであろう．深い学識に裏打ちされた学習上の提言，注意，示唆が散りばめられている．引用される事例はラテン語やギリシャ語の古典語から，ドイツ語やフランス語の近代語や，サンスクリットやペルシャ語に及び，4 冊の

著書の中で整理が最もむずかしい本であったが，それだけ得るものも多い本である．

　ここでスウィートの言語学的背景に少しふれておこう．彼の言語学的背景を知っておくことが，ここで取り上げた著書を理解する上で必要であると考えるからである．

　18世紀は古典主義・合理主義の時代であった．古典主義的考え方とは，古典語，特にラテン語に文法の組織の規準を求め，その規準に反するものは排除するという考え方である．また，合理主義とは，言語は本質的に論理的であると考え，その論理に従って定められた規則に従うものが正しい語法であり，それに反する語法は正しくないとする考え方である．一言で言えば，言語の実際の慣用に重点を置くのではなく，実際の言語使用（特に英文を書く）のための規範を定めた規範文法であった．

　このような時代背景の中で，文法を「言語の科学」と定義し，実用を目的としたそれまでの規範文法と決別し，真に科学的・学術的英文法を世に出したのはスウィートであった．その意味で彼は現代の英文法の始祖と呼んでもよいであろう．スウィートは歴史的研究，音声研究の分野でも優れた研究を残しているが，英文法の観点から見た場合，その中心をなしている研究は『新英文法』 *New English Grammar* (I, II) (1891, 1898) である．

　スウィートの英文法の最大の功績は，英文法を言語使用のための技術 (art) としての実践的・規範的文法から真に科学的な文法へと進展させた点にある．「文法は理論的，実用的のいずれの観点からも考えることができる．理論的観点から見ると，文法は言語の科学 (science of language) である．一方，実用の観点から見れば，文法は言語の技術 (art of language) である」と述べている．

　このようにスウィートは言語研究を理論的研究と実用的研究の二つに分け，理論的研究においてはもちろんのこと，実用的研究（言語学習）においても科学的視点が必要であると述べている点が先駆的であり，それによって言語教育の永続的な真の改善と進歩が可能となると考えていた．『言語の実際的研究』は，現代の応用言語学や言語教育学に見られるのと同じ科学的方法による，外国語教育研究の先駆けであると見なすことができる．

　ここで取り上げる著書がどのような本であるかについて述べてきたが，初めに述べたように，これらの本を取り上げたのは，これらの著書がいずれも現代的意味を持っているからであり，現代に通用する英語教育の基本原理について

述べているからである．これらの著書で述べられている提言にはお互いに相容れないところも見られるが，これは当然のことである．それは著者ごとに異なる考え方を持っているからでもあるが，それよりもむしろ語学教育・語学学習は多面的であって，一つの学習活動でもどこに焦点を当てるかによって意見が異なる面があるからである．いわば，いずれの意見も正しい，という側面があるわけである．対象である生徒によっても，教える内容によっても，その方法・手段を変える必要がある．したがって，何とかメソッドとかアプローチを一貫して押し通すのは，基本的に誤っていると考えられる．教授には，その都度，状況に従って様々な方法を用いる柔軟性が必要である．

　冒頭で，基本に立ち返ることの重要性について述べ，重要なのは教え方の技術ではなく，教えるとはどういうことか，外国語を学ぶとはどういうことか，教えることの基本原理は何か，外国語を学ぶことの基本原理は何か，を考えることであると述べた．これだけでは抽象的で理解しにくいと思われるので，「暗唱」を具体例として，基本問題を考えるとはどういうことかを見ることにしよう．

　「暗唱」と言うとき，たとえば，宿題としてその日に終わった部分や一節を暗唱しなさいと生徒に課すことがあったとしよう．その時に考えなければならない問題は何か，という疑問を持ち，それに対処することが，「暗唱」に関する基本問題に立ち返るということである．

　まず，岡倉の暗唱に対する意見を見よう．「とにかく，暗唱は英語の第一句を学習したその日から，日常不断に行うべき極めて有益な練習方法で，運用を自在にする基礎となるべきものである．上級に進んだものが，簡易な語句の使用法にすら習熟せず，活用に疎いのは結局暗唱の効を積まないことに起因すると言っても差し支えないであろう．「元来英語を多少知るというは，これをある程度諳んじていることに外ならない．」したがって，暗唱は，英語学習者が，必ず経由しなければならない筋道であるので，教える者も，学ぶ者も，充分にこの点を自覚し，暗唱に一層の注意と努力を払うべきである．暗唱は，単に書くまたは話すことに資するのみでなく，これに習熟する間に，自然と英語の格調に慣れて，聞く力や読む力をも著しく増大するのである．」(p. 62) これは暗唱の効用に対する一般論であって，暗唱そのものについては何ものべていないが，続いて，「暗唱を行うと同時に，その効果を確かめるために，書き取り (Dictation) を行うのは甚だ重要である．（中略）多少時間はかかっても，口と耳で始めた教材は，常に手に訴えて書き取らせることで完了するようにしなければならない．（中略）これによって文法の知識が確実かどうかも探ることがで

きるので，種々の利点があるのである.」(p. 63) と述べて，書き取りと併用し，暗唱は最終的には書き取りによって定着させるようにすべきであると述べている.

外山は，単なる暗唱については否定的であって，日本語の意味を与えて，それを口頭英作文させる方がよいと主張する.「会話は読本を用いて行うのがよいが，予め生徒に暗記をさせて，教室でこれを暗記させて生徒を苦しめるべきではない．教師は日本語で意味を述べ，生徒はこれに当たる英語を言わせるようにするのがよい．できないときには教師が手助けをしてやる．機械的暗記暗唱は無用である.」(p. 17) 日本語を与えられて，いわば，口頭英作文ができるようになっているのがよいと言う.

イェスペルセンは次のように述べる.「もちろん後になれば，発音訓練のためだけの反復練習はそれほど多くは必要でなくなる．その時には，テキストを暗唱させるようにしてもよい．ただし，これには危険が伴い，生徒が意味に顧慮せずに，テキストを生命のない単なる語の連続として暗記することがある．特に教師が日常お決まりのこととして暗唱させるとそうなってしまう.」(p. 127) これは生徒に安易に暗唱をさせたときに生じる問題点を指摘している．教師の多くにこのような経験があるのではないだろうか．さらに，旧式の方法を批判して，「これらは旧式の教育学の残骸であって，そのような教育学では，どんな科目でも生徒が教科書の言葉を暗唱していれば，教師は満足し，理解とかそのような近代の発明品［新しい概念］については誰も考えが及ばなかったのである.」(p. 139) 単に教科書を暗唱していれば，教師が安心して，生徒がそれを理解しているかどうかを確認しないことの問題点を指摘している．また，「(旧式の教授法で用いられている文は) 文構造の型として記憶し，他の文の構築に使用できるようなものでもない．したがって，文法の諸規則を暗唱することが大部分を占めることになってしまった．単調で無気力な活動ばかりとなってしまったのである.」(pp. 170～171) と述べているが，これは暗唱すべき内容の吟味の重要性を述べている.

最後に，スウィートは次のように述べる.「暗記は教材をあらゆる角度から徹底的に研究し尽くすまでは行ってはならない．教材が適切に研究されて文法的に分析されないうちに暗唱を行うと，しばしばかえって害になることがある.」(p. 215) 暗唱をさせる前に教材に対して行うべき指導・準備について述べている．その教材の意味，文構造，発音すべての面について生徒が十分に習得していることを確認できるまで暗唱をさせてはならないとし，安易な暗唱を戒めている.

以上のことから，「暗唱」に対する基本問題として，暗唱材料の内容，暗唱材料の事前指導のあり方，暗唱の目的の明確化（何のために暗唱をするのか，文法事項の習得か，表現の習得か，文構造の習得か，など），暗唱の方法（暗唱を確認する方法），暗唱が運用レベルまで消化されているかどうかの確認，等々，これらが基本的問題として浮かび上がってくる．これらに対する提言の中のどれかが正しいと言うことはない．生徒のレベルと実態，教材内容，学習目標を熟慮の上で，どの方法がその教材の暗唱指導に適しているかを教師自身が考え工夫することが，基本問題に立ち返るという意味である．

予備知識

　本書に収めてある明治の英語教育の文献を読むためには，時代背景および当時の学校制度についての予備知識が必要である．

1. 「正則」と「変則」

　「正則」と「変則」とは，本来は制度上の用語で，正則とは外国人による授業で，音の学習をし，会話を学ぶことを主とするものである．これに対して，変則は日本人教師による授業で，文意を理解することを主眼とし，漢文素読式を採用し，音声には注意を払わないものであった．村井知至（ともよし）は「さて変則英語なるものはどういうものかというに，書物を読んでただその意味がわかればいい，文法がどうであっても発音がどうであっても，話ができなくても聴くことができなくてもすこしも頓着しない，とにかく書物の内容すなわち思想を握りさえすればよいというのがいわゆる変則英語というものの本領というものなのである」と述べている．

2. 旧制の学校制度

　旧制中学校の就学期間は5年間であり，旧制中学1年は現在の中学1年に相当し，最高学年の5年は現在の高等学校2年に相当する．旧制中学校を卒業すると，旧制高等学校，大学予科，大学専門部，高等師範学校，旧制専門学校，陸軍士官学校，海軍士官学校に進学することが可能であった．また，旧制中学校2年を修了すると，師範学校への進学が可能であった．なお，旧制中学校はエリートの登竜門であり，身分が高いか経済的に恵まれた階層の子弟がほとんどであって，現在の義務教育の中学校とはまったく異なる．

II. 外山正一著『英語教授法　附正則文部省英語読本』

（大日本図書株式会社，明治 30（1897）年 9 月 12 日，78 頁）

外山正一略歴

　外山正一（嘉永元年（1848）〜明治 33 年（1900））は旗本の子息として江戸に生まれる．13 歳で蕃書調所で英語を学び，16 歳で開成所の教授となる．1886 年（慶応 2 年）に 18 歳で幕府派遣留学生としてイギリスの University College School に留学する．幕府の瓦解により 1888 年帰国し，その後新政府に抜群の語学力を認められて，外務省の役人として 1870 年（明治 3 年）に渡米するが，直ちに辞職し高校を経てミシガン大学に入学し，哲学と科学を専攻し 1876 年（明治 9 年）に帰朝した．

　帰朝後，東京開成学校で社会科・英語を教えるが，同校が東京大学，後に東京帝国大学に改変されると日本人初の教授となった．大学では社会学，心理学，哲学，論理学，史学などの専門を教えると同時に，一般教育の科目として英語の授業を担当した．この経験をもとに書かれたのが『英語教授法』である．東京大学総長や文部大臣（在任 3 ヶ月）を歴任し，また，新体詩，ローマ字化推進，演劇改良，女子教育の充実など文化面でも多彩な活動をした．

　なお，『正則文部省英語読本』は，外山正一と B. S. Chamberlain によって執筆されたわが国で初めての初学者用の英語読本であった．全 5 巻から成り，第 1 巻の出版が明治 22（1889）年 1 月で，第 5 巻の出版が翌年の 1 月であった．外山の『英語教授法』はこの読本の使用説明書として書かれたものであるので，はじめに章末の解説の 4. を読んでおかれると内容の理解が深まると思われる．

緒言

中学卒業生の英語の力が乏しいことは，何人も熟知するところであるが，その原因を一概に就学年限の短いことに帰せんとするが如きは，他に歴然たる原因があるのを無視する説である．というのは，目下語学教員の不完全であること及び教授法の不良なることは，これもまた何人も認めるところだからである．その上，不適当な教科書を使用しているのも，また大きな原因の一つである．そしてこれらの不幸な原因を取り除くために最も大切なことは，無論教員の質を高めることであるけれども，これは養成法及び講習会等によって漸次に達成されることである．また，教授法の改良も，この時を待って，はじめて充分に行われるべきものであることはもとよりであるが，今日，学力少々優等なる教員にもかかわらず，従来行われている習慣の結果として，不適当な教科書を用いて，不良なる教授法を用いる傾向がある教員がないとは言えない．本書はこの弊習を矯正することを目的としている．もし教員諸子の参考の一端ともなるであれば，著者の喜びはこれに過ぎるものはない．

第1章　外国読本及びこれに類似の読本

自国の言語で書かれた読本は，これを音読するのを聞くと，はじめて学校に就学する児童といえども，その意味を理解し得る文章から成り立っている．この点は英米の児童の場合も事情は同じである．See the hen run at the cat! Run, hen, run. とか，If I use my whip I can keep up with you, and I may pass you. とかいうのを聞くと，英米の児童は直ちにその意味を理解する．ただ，彼らが困難を感じるのは，文字で書かれた文書を読み下すことである．したがって，英米の児童にとっては，自国の言語で書かれた読本を学修するのは，決して難しいことではない．これに対して，日本の児童が初めて英語を学ぼうとするときに，その教科書として，英米児童のために作られた英語読本を採用するのはどうしてであろうか．日本の児童は，英語そのものをまったく知らないので，その困難の程度は英米の児童の困難とは大いに趣を異にする．The hen is on the nest. / The boy has a big top. のような簡単な文も日本人の児童には，意味も発音もわからない．これに対して，英米の児童はその文字の読み方を学ぶだけでよい．したがって，英米の児童にとっては極めて簡単なものであっても，日本の児童にとっては非常に難しいものである．したがって，日本の児童が，はじめて英語を学ぼうとするに際して，英米児童のために

作成された英語読本を教科書として用いることは極めて不適切である．その理由は次のようである．

　第一に，英米の読本は，初等のものでは文章は簡単であるけれども，日本の児童のごとくいまだ英語を知らないものにとっては，充分に易しいとは言えない．最初から単文のみならず，重文や複文があり，英語を知っている児童にとっては，これらに少しも困難を感じないかもしれないが，いかに簡単だと言っても，いまだ英語を知らない児童にとっては，力不相応の困難によって，いたずらに児童の頭脳を苦しめるだけで，英語を学ばせるためには却って不利である．例えば，Ann likes the doll, and will get it a new hat. / Yes, and I see the new doll my mother gave to Ann. / If you do not run fast, I will catch you. など，これらの文を英米の児童が聞けば，その意味を理解するのに少しも苦労しない．語の意味も文章の意味もはじめて学ばなければならない児童に，これらの重文や複文を教えることは至難のことである．英米の読本は，"First Primer" と称するものといえども，It is hot now the sun is up. のような難しい文を少しも遠慮なく使用している．

　第二に，英米の読本は，すでに英語に通じている児童のために作られているので，訓練法が講じられていない．これが第二の欠点である．児童に外国語を学ばせるには，練習法を最も注意して，最も念を入れて使用することが必要である．英国の児童は，フランス語を学ぶために，フランス人が自国の児童のために書いた読本を用いることはない．日本人が英語を学ぶときのような迂闊なことは決してなされない．それではどのような教科書を用いるかというと，極めて訓練法を旨とする一種特別の教科書を使用する．すなわち，Olledorff's New Method や，Fasquelle's French Course などである．外国語を教授するのに訓練法を用いる必要性は容易に認めることができる．人が成長する際には，自国語を日々聞いて話して，知らず知らずに習得する．外国語については，そのような経験はもとよりなくて，教師について学ぶときに，これを聞き，教科書でこれを見るに過ぎないような状態であるので，特別に訓練法を用いない教科書によって教授するのは，時間の無駄である．外国語の教授においては，同じ語句，同じ文章を何度となく，言い聞かせて書いてみせることが必要である．また，生徒には耳と口，目と手を怠りなく働かせるように努める必要がある．この事から，自国の児童のために作られた読本のように，訓練法によらないものは，外国児童に語学を教授するための教科書として使用するのは実に不適切である．ただし，多少進んだ段階ではこのような教科書を用いることはできるであろう．

第三に，英米の読本はすでに英語を知っているもののために作られているので，これまで述べたように，最初から長短の文や難易の文の区別なく，種々の文がまぜこぜに用いられている．また，同一の句や文を繰り返すこともない．英米人にとっては平易極まりない文句も，邦人にとってはすこぶる困難な場合が往々にしてある．ここで例を示して不都合な点を説明しよう．

　Longmansの"First Primer"は英国児童に英語の読み方を教授するために作られたもので，英国児童の教科書としては有益であろうが，児童が出会う第一の文は It is a cat.，第二の文は It is the cat.，第三の文は It is my fat cat. である．このような文は英米の児童にとっては実に平凡であるが，わが邦の児童にとっては，a cat, the cat, my fat cat の同異は容易には理解できない．It is a cat. の文を覚え込まないうちに，It is the cat. という難しい文に出会い，これらの文の違いを理解しないうちに It is my fat cat. という難しい文が出てくる．このように，甲の組織の文を覚え込まないうちに，乙の組織の文を授け，甲も乙も授けないうちに丙の組織を授ける．このような仕組みの英語読本は，本邦の児童には決して適してはいない．

　このような読本を本邦で用いることによって，今日まで一般に行われている一大弊害がある．次にこの事について述べよう．

　第四に，外国読本を用いる結果として，訳読変則に陥る傾向がある．そして，変則に陥る原因がどこにあるかというと，最初から重文複文のような長文によって学ぶときは，必ず変則に陥らざるを得ない．耳で聞くことが少なく，目で学ぶときは，必ず変則に陥らざるを得ない．音読することが少なく，訳読することが多いときは，必ず変則に陥らざるを得ない．正則に外国語を教授するためには，意味の極めて覚えやすく，ごく簡単な文章について，訓練的に会話及び音読によって，耳より印象を与え，口をしてたびたびこれを言わせるべきである．一度文の意味を理解したときには，会話や音読によって，訓練的に何度も正則の繰り返しをなすことが必要である．

　仏学者も独学者も，皆変則者である理由は，彼らが外国語を学ぶとすぐに文法書を学び，これが少々できると，すぐに博物書，物理書，もしくは歴史書というように難しい書物に取りかかる．一句一句その意味を理解することを第一に勉強し，文意を解するのが唯一の目標となる．最初から複雑な外国語の文に取りかかるときは，必ず変則家とならざるを得ない．一通り意味をとれば，それで完了と見なして，さらに高尚な書物に取りかかる．ただ訳読に従事して余念がない．複雑な文で外国語を学ばせると，一生涯変則家であることを免れない．明治の教育においては，英語の授業法も大いに改善されて，また，外国留

学から帰国したものも多く，変則は次第に不評となり，正則風が大いに吹くこととなった．しかし，口では正則主義を唱えても，実際に巧みに正則的授業をして生徒に実力を付けることを知っている教師は少ない．また，いくぶん正則的に英語に通じていても，真に英文の意味を解する力の不足している教員も多いため，その反動として，正則主義はいくぶん不評判になっている．それのみならず，外国の読本を用いる場合には，前述のような文章の性質のために，善良な正則教員といえども，勢い訳読に重きを置くことになり，正則の部分としては，わずかに形式的に音読をなすに過ぎないような傾向がある．したがって，よい教師といえども，教科書の性質のために，知らず知らずの内に変則的に陥る恐れがある．いわんや，凡庸な教師では，訳読に安んじるばかりであることは容易に推測できる．外国語の読本は，初級の英語教科書は前述のごとく不適当であるが，それにもかかわらず，このような教科書やそれに類するものによって教授が行われるのであろうか．その理由は，このような読本は，生徒にとっては不適切であるが，教師にとっては最も容易だからである．「のんべんくらり」の変則訳読の授業法ほど，教師にとって楽な授業法はない．

　第五に，英米人にとっては，平凡で簡単な表現であっても，日本人にとっては至難のものもある．この種の表現に関しては，生徒の注意を引いて，訓練的に教授して印象を強くする必要があるが，英米人にとっては平凡で簡単な表現であるので，彼らの読本では，このような表現に特別の注意を払っていないのはもとより，現今わが国の英語教員の中には，読本にこのような表現があっても，特に注意が払われていないために，授業でも深く意に介することもなく，いい加減に解釈して生徒を満足させて，別に問題意識を持たない者がいる．甚だしい場合には，まったく誤解して安心している者もなきにしも非ず．例えば，It rains. / It snows. などの it, O Ned, there are some little chicks under the hen. の there などは，英米人にとっては少しも困難はないが，日本人にとっては中々むずかしい．また，See the hen run at the cat! における the hen, Do you see the man feed him from his hand? における the man などの文法上の関係のごときは，日本人にとってはすこぶる困難である．このような点に配慮しない教科書は，授業上大きな不便をもたらすものである．

　第六に，各学校における英語教授法の一大欠点は，訳読は訳読，音読は音読，会話は会話，文法は文法，とそれぞれ別々の科目として課していることである．また，往々にして，それぞれの科目の担当教員が別々の教員であることもあり，その授業法と言えば，訳読の授業では発音音読には少しも注意が払われず，生徒にただ訳読をさせるだけである．音読の授業では，生徒が意味を理

解しているかどうかにかかわらず，ただ音読のみを行い，文法の授業では，文法の規則を説明するだけである，等々，実に言語道断の授業法が行われている場合が少なくない．今日行われているように，訳読，音読，文法，会話等を別々の科目として教授するのは，決してよいことではない．まず，訳読を行う前には，必ず音読をしなければならない．訳読をしたならば，必ずまた音読をなすべきであり，しかも再三なすべきである．文法も，大体は読本の文章を用いて実地的に教授すべきである．文法を文法として教えるのは，上級に至ってからである．会話も読本を通して教えるべきであり，英語の授業時間に，常に会話をなすことによって，自然に会話ができるようにし向けるべきである．このような理由から，世間で使用されている外国語の教科書あるいはこれに類するものは，少々英語の力がついた者に対する教科書としては使用できるであろうが，初めて英語を学ぶ者の教科書としては，決して採用すべきものではない．

(**解説**) 「緒言」では，本書の出版の主旨が述べてある．中学卒業生の英語学力の不足の原因を，(1) 実力のない教師，(2) 不良な教授法，(3) 不適切な教科書の三つであると指摘する．本書では，この中で (2) と (3) の問題を扱っている．

　本章では，初学者用の教科書として，英米の教科書あるいはそれに類するものを使用することに関する問題点を6つ指摘しているが，これらは次の4点に集約できる．

(1) 英米の教科書は，英米の児童向けに書かれているので，英語を初めて学ぶ日本の児童にとってはむずかしい事項や構文が数多く含まれていること．
(2) 英米の教科書には「訓練」という面に配慮が払われていないこと．
(3) 英米の教科書を使用すると，日本の児童にとってはむずかしい構文を扱うことになるので，訳読中心の変則授業に陥る傾向が生じること．
(4) 訳読，音読，会話，文法が別々に教授されていること．

　英米の教科書を初等の英語教育に用いることの不適切さは言うまでもないであろう．筆者が高校時代（昭和30年代後半）には文法と作文は別々に教えられていたが，現在の高校では指導要領により文法が独立した科目として教えられることはなくなった．これは文法が不必要であるとか教えなくてもよいということではなくて，文法はすべての分野で使用されるのであるから，すべての英

語の授業において文法に留意すべきであるということを意味する．外山の指摘がやっと生きてきたということであろうか．

　第四で，「正則に外国語を教授するためには，意味の極めて覚えやすく，ごく簡単な文章について，訓練的に会話及び音読によって，耳より印象を与え，口をしてたびたびこれを言わせるべきである．一度文の意味を理解したときには，会話や音読によって，訓練的に何度も正則の繰り返しをなすことが必要である」と述べている．この点は英語の初学の段階では極めて重要なことである．また，第六で，訳読と音読との関係について，「まず，訳読を行う前には，必ず音読をしなければならない．訳読をしたならば，必ずまた音読をなすべきであり，しかも再三なすべきである」と述べている．意味を理解した上で，その文を何度も音読することは極めて重要であり，岡倉もこの点を特に強調している．（III. 岡倉第13章の解説（p. 80），および VI.「独自の教授法をもつこと」を参照）

第2章　文部省正則英語読本

　欧米において外国語を学ぶときには，オルレンドルフ，ファスケル，コンタンソー，ナフテル，ブレンダーガスト，ドレイスプリング等の教科書を用いているが，その中で，オルレンドルフがこの種の教案の元祖とも称すべきものであり，この案に基づく教科書は，演繹的性質をもつだけでなく，内容も網羅的で，分量が多量なるが故に，少々進んだ生徒に，意志を働かせて，外国語を練習させるのには，すこぶる好都合であり，速成の効果を期待できるが，初歩的な生徒に外国語を学ばせるための方法としては，いまだ最良の方法とは言い難い．初歩の生徒には，もっぱら耳と目と口によって，自然的に学ばせるのがよい．そして，そのためには，ブレンダーガスト及びドレイスプリングの方が優っている．この両氏の方法は，簡単な文句を生徒に繰り返し繰り返し，聞かせ言わせる方法である．しかしこの二つの方法には違う点もあり，そのどちらが優れているかと言えば，断然ドレイスプリングの方法であると思う．この教案は，語学教授法の最も新しいもので，その訓練法はすこぶる整然としている．文部省正則英語読本は，大体においてこのドレイスプリングのドイツ語教科書の方法に依っている．しかしながら，英米の児童がドイツ語を学ぶのと，わが国の児童が英語を学ぶのとは，その難易に雲泥の相違があるので，この方法をわが国の児童の英語読本に応用するに当たっては，改編する必要のある事項が相当数ある．また，日本人にとって英語を学習する上で特に難点となる事項，及び文法上の事項を段階的に学べるように工夫した点が，正則読本の特色

である．正則英語読本における問答は，ただ簡単な文章を at random, haphazard に並べたものではなく，文法の規則及び英語の難点等に十分注意して配列してある．（正則英語読本で扱われている項目について各章ごとに列挙してあるが，ここでは省略．）

　正則英語読本においては，複文について，はじめから複文として授けるのではなく，まずそのもとになっている単文を問いと答えとして独立に授け，その後で，二文を結合して，一箇の複文を提出するようにする．例えば，When do you carry an umbrella with you? と問いを設け，その答えとして When it is cloudy という文を与え，その問答を練習した上で，はじめて I carry an umbrella with me when it is cloudy. という複文を提示する．同様にして，Why do you go over the same thing so often? という問いに対して，Because I have such a poor memory. という答えを練習した上で，I go over the same thing so often because I have such a poor memory. という複文を授ける．また，few, a few の同異，little, a little の同異は，生徒にしっかりと理解させる必要があるので，No, few Japanese have been as great as he. / Yes, a few of the Japanese mountains are pretty high. / There would be little use in asking his opinion. / There is just a little ink left in the bottle. 等の文によって練習させる．この読本が極めて丁寧に訓練を与えようと努めていることは，少し注意してこの読本を審査した人には，容易に認知し得ることである．

（**解説**）　『文部省正則英語読本』は，ドレイスプリング（Dreyspring）のドイツ語教科書の方法に依っているが，英米の児童がドイツ語を学ぶのと，わが国の児童が英語を学ぶのとでは，その難易に相当の違いがあるので，この方法をわが国の児童の英語読本に応用するに当たっては，日本の児童にとって英語を学習する上で特に難点となる事項に配慮し，文法上の事項を段階的に学べるように工夫し，さらに丁寧な「訓練」を与えるようにしたと述べて，『英語読本』の特徴を紹介している．この英語読本の内容の一部は 25 〜 27 頁にあげてある．

第3章　正則英語読本使用法

　第一，正則英語読本は正則に英語を学ばせるための教科書であって，訳読のためのものではなく，会話の材料とすべきものである．

　第二，教科書の指示の説明．The teacher / The student の部分は，反復音読し意味を会得させた後，問答をして十分に練習する．To be read across の部

分は，ただ音読のためにある．Slate work は模写させる部分である．To be named の部分は，ただ字の音を発音させるためである．（p. 25 の具体例を参照）

第三，会話は読本を用いて行うのがよいが，予め生徒に暗記をさせて，教室でこれを暗記させて生徒を苦しめるべきではない．教師は日本語で意味を述べ，生徒はこれに当たる英語を言わせるようにするのがよい．できないときには教師が手助けをしてやる．機械的暗記暗唱は無用である．

第四，教師が最も心得て置かなければならないことは，いかに単純な文句であっても，生徒がこれに習熟するためには，何度も反復練習する必要があることである．

正則読本の反復練習が余りに入念すぎると思う教師もあると思われるが，外国語を学ぶに当たっては，簡単な語，平凡な句といえども，ほとんど想像もできないほどにいくども出会うことがなければ，これを覚え込むことはできない．今日の教員の多くは，この大切な事実を理解しないので，いずれの学校においても一大弊風がある．これを改善するのが目下の急務である．

（**解説**）『正則英語読本』（pp. 25 ～ 27 の抜粋を参照）の使用上の注意について述べているが，それがそのまま英語教育上の指針となっている．第一に，この教科書が会話を目的とした会話の教材であることは重要である．編者は中学校英語の目的は基礎会話におくべきであると考えているが，それは中学校における訓練が，その後の運用に役立つ英語を学ぶ上で重要な基礎になると考えるからである．第二に，音読に重点をおいている．語学学習の基本は音声学にあるとスウィートは述べているが，まさにそのことを述べている．現代の英語教育は音読に対する配慮に欠けており，音読効果についての理解が不足しているのではないかと思われる．（V. イエスペルセン第 5 章および VI. スウィート第 9 章の解説（p. 207）も参照）第三の暗唱についての注意も重要である．英語学習において暗唱暗記は避けられない重要な学習法の一つであるが，現場では何を暗唱するかについての議論は余りなされないように思われるし，「暗唱」は空で言えることのみを指しているように思われる．ここで指摘しているように，機械的暗唱は運用にとってほとんど効果はない．例えば，教科書を初めから終わりまで空で暗唱することは，効果的な学習法ではない．むしろ，ここで指摘されているように，日本語を聞いて即座に英文が出てくるような訓練法の方がはるかに効果的である．一種の口頭英作文になるからである．また，暗唱すべき文は，簡単な文で使用頻度の高い文法事項を含むものがよい．（例えば，佐々木高政の『和文英訳の修業』にあげてある暗唱用例文など，III. 岡倉第 10 章の解説「暗唱に

ついて」(p. 68), V. スウィート第11章の解説 (p. 226) も参照.) また，単語を暗記するときに，単に語のみではなくて句の形で暗記するのがよい（例えば，discrimination を覚えるときに racial / sex discrimination として覚えるように，スウィート第10章の「単語帳を暗記すること」(p. 211) も参照).

第4章　外国語の課業における一大弊風

　外国語の課業における一大弊風は，音読，訳読，文法，会話等を，別々の科目として授業する点にあることはすでに述べたが，なおこれ以外にも一大弊風がある．それは，生徒の学力に比して難しい教科書を使用し，不相応に多量の日課を与え，生徒は十分に理解していないにもかかわらず，「あたかも，大人が小児の手を引きながら，まっしぐらに馳せ行くごとく」，ざっと訳読を行っただけで前へ前へと進む弊風は，いずれの学校でも多少行われていることである．（この問題点を例証するために，Infant Reader, Royal Star Readers, National Readers などから，中学生にとって難しいと外山が判断する語，句，文の例を多数あげている.)

　今日，中学の卒業生の外国語の力は実に貧弱であるが，これは少しも驚くに当たらない．外国語が難しいからとか，年限が短いからとかの理由からではない．教員が不完全なるためである．教授法の不良なるがためである．教科書が不適当であるがためである．教員の改良は急にはできないから，常に反省勉強し，あるいは研究会を設け，あるいは講習会に出席する等の方便により，錬磨すべきである．教授法に関しては，よく注意して訓練法を使用すべきである．また，訳読にのみ重きを置くことをせず，音読，会話，文法等を訳読とともに教えるべきである．ただし，最初よりよく注意して訓練法を用いていれば，外国の教科書を使用する頃には，日本語による訳読はそれほどする必要がないであろう．教科書はなるべく，音読のみで生徒に大概分かる程度のものを使用するのがよい．上級の生徒には，もとより生徒が下調べをする必要があるが，日々下読みに追われてしまうようなことは注意して避けなければならない．難しい教科書を日々前へ前へと進めるがごときは，断じてこれを止めなければならない．

（**解説**）　英語教育の効果が上がっていない理由として，生徒の学力に不相応なむずかしい教科書を使用していること，教員の質がよくないこと，教授法がよくないこと，の3点をあげている．当時はまだ訳読中心の変則的教授法が大

半を占めていたであろうから，音声中心の正則的教授法を実践できる教師は少なかったと思われる．現代はどうであろうか．

第5章　翻訳の仕方

　世間には，直訳を排斥して，意訳を主張する者があるが，その主張は一通りもっともなように聞こえるが，実は誤解も甚だしいものである．彼らのいう直訳は He went to sleep. を「彼は眠りにまで行きし」と訳すことであるが，これは直訳でもなんでもなくて，一種の怪訳である．この直訳は「あの人は眠りにつきました」である．真の直訳は，深い思考を必要とし，多年の経験を必要とする．意訳は原文の妙味を無視して，ただ原文の意味を訳出するだけなので，極めて容易な訳法である．したがって，世間にはこの方法を主張する人が少なくない．例えば，

　　The fine arts were all but proscribed.
　　（美術はほとんど禁ぜられたり）
　　Their opposites are all but impossible.
　　（その反対はほとんど想像すること出来がたし）

と訳すのは意訳である．all but は辞書にも almost, nearly と同義と書いてあるが，これを almost, nearly と同義に「ほとんど」と訳するのは，即ち意訳である．all but と almost, nearly の意味は同じことでも，趣意（あじわい，情趣）は大きく異なる．「ほとんど殺された」と言うのと「半殺しの目にあった」と言うのでは，意味は同一であるが，趣意は異なる．言い方の違いによって，このように趣意が異なることがあることを忘れてはならない．

　　The fine arts were all but proscribed.
　　（美術は禁ぜられたといわぬばかりでありました）
　　Their opposites are all but impossible.
　　（その反対と言うものは想像することもできぬといわんばかりでした）

と直訳して，all but の趣意を失わないようにすべきである．また，He was scarcely less miserable.（実にあの人は同じく不幸でありました）と意訳すると scarcely less の趣意を失うので，これを「劣らぬ位に」と直訳して，「あの人は劣らぬ位に哀れでありました」と直訳すべきである．Anybody can read this book. は「この本は誰でも読める」と意訳的に訳す必要はなく，「誰でもこ

の本を読むことができる」と直訳していっこうに差し支えない．意訳は書物でも著す場合には用いてもよいであろうが，英語を生徒に教授する場合には，できるだけ避けるべきである．いまだ英語を知らない生徒に，語句の正確な意味を教えることなく，全文の意訳のみを授けて，それで英語を覚え込ませるのは極めて困難である．He was scarcely less miserable. の意味は「実にあの人は同じく不幸でありました」というように覚えればよいとして教えると，生徒には「実に」の意味はどこから出てくるのかまったく分からず，非常に困惑する．生徒に英語を教授する際には，努めて直訳を旨とすべきである．ただし，余の直訳と称するのは，世間で往々にして言われているのと異なり，原文の語句の妙味を失うことなく，しかも普通の日本人が聞いて分かるような直訳である．例えば，You have no time to spare, for it is very late already. の直訳は「もうまことに遅うございますから，あなたは，少しもぐずぐずしている暇はありません」という様になる．このような直訳は，生徒に正確に英語を学ばせるためには，最も都合のよい訳し方である．

　英文の訳し方に関して注意すべき事は，朦朧漠然とした意訳で生徒を苦しめないこと，誤訳怪訳等によって生徒を誤らせないこと，意訳でも直訳でも，日本人に分かる日本語で訳すべきことである．He came to himself. を「彼は自ら悟った（自省した）」と訳すのは誤りで，これは一度正気を失った人がまた正気に戻ったことを意味する．Even the beast can tell when we speak a kind word to it. を「畜類でも親切なことばを掛ければ応ずることができる」と訳す人があるが，tell は「分かる」の意味である．You are a pretty fellow to come here and lie on the grass all day when you are such a dunce. を「お前はそんな愚か者であるのに，終日ここに来て草の上に臥しているのはひどい奴だ」と訳すのは，原文の勢いもなく，意訳でも直訳でもない．a pretty fellow は反語であるから，やはり「感心な者だ」とか「恐れ入った者だ」とか訳すべきである．when you are such a dunce は「そんなあほ者なのに」と訳すべきである．to come here and lie on the grass all day は「ここに来て一日芝の上にごろんと寝ころんでいらっしゃるとは」と訳すべきである．したがって，「そんなあほな者のくせに，ここへ来て一日芝の上にごろんと寝ころんでいるとは，感心な者だ（恐れ入った者だ，呆れた奴だ，ずうずうしい奴だ）」となる．We have little money, but plenty of time. を「我々は金は殆ど無いが時は沢山ある」と訳す人があるが，have little money は絶対的にほとんど金がないという意味ではない．「金は少ない」「金は余りない」という意味である．この文の意味は「金は少ないが時は沢山ある」，一口に言えば「金はないが時はある」である．こ

の文の意味は「金はほとんどない」という貧乏人に限ったことではなく，かなり裕福な人の場合もある．往々にして，little, few は殆どないことを意味し，a little, a few は幾分かあることを意味するという区別があるが，これは誤解である．二者の異同は決して多少の点にあるのではなく，前者は消極的に少ないことを意味し，little＝not much であるのに対して，後者は積極的に幾分かあることを意味し，a little＝some である．He pays little attention. は注意が少ないことに重きを置き，He reads with a little attention. は幾分注意があることに重きを置いている．

（**解説**）　外山が直訳と称するのは，原文の語句の妙味を失うことなく，しかも普通の日本人が聞いて分かるような訳である．つまり，原文の意味をできるだけ正確に訳した訳である．Anybody can read this book. は「この本は誰でも読める」と意訳的に訳す必要はなく，「誰でもこの本を読むことができる」と直訳していっこうに差し支えない，生徒に英語を教授する際には，努めて直訳を旨とすべきであり，生徒に正確に英語を学ばせるためには，最も都合のよい訳し方であると述べている．これは適切な指摘であると思う．例えば，Would you mind my smoking? に対して，吸ってもよい場合には No, not at all. などと否定的に答え，吸って欲しくない場合には I'm sorry, but などと肯定的に答えるが，この文の意味を単に「たばこを吸ってもよろしいですか」であると教えると，この返答の仕方は学生には理解しにくい．しかしながら，これを直訳して，この文は「君は私がたばこを吸うのを厭がりますか」の意味であり，mind は「厭がる」の意味であることを教えると，学生はこの応答関係を直ちに理解する．また，熟語の cannot help doing, cannot but do を「～せざるを得ない」と意訳せず，直訳して「～するのを避けられない（help＝避ける）」「～する以外はできない（but＝except）」の意味であると教えると，これらの表現が「～せざるを得ない，～しないではおれない，～するほかない」の意味になることを学生は容易に理解する．このように，熟語も単に機械的に訳語を教えるのではなく，その原意を直訳的に教えるのがよい場合がとても多い．

第6章　教師への注意

　今日語学の教師が抱く一大誤解がある．それは語学の授業は他の学科の授業よりも容易であると思うことである．これは実に途方もない間違いである．1時間語学の授業を満足に教授するためには，準備のために多量の時間を費やさ

ねばならない．正しい発音を教えること，アクセントは単語ごとにどこにあるか教えること，文法上の諸点に注意すること，生徒によって困難と思われることを明確にしておくこと，同意語はどうか，英文の言い換えはどうか，好ましい直訳はどうか，これらの事項について，教師は授業に臨む前に準備をしなければならない．授業においては熱心に教えなければならない．語学教師の位置は決して楽隠居の位置のごときものではない．

　下級の生徒を教授するのは，高級の生徒を教授するよりも容易であると思うのは，実に大きな誤解である．外国語の学科では，下級の生徒の授業が特に大切である．最初に正しいことを教え込まないと，将来非常に妨げとなる．下級の生徒を巧みに教えることは，実に難事であるが，学校では経験の浅い給料の低い教師が下級の生徒を教えるのが習慣となっているが，これは教育上実に誤った考え方である．今日の中学卒業生の語学力が弱いのは，この事情が理由の一つとなっている．

　教科書は，最初は文部省正則読本の（一）（二）のようのものを用い，これによって十分に訓練をなし，単語・句・単文は音読のみで生徒に分かるように教え込む必要がある．単句・単文によれば，会話もでき，また，文章も綴れるようになるように仕込む必要がある．このようにして，簡単な重文複文を理解できる位になって，はじめて First Primer や National 第一［アメリカで出版された Barnes's New National Reader，日本でも『ナショナル読本』として一流の英学者が注と解説を付したものが何巻も出版されていた］に移るのがよい．そして，教授法は，もとより原文の意味を説き聞かせることは必要であるが，一度意味を会得させた上は，音読と会話でよく訓練する必要がある．音読によって，生徒に意味の取れるように訓練する必要がある．このように教授していくと，上級に進むにしたがって訳読の必要がなくなってくる．また，最初より，少しずつ文法上の知識を実地に授ける必要がある．くれぐれも訳読のみによって，力もつかないうちに前へ前へと進むようなことはすべきではない．

　文部省検定試験に来る者でも，難しい本をたくさん読んだと言いながら，スウィントンの『万国史』（William Swinton's *Outlines of the World's History*）が本当に解らない者が実に多い．この本が本当に解る位の者ならば，立派に及第できるであろう．この本には中々難しい語がある．少し例をあげよう．

> consecrate, sift, sturdy, accomplice, smear, commiseration, perpetrate, scoff at, spit, desecration, emaciate, wayfaring, diminutive, sacrilegious, supineness, defilement, etc.

中学卒業生はとてもこれらの語を知らないであろう．検定試験にくる者の中にも知らない語が多かろう．辞書なしでこれらの意味がわかるようならば，立派な先生になれる．文章にもなかなか難しいものがある．［多くの例があがっているが，その中の二三の例に留める］

> It must not be supposed that these territories were severally the seat of distinct nations.
> At the time of Alexander Indian society was firmly fixed in castes similar to the state of things we found in Egypt; and the same system both prevails to the present day and has prevailed for time immemorial.
> During this early period of the Median monarchy, the Persians also had established a kingdom; but it was in a measure subject to Media.

パーレーの『万国史』(Peter Parley's *Universal History on the Basic of Geography*) は，ほとんど馬鹿にするほど容易なものだと言うのが常であるが，決してそうではなく，余り油断して教場に臨むと随分赤恥をかくことになるかもしれない．［二三の例に留める］

> London seems like a world of itself, you might walk about for a year, and go into some new street every day.
> You must read about them in some larger book, or come and see me of a long winter night.
> The blacksmith was very rude, and treated King Richard as if he were no better than a common man, or perhaps not quite so good.

今年第一高等学校における特別試験の英文和訳の文章の唯一文も正しく意味をとることのできなかった者もあったという．その中には世間が馬鹿にするパーレーの『万国史』の中より採られたものもあった．それは次のような文である．

> Even the empress Catherine, his wife, sometimes got soundly beaten; but perhaps not oftener than she deserved.
> He delighted in war for its own sake, …

中学校においては種々高尚な書物を教科書として使用するにもかかわらず，その卒業生はパーレーの文章のごときものにも困惑するほどの学力に過ぎない．しかし，生徒の罪にあらず．学校の罪なり．学校の罪にはあらざるなり．

文部省の罪なり．文部省の罪にはあらざるなり．時勢の罪なり．文部省が教員の改良を図ることは今日の急務なり．今の教員たるものは，自己の学力の研鑽をすべし．教授法を研究すべし．英語の教授法は，速やかに一新されるべし．

（解説）『英語教授法』と『正則文部省英語読本』

　外山正一の『英語教授法』の内容を紹介し，若干の解説を加えてきたが，ここで改めて外山の英語教科書論と英語教授法論を整理し，教師に対する要望についてまとめておく．さらに，『正則文部省英語読本』の一部を紹介するとともに『英語教授法』との関係について述べよう．

1. 外山の英語教科書論
    a. 初学者に対しては，できるだけ簡単な文章で日本人にあった内容のものであるべきこと．
    b. 文の構造や文法の内容について容易なものから順に配列する配慮があるべきこと．
    c. 学習内容の反復訓練（練習）に対する工夫が充分になされていること．
    d. 訳読，音読，会話，文法を一体として教えることができる内容であること．
2. 外山の英語教授法論
    a. 正則的教授法をとるべきこと（音声を中心に，耳，口，目，手を総動員して活動させる）．
    b. 反復練習の徹底を図ること（音読→訳→音読や会話の反復の徹底）．
    c. 訳，音読，会話，文法を個別的独立的に指導するのではなく一体的に教授すること．
    d. 外山の言う「直訳」を旨とすべきこと．
3. 教師に対する要望
    a. 正則的教授法を研究し，実践すること．
    b. 自己の英語力を常に磨くこと．
    c. 授業の準備を徹底して行い，生徒には親切に対応すること．
4. 『正則文部省英語読本』と『英語教授法』

　ここで『正則文部省英語読本』の内容の一部を紹介しておこう．一つは現中学一年生の内容に対応する第1巻の Lesson 5 を取り上げる．この形式は第1巻と第2巻を通して同じであり，対話中心のパタン練習による口頭訓練が中

心となっている．もう一つは現在の高校1年の内容に対応する第4巻のLesson 1で，この形式は第3巻から第5巻を通じて同じであり，読み物とその内容についての質問応答の形をとっている．

The Monbushou Conversational Readers, No.1.
Lesson 5.
To be learnt by Sight and by Heart.

The teacher	*The student*
What is that?	What is that?
net	net
a net	a net
hen	hen
a hen	a hen
pen	pen
a pen	a pen
What is that?	What is that?
It is a net.	It is a net.
It is a hen.	It is a hen.
It is a pen.	It is a pen.
That is a net.	That is a net.
That is a hen.	That is a hen.
That is a pen.	That is a pen.

(1) *The teacher*	(2) *The student*
(1) *The student*	(2) *The teacher*
What is that?	It is a net.
What is that?	It is a hen.
What is that?	It is a pen.
That is a net.	That is a net.
That is a hen.	That is a hen.
That is a pen.	That is a pen.

To be read across

    net met bed fed
    hen men pen ten

Slate Work

That is a bed.　That is a hen.
To be named
　　d　d　d　e　e　e

"To be learnt by Sight and by Heart" は目で見て暗唱する部分である．The teacher の部分を教師が読み，同じ内容を The student の部分で繰り返す．最初は What is that? によって疑問文を学び，その答えとなる部分を net, a net のように練習する．ついで What is that? の疑問文と It is a net. / That is a net. の答えを練習する．それを練習した後，(1) The teacher, (2) The student と (1) The student, (2) The teacher のように，教師と生徒が問答を交代して練習する．これを口頭で反復練習し，会話できるまでにする．"To be read across" で発音練習をする．"Slate Work" では文を筆写する．"To be named" ではアルファベットの練習を行う．この内容から，反復訓練を重視する外山の教授法論が反映されていることがわかる．

The Monbushou Conversational Readers, No. 4.
Lesson 1
The Great Napoleon (Part 1)

　　In the Mediterranean Sea, not far from the shores of France and Italy, lies the island of Corsica.　Here Napoleon was born in 1769.　In the South Atlantic Ocean, more than a thousand miles from the African coast, lies the rocky island of St. Helena.　Here Napoleon died a prisoner in 1821.

　　He seems to have been born a soldier; for, when quite a child, he used to amuse himself by drilling other children with sticks and toy guns.　At ten years of age he was sent to the military academy at Brienne; at sixteen he obtained a lieutenant's commission in the artillery, and at twenty he became a captain.　One year later the captain became a general.　Meantime the French revolution had broken out.　Napoleon was made commander-in-chief of the French army.　He found the soldiers poorly fed and clothed.　But in four weeks he made the Sardinians sue for peace, and, in less than two years, he defeated the Austrians and conquered Italy.

(Part II)
Conversation
Teacher.　Where does the island of Corsica lie?

Pupil.	In the Mediterranean, not far from the shores of France and Italy.
Teacher.	And where does St. Helena lie?
Pupil.	In the South Atlantic Ocean, more than a thousand miles from the African Coast.
Teacher.	What are these islands celebrated for?
Pupil.	The Great Napoleon was born in one of them, and died in the other.
Teacher.	Why does Napoleon seem to have been born a soldier?
Pupil.	Because, when quite a child, he used to amuse himself by drilling other children with sticks and toy guns.
Teacher.	How old was he when he was sent to the military academy at Brienne?
Pupil.	He was ten years old.
Teacher.	What happened to him next?
Pupil.	At sixteen he obtained a lieutenant's commission, and at twenty he became a captain.
Teacher.	When was he made a general?
Pupil.	One year later, when he was only twenty-one.
Teacher.	What great event happened during Napoleon's youth?
Pupil.	The French Revolution broke out.
Teacher.	Was the French army in a good state when Napoleon was made commander-in-chief?
Pupil.	No, he found the soldiers poorly fed and clothed
Teacher.	Then was he beaten by the enemy?
Pupil.	On the contrary, he defeated both the Sardinians and the Austrians, and conquered Italy in less than two years.

　わかりやすい英語で日本人向けに書かれているが，この文章を読むと文の流れにいくぶん不自然さを感じる人が多いのではなかろうか．市河三喜は「会話の一つ一つに連絡がなく，内容が面白くないのが大きな欠点である」と指摘する一方で，「その意図するところ，その編纂法等において当時としては一頭地を抜くもの」であると述べてその意義を認めている．いずれにせよ，外国児童用の教科書を日本人用の教科書として用いる不適切さを解消し，日本の生徒に合った教科書を作成したことは大きな功績であった．

外山が目指した改革は正しいもので，変則英語が力を持っていた明治時代に実践的な英語を目指す正則英語を軸とすることを提案し，それを実現するための教科書まで作成したことは驚異的という他はない．しかしながら，この教科書は広く日本で受け容れられる状況にはならなかったようである．その理由は，当時の英語教育の環境，主として発信よりも受容が重要であるという時代背景のもとで，読むことだけできればよいという変則英語の時代であったことと，恐らくもっと大きな理由は，会話や発音といった実践的英語を教える優秀な教師が圧倒的に不足していたためであると推測される．『正則文部省英語読本』（明治22年から23年）の出版とその使用法について述べた本書『英語教授法』（明治30年）の出版との間に時間的ずれがあるが，その背景には，『読本』が思うほどに浸透していない現実から，その普及のためには『読本』を適切に使用するための教師に対する手引き書が必要であると考えたためではないかと思われる．そして，外山が改革しようとした実践的英語教育は，現在においてもいまだに達成されているとは言い難く，文科省による様々な改革が行われてはいるが成果は上がっていないようである．いずれにせよ，『正則文部省英語読本』はわが国の英語教科書の原点であると考えてよい．初期段階では音声を中心とした正則的教授法によること，反復練習の教材を教科書内に取り入れていることなど，現代の初級の英語教育が『正則文部省英語読本』から汲み取るべき現代的意義はいくつもあると思われる．

III. 岡倉由三郎著『英語教育』

(博文館，明治 44 (1911) 年，233 頁)

岡倉由三郎略歴

　岡倉由三郎（明治元年（1868 年）～昭和 11 年（1936 年））は明治元年横浜に生まれる．明治 20 年に帝国大学（現東京大学）に入学し，明治 23 年に卒業後，京城の日本語学校校長をはじめ，各地の学校で教鞭をとる．明治 29 年に高等師範学校講師，翌年に教授となる．以来約 30 年間，高等師範学校の教授として英学界で活躍する．明治 35 年には文部省留学生として 3 年間英独仏に留学し，明治 38 年に帰朝する．その間の見聞が『英語教育』に反映されている．高等師範を退職後は立教大学教授を長く務め，その間に NHK のラジオ基礎英語講座を担当し，名放送として多くの聴者を魅了した．市河三喜とともに主幹を務めた『英文学叢書』全 100 巻（研究社）は 1932 年に完成している．これは日本の文化財の一つと言ってよいものである．1927 年には『新英和大辞典』（研究社）を編纂した．発音学（音声学）に関する著作も多く，『ナショナル第四読本研究』（研究社）では発音面を担当した．日本における新教授法の最初の唱道者であり，日本に直接教授法（Direct Method）を紹介している．『英語教育』は直接教授法を基調として英語教授法の全般にわたって論じた名著であると評価されている．

第 1 章　緒言

　現今，種々の理由から，教育学や教授法という語には，一種神秘的な感じが伴っていて，あたかも教育上又は教授上の秘訣とか妙案があるように感じられる傾向がある．したがって，語学教育の不成績についての非難がある今日，一

部の人達はいかなる専門的知識が述べられるか注目されるであろうが，遺憾ながらこれから述べようとすることは決してそのようなものではない．教育学でも教授法でも，その大部分は常識の産物であり，特に教授法の如きはまったくそうである．これまでの何々教授法は，要するに従来その道の経験家の得た教授上の常識を醇化したものに他ならない．一面から言うと，従来の教授法は，今日迄の経験家の知識の総合で，後進たる自分等は，今後更に考究に考究を重ね，それ以上の案を工夫する義務があるだけで，教授法には何処にも神秘的な点は無いのである．

過去十五年間も，英語教員養成の大任にあって，朝夕に如何にすれば外国語教授の成績をあげられるかということに，随分長い間工夫も積み，多少は合点のいくところもあり，また欧米の動きに関しても見聞したことがあるので，それらを参考にして，中等程度の諸学校において英語教授に当たっておられる方々に，英語の学習上最も優良と思われる方法について意見を述べたいと思う．この説述は「英語教育」と題してあるけれども，この方法は英語以外の外国語にも応用できると信ずる．

第2章　英語は独修し得べきか

教授法を論じるのに先だって，英語は独修が可能かどうかについて論じておきたい．独修については二つの場合があり，第一は初発からまったく教師につくことなく学ぶ場合，第二はある期間のみ教師について学び，その後は自修する場合である．第一については，読みの力とか作文の力を得るつもりなら，独修でも勉強次第で英語を習得する事ができないとは言えないが，発音となるとほとんど不可能であって，独修で英語の各方面について完全に習得することは不可能である．

第二の場合については，その方法如何によっては，十分成功をする可能性があるが，規則的永続的な練習を要する．いったん学びかけたら，十分に学んで，一定の進度まで達しなければ，殆ど何の用もなさない性質のものが語学である．したがって，決して中途にて挫折しないという覚悟を第一に極めなければならない．

第3章　英語教授を始める時期

小学校から英語を教えよと説く人がいるが，これには不賛成である．この論

者の主張するところは，時勢の進歩に伴い，外国人と交際することが追々頻繁になるであろうから，外国語を知らねば日常の生活に不自由である，だから小学校の教科目にこれを加えねばならぬと説くのである．しかし日常に英語を必要とする人は，特殊な場合を除いてほとんどいないので，これら少数者の便利を謀るため多数の児童を犠牲として国民普通の教育の貴重なる時間を英語に割く必要はないと思う．そもそも普通教育の目的は国民として立つに必要なる知識技術を授けるのであることは，今更言うまでもないが，その立場から見れば，修身（道徳），国語，算術，歴史等が最も必要なものである．

教師の点から考えても，外国語の学習を小学校から始めるのはよくない．現在わが国の小学校では，経済的理由から優良な教師がいずれのところにも充分に配置されているとは言いがたい．幼年の時から英語を教授するならば，語学の進歩に効果があるだろうが，それは優良な教師を得てはじめてなし得られることである．初歩の英語教授は最も大切であるから，しかるべき教師でない者が，生徒に対してなまなかの教え方を行うならば，生徒は後になって矯正をするのに甚だしい困難を感じる．このような点から見て，小学校の英語は，むしろ名前だけに止まった，いわば徒労の事業となるであろう．

なお，一言述べておきたいことは，外国語の教授は，母国語の知識の堅固にできていない者には，甚だ困難を感ずるということである．英語を教授しても，充分に了解し得ない生徒は，多くは母国語の知識が不正確である．実際母国語の知識が精密豊富なるものは，語学の進歩が著しいということは学者の間では定説である．いわんや今日の如く小学校の国語教授の不十分なることが度々非難される時代では，いっそう国語に努力すべきであって，その他を顧みるべき時期ではもとよりない．

これに対して，外国では外国語として英仏独などを初等教育で教授しているではないかという反論する人があるかもしれない．しかし欧米では初等教育を国民学校と質の高い高等初等教育に分けていて，外国語を課しているのは，高等な学校の方であって，国民に普通の義務教育を授ける国民学校では外国語を課していない．

（解説） 本年（平成 28 年），文科省は，小学校 5 年から正式に英語を教えるべきであるとの答申を中央教育審議会に行ったとのことである（VI. 独自の教授法をもつことの「付記」(p. 269) を参照）．小学校への英語の導入については，賛否両論があり，様々な議論が行われてきたが，文科省がひとたび導入を決めたのであれば，現在のような中途半端な英語のお遊びの授業ではなく，しっかりと

した教授を行うべきである．その際中核となるのは発音練習であるべきである．小学校では，この点に最重点を置いて，発音練習だけを充分に訓練すればよい．そうすれば，散見される多少不適切なTAの外国人教師でもうまく活用できるように思われる．「最初に正しいことを教えこまないと，将来非常に妨げとなる」(p. 22)，「生徒は後になって矯正をするのに甚だしい困難を感じる」(p. 31) ことを心に留めておくべきである．

第4章　教授法の過重視を難ず

　これよりは話題を転じて，正規の学校における英語の教授について述べよう．これから述べることは中等程度の学校における英語を対象としている．中等程度の学校には，中学校も高等女学校も師範学校も実業学校も含まれるが，この中で時間数の上からも，重点が置かれている点から見ても，これから述べることは中学校の英語を対象とする．

　予め述べておく必要があることは，教育の主義（方針）が昔と今では大差があることである．東洋でも西洋でも，昔の教育主義（教育の方針）は国家を標準に定めたものであり，個人はそのために存在するにすぎないものであったので，国家が要求するところを無理やりに教育するのが当然と思われていた．換言すれば，学ばせる物が教育の主題であって，学ぶ人そのものにはほとんど何らの注意も払われなかった．しかしながら，文芸復興（明治維新以後の改革）という時代が来て，次第に自由平等の説が主張されるようになって，個人も大いに尊重しなければならないことになった．それに伴って，いまは学ぶ人を主題として，学ばせる物は従属の位置に置くようになった．

　この教育主義の変遷に伴って，教授の方法もまったく一変した．すなわち，昔は学ばせる物が主だから，否が応でも国家の要求する事項を覚え込まねばならず，それが出来ないものは教育を受ける資格がない者として自ら退くより仕方がなかった．したがって，自学自習を進んでするような進取の気性のある者でなければ到底教育に耐えられなかった．このような状態であったので，教授の方法などに苦心する必要はなく，またそのようなことに注目する人もほとんどいなかった．しかし，この教育主義が一転して，学ばせる物は第二で，学ぶ人を主とすることになってから，個人の能力や学力の程度に応じて教授を施し，できるだけ個人個人の性格を円満に発達させることが大切となるにしたがって，教授法というものが段々重要な題目となってきた．「要するに，昔の教育は優れるもの，積極的に，秀でたる者，強き者を出したばかりでなく，多

くの落伍者失望者を出したるに反し，今の教育では，消極的に愚かなる者弱き者の出来ぬ様に心がけ，一人なりとも人並みに発達させ，心身共に凡庸でも落伍者の一人にても少からんことを努める有様である.」

　教授法の進歩が学ぶ者に対して与える恩恵は非常に大きいが，一面においてこの妥協的譲歩的考え方が知らず知らずのうちに学習上の弊害を生んでいる.「過ぎたるは及ばざる」の例えに洩れず，「無理をさせまい苦しませまいと努めたる結果，所謂生徒の心的状態に阿（おもね）る弊に陥り，生徒は何時の間にか，難を厭うて易に就くの習慣を養ひ，自ら奮勉学修するの気力を失い，（中略）甚だ意気地なき状態に陥り，意志薄弱なる人間がたくさん出てきて，折角腐心せる教授法案は，教育の目的に全然反対した結果を持ち得るという傾向を生じた」．この弊害は，現在到るところに見られることで，小学校から中学校に入ってくる者を教えてみると，この教授法過重視の弊害が，歴然とあらわれている．

　この問題に対処する方法して，教師は単に教授する方法のみに苦心せずに，却って学修させる方法に着目するのがよいと思う．即ち，教師が自ら働くばかりでなく，生徒をして盛んに活動させる道を考究すべきである．これによって，生徒は自学自習の習慣を学び，多少の苦難を経験し，忍耐力もつくはずである．

　明治維新前後，図書に乏しく，師事する人も希であった時代に外国語を修めることは一通りの困難ではなかったのであるが，その中で刻苦勉励により相当の成績を上げた人も相当数あって，それには驚嘆する．それに比べると，図書も師事する人も到るところに見つけることができる今日は，語学修養の進歩は極めて顕著なるべきはずであるが，事実はこれに反して，各種学校の卒業生の外国語の力は，薄弱であるとの非難が絶えない．その原因は色々あるだろうが，教授法を過重視し，単に学ぶ者の負担を軽減することのみに努め，自学自習の奮励心を欠乏させたことが，その主要な原因の一つであると断言する．したがって，一方では，進歩した教授法を利用すると共に，他方では，古来の修学の工夫を参考にして，いくぶん鍛錬的態度をもって生徒に臨むことが肝要である．

　いささか話が長くなったが，自分はこれを現在の外国語教育に関する根本問題であると信じているので，繰り返しくどくどと述べたのである．

（**解説**）　生徒に対する親切心があだとなって，却って生徒に害を及ぼしているという当時の状況は，現代の問題点を論じているように聞こえるほどに現代的

である．たとえば，安井稔『英語学と英語教育』（開拓社，1988, p. 123）は「近年，学習者に対する一種のおもねりが社会的風潮となっている」と喝破している．これは，もちろん，英語教育のみに当てはまるのではなく，教育全般について当てはまることである．

第5章　英語教育の要旨

　長男は中学校に入って5年間英語を勉強し，次女は同じく5年間裁縫をならったが，長男の方は普通の英語も読めず，卑近な英文も書けない状態であるのに対して，次女は一通り着物を縫える状態にまで達している．このような例は珍しいことではないが，よく考えれば，英語教育の要旨を説明すべき例証は実にここに存在する．

　裁縫においてかくも進歩が見られるのは，次のような理由がある．第一に，裁縫は古来の習慣として女子のたしなみとして必要であると考えられていたこと（女性自身がその必要性を認めていて，目的意識が明確であったこと），第二に，家庭で現在学んでいることを実践する機会が得られたこと（実際に家で縫い物をする機会があったこと，実際に運用する機会があったこと），第三に，その出来映えを家族から賞賛されたり非難されたりして，常にその技術を助長する機会があったこと（常に他者から注目される機会があり，それが学習の後押しとなったこと）．

　これに対して，英語学習においては，学校で英語を学んでも，家庭でこれを実際に練習する機会などなく，英語学習がいかなることに役立つかを直接的に確かめる機会も刺激もなく，満足感も得られない．ここに英語と裁縫の成績に大きな差が生じる大きな原因がある．

　したがって，英語教師は裁縫におけるような有利な条件を整えるように工夫することが肝要である．第一に，目的意識を持たせることである．時勢の必要上，外国語の知識がないのは，相当の地位にあり教育のある人としては非常に恥辱であるという観念を学生の脳裏に銘記することである．第二に，なるべく外国の書籍，風物，写真などに接する機会を多くして，外国語に対して趣味を起こさせるような方便を設けることが必要である．第三に，英語以外の教科の担任教師が，その授業の際に間接に英語教授の便利を謀ってくれることが必要である．例えば，漢文において直読直解の習慣をいくぶんでも養ってくれたなら，自分が唱える英語の直読直解はどんなに早く実現できるだろう．

　それでは，英語学習が大切である理由をどのように理解させるべきであるかというと，英語は元来実用を目的とすることを正確に会得させるのが最至当で

あると考える．英語教授の効果が上がらないのは，裁縫の場合と比べて，一見すると必要がないようにみえるのがその原因である．もし実用上，英語が大切であることを充分会得したならば，学生がこれに対する奮励の度合いもすこぶる異なるようになることは疑いないことである．それでは「実用」とはどのような意味であるか．ある人はこれを「英語を話す国民と文通をしたり，または談話をしたりする資格を作ること」，つまり，会話や作文を英語の主要な面と解するようであるが，これは正鵠を得た解釈ではない．英国人がフランス語やドイツ語を学んでも，文通や旅行をして会話の機会が多いわけではない．いわんや，日本の中学生がそのような機会をもつことはほとんどない．実用という意味をこのように解するなら中学校の教科書は一つとして実用に役立っているものはなく，これに沿うようにするためには教科書を，書簡文，借用証書，委任状などのような内容のものにしなければならない．

「中学校において教える学科を実用に適せしむると言うは，決してこのような意味ではなく，中学で学んだ既得の力を活用することに努力せしめ，その努力によって種々な方面に働き得るようにすること」である．諸学科はすべてこの主意に立つもので，決して実社会で行われていることをすべてそのまま具体的に学ばねばならないと言うのではない．例えば，微分積分を学んでも実用生活にどれほど使用されるであろうか．諸学科の学習は，そのまま直接に使用するのが目的ではなく，いかなる方向に向かっても努力を加えさえすれば，応用できる一種の「素養」を作ることに外ならない．ここでいう「実用」の意味は，このように解釈してはじめて真意が明らかになるのである．

そもそも中学校教育は，中流以上の家庭の子弟に，高等普通教育を授けるのが目的である．ここで教える教科はいずれも，教育的価値（Educational Value）と実用的価値（Practical Value）とをもっていなければならない．前者はいわゆる「修養」で，後者は「実用」である．「英語科もまた当然この二価値を有すべきで，見聞を広めて固陋（ころう，古い習慣や考え方に固執すること）の偏見を打破し，外国に対する偏見を撤すると共に，自国に対する誇大の迷想を除き，人類は世界の各所に，同価の働きをなし得ることを知らしむるが如きは，英語の内容，換言すれば風物の記事によって得られる利益で，又，言語上の材料，即ち，語句の構造，配置，文の連絡，段落等を極めて，精察，帰納，分類，応用等の機能を鍛錬し，かつ従来得られたる思想発表の形式，即ち，母語の外に，更に思想発表の能を錬磨し，且つ（かつ）従来得たる思想発表の一形式を知り得て，精神作用を敏活強大ならしむるが如き，以上はいずれも英語の教育的価値である．」しかしながら，英語の価値がこれだけに留まるならば，

今日のように多大の時間と努力を割くには及ばず，他の学科で充分に得られることであり，必ずしも英語の必要はない．したがって，英語に重きが置かれ多大の時間と労力を払うのは，その教育的価値よりも実用的価値によるのである．

「然らば（しからば）英語の実用的価値は如何にというに，英語を媒介として種々の知識感情を摂取することである．換言すれば欧米の新鮮にして健全な思想の潮流を汲んで，我が国民の脳裏に灌ぎ（そそぎ），二者相輔（たす）けて一種の活動素を養うことである．」明治維新以来わが国が偉大な進歩発達をとげたのは，外国の新知識，新思想を採用したためで，その手段となり媒介となったものが外国語であることは誰しも納得するところである．このようにわが国は外国語に負うところが多く，今後もますますその恩恵を受けることは明らかであるので，この点に英語学習の目的を定めるのが最も適当なことであると思う．

それでは，英語教授の実用的価値とは果たしてどのようのものであろうか．「これに対しては自分は猶予なく「読書力の養成」ということをもって答えるのである．」従来の所謂「実用」という語に泥んで（なずむ，こだわるの意味）いる人は，実用とは「話すこと，書くこと」と解するのであるが，それはまったく冠履傾倒（上下順序がみだれてさかさまになること）で，充分な読書力がなければ，決して満足に話し正確に書くことはできない．これに対して，読書力が一通り備わっていれば，必要に応じ話したり書いたりすることは困難ではない，すなわち，読書が会話作文の基礎となるのである．最近フランスにおいても外国語教授の要旨を読書に据えるようになったが，その理由は外国語の必要性は，一般に読書によって新知識を得る点にあるからである．通訳や記者になる人はさておいて，一般の人は直接外国人と文通したり談話をしたりすることとは少なく，多くの場合書籍の媒介によって，新知識新思想を吸収するのである．このように見ると，英語の実用的価値は，読書力の養成にあることは疑いを入れない．

しかしここで特に警告しておくべきことがある．英語の実用的価値は読書力の養成によって得られると断言したが，それは発音や文法などを決して等閑視してはならないということである．世間には書物さえ読めれば，発音や文法はどうでもよいという人がいるけれども，「発音や文法が正確に行けぬ間は，決して真正の読書力が得られるものではない」．読書には二つの要件があって，一つは，ある程度まで正確に読むこと，もう一つはある程度まで敏速に読むことである．この正確（Accuracy）と敏速（Velocity）とは，英語をいわゆる直

読直解することによってはじめて得られるので，外国語を学ぶときには必ずこの方法によるべきである．そしてこの直読直解に達するためには，まずその発音が正確でなければならない．言語は元来耳で聞いて理解するものであり，文字は二次的なものである．読書は他人の言語を耳で聞きながら了解する手順を便宜上目を借りて行うのである．したがって「目にての了解の敏速は，根本的なる耳にての了解の敏速に基づくので，従って発音の正確の必要なるも極めて明瞭なる次第である」．

「耳で聞き目で見て，直ちに了解するには，ある程度まで会話の力，作文の力を養い，文法の大略にと通じ」ている必要がある．まず直訳をしてそれを普通の言い方に直す，いわゆる直訳式や返り読みのごときは極力避けなければならない．

読書力は英語の中心点であり，各要素の総和である．したがって，在学の年限間を通じて，読書・作文・会話・文法と平等に並行的に教えるようとするのは，労多くして効果の少ない方法であるので，常に読書を中心として，これを各方面の基礎として，必要な場合にはどの方面にも適用できるように教えるのがよい．ただし，学生の学力を考えて，始めの三年間くらいは，話すこと書くことに力を多く用いて，ここで読書力の基礎を築き，四,五年級になって主として読書力を訓練し，他の方面はすべてをその補助とするという方針で教育するのがよい．フランスの中学校の修業年限は七年であるが，外国語の教授において，始めの四年間は専ら Everyday English を授けているのは上述の理由に基づいたよい措置である．

読書力の養成が英語教授の中心となることを述べたが，それではその標準はどのように定めるべきか，読書力がどのような点に達したら満足すべきものであるかとの問題が起こる．これについては，中学校については，その最高学年，つまり，五年生の最終学期において，前学年，すなわち四年生で学んだ教書を一時間に五六頁を正確に直読直解し得ることをその程度とする．

以上，英語教授を有効にするための条件，英語教育の目標，その具体的標準について述べた．最後に，再び裁縫教授の例に戻るが，この教授の効果の顕著なのはその教授方法にもある．まず運針の十分間くらいの講義に対して百分間くらいの実習をさせるのである．この実習の時間を多く取ることが教授の効果を高める最もよい方法である．しかし英語においては，講義や説明が長くて実習の機会が少ないのが常である．この問題に対処するためには，自宅自修を多くさせる以外に名案がない．教師はこの点にも留意すべきである．

(**解説**)　英語教育の目的をいかに定めるかは，英語教育の理念をどのように定めるかと同様にもっとも重要な問題であり，英語教育の始めから論じ続けられていて，今後も決着のつかない問題であろう．その理由は各人の考え方の違いによるものであると同時にそれぞれの考え方に一面の真理が含まれているので，どれか一つを最も妥当な考え方であるとして選ぶことができないためであると思われる．岡倉は英語教育の実用的価値を「読書力」であると断言しているが，これに対しても様々な意見があるであろう．これが「実用」的かどうかはさておいて，読書力の養成が英語学習の中心であるとする岡倉の考え方は適切であると思う．一方，会話作文の面がおろそかになるのも大きな問題である．いわゆる「実用」を主張する人々は，この面に重点を置き，これを等閑視する英語教育は不備であると主張する．

　現在，文部科学省は産業界からの要請に応えるためにいわゆる「話せる英語」を目指して次々と「改革」を打ち出している．この「改革」が成果を上げるかどうかは別の問題であり，早計に判断することはできない．誤解を恐れないでこれまでの英語教育の大筋を辿れば，極端に「訳読」に偏重していた時代から，極端に「話せる英語」に偏重する時代へと推移しているように見える．約40年前の我々の学生時代は訳読一辺倒，文法重視の時代であった．そのおかげで英語が一定程度のレベルまで読める人が多くいたように思う．しかしながら，この時代には口頭での意思疎通の訓練が極めておろそかであったことは否めない．では，現在のような文法軽視のオーラル・コミュニケーション一辺倒の英語教育が大きな成果をあげているかといえばそうでもない．

　したがって，今後採るべき道は「訳読」方式と「話せる英語」方式の両方を包含する道であることは明らかである．採るべき道は明らかだとしても，それを実践するのは至難のことである．

　このような視点から，今後の英語教育が進むべき道として，「読み」中心，基礎重視，目標の明確化，自学自習の支援，の4点を指摘したい．

　　(1)　「読む」に重点を据え，「書く」「話す」「聞く」の運用を訓練する．語学学習のすべての基礎は「読む」にあると考えられる．訳読によって多量のインプットを入れ，それを「書く」「話す」「聞く」において活用できるレベルにまで高める訓練が必要である．「読む」に偏重した時代には，読みによって得られた知識の活用の面が極度に看過されていたので，この点の改善が必要である．「読む」の教材には文学作品を含めて「読む」に相応しい適切な英文を当てることが肝要

である．
(2) 基礎語彙，基礎文法に重点を置く．基礎語彙を活用語彙にまで引き上げる訓練をすることが重要である．基礎語彙を自由に活用できるレベルにまで高めることができれば，基礎的な運用能力はかなり高まると期待できる．また，外国語の学習では文法規則がすべての根幹をなすので，文法の基礎を教え込むことが必要不可欠である．特に運用に関しては，基本構文を体に教え込む訓練が必要である．
(3) 英語力の段階に応じて「読む」「書く」「聞く」「話す」「語彙」の目標を設定し，学生に達成目標を持たせるとともに，教員の指導をよりきめ細かにするように努める必要がある．大学などのレベルでは，能力別クラス編成が望ましい．
(4) 多読の教材，自学自習用教材などの課外活動教材の充実を図り，課外活動が有効に働くシステムを構築することが必要である．授業だけで「使える英語」を習得することは不可能であり，十分な英語力を習得するためには個人による自学自習が不可欠である．自学自習支援を授業と連携させてうまく活用できるならば，相当の効果が期待できると思われる．

　以上をまとめれば，「読み」を中心に据え，基礎に重点を置き，「読み」から得られる知識を活用できるレベルにまで高めることによって運用能力を磨く努力をする，ということである．これは，語学教育の基本を述べているに過ぎないが，語学教育に王道はなく，地道な努力の積み重ね以外に語学を習得する道はない．このことを学校においてどの程度実践できるのかが，学校の英語教育の質を左右すると考えられる．

第 6 章　予備的訓練

　これから教授の実際について述べるが，教室においては，教師は是非英語を学ばせるぞという意気込みが必要であり，同時に生徒は，多少の困難は覚悟して，必ず英語を習得するという意気込みをもって臨むのが肝要で，いわば「気合い」という言うべき呼吸が，師弟の間になければならない．
　初歩の段階の第一期間，すなわちここで言う予備的練習では教科書は用いない方がよい．その予備的練習は主として発音の練習にあると思う．すなわち，簡単な単語や文句を材料として，英語の発音中特に必要な部分をとり，様々に

訓練して発音器官の訓練をさせる．これと同時に思想構成の違い，風俗人情の相違などを語りきかせて，徐々に英語学習に対する趣味を起こさせるのがよい．その方法を一二あげよう．

　　（教師）　英語の単語を知っていれば，それをあげよ．
　　（生徒）　ペン，ナイフ，ランプ，カラー，ベンチ，等々
　　（教師）　これらは皆英語ではあるが，君たちの発音では通じないことがある．それは発音が正確でないからである．

という具合にして，発音の相違を実際に説明し，外国語の発音はそのように困難であるので，生徒にまずその発音を充分に練習しなければならないことを説き聞かせる．

　　（教師）　何か外国の語と思うものを聞いたことがあるか．

と発問して，生徒の知っている帰化語をあげさせ，それを英独仏などに分類し，その中の英語の語を取りだして，上記のような練習を行う．

　　（教師）　英国はどこにあるか，英国の体制はどうなっているか，英国とわが国はいかなる関係にあるか．

と世界地図を示しながら，地理上，歴史上の事項を確認し，英語を使用する人口の概数をあげるなどして，英語が必要であることを自然に悟らせる．ただし「英語はかくのごとく便利にして勢力の語だから，これを学ぶのである」と結論するよりも「我らの学ばんとする英語はかく広く行われて，はなはだ便利な語である」と付加的に説き聞かす方が奮励心を引き起こすのに効果があると思う．

　このような学習活動を，制服の各部の名称，野球テニスなどの用具等を用いて行うのもよいであろう．とにかく，生徒の既知の事項，日常親しんでいる事物から巧みに導いて，英語の必要性，利便性，勢力等を悟らせるのがよい．このような問答は初期の時に限らず，折々に行って外国の習慣風俗を語り，学修の興味を豊かにするのがよい．

　発音練習に際しては，初めの間はまったく口と耳だけの練習として文字を見せてはならない．綴り字と発音には不規則な面があるので，文字を見せると却って混乱し，学習の障害となるとしても利益にはならないであろう．発音練習の順序として，まず，邦語とほぼ同様の発音をもつ英語の音の比較練習から始め，次いで邦語にはない l, f, th 等の音に移り，舌唇等の運用を自在にする

必要がある．そして，これらの発音練習の材料は単語によるべきであるが，さらに進んでは Give me. Lend me. Good morning. の如き簡単な文や諺を用いてもよい．もちろん意味は第二で発音の練習が主であることは言うまでもない．

英語の発音は一音節語の中で発音の容易なものから順次進めて，二音節語，多音節語と進んでいくのがよい．さらに，一字に一音が対応する子音から始めて，その後で複数の発音に対応することが多い字の発音に移るのがよい．そして，子音の中でも日本語の発音と同じであるものを最初に練習する．例えば，p の音は日本語と同じで，発音も容易であり，発音の仕方が外部から観察可能である．この p 音を第一に選び，順次 m 音 n 音に移るのが順当であると思う．これらの発音を練習するには単に一字の音を主題とするよりは単語の形で教える方が容易であるので，これらの音を含む単音節の単語を用いるのがよいであろう．

このような方法で発音を訓練すると同時に，一方では単語を覚えさせ，次にその音を表すのに用いられた文字を教え，更に手順を逆にして文字を見てその示す音を言わせ，反復練習する必要がある．単語を学ぶとき，これを文の形として記憶させるのもよい．例えば，hat という単語では Here is a hat. This is a hat. などとするのであるが，文字で示すのは hat だけであって，それ以外の部分はもちろん口頭だけのことで，全体の文字を示すのは返って有害である．

第 7 章　英語各分科の連絡及び関係

英語の各分科，すなわち，会話，作文，文法，読み方，釈解（翻訳と解釈）等についてその関係と連絡とを充分に理解しておくことが，英語を教授する上でも，また学習する上でも不可欠である．したがって，これらの分科の連絡と関係の状態を説明しておくのがよいと思う．

そもそも言葉とは思想を音声によって伝達するものである．音声を材料としてその思想を発表するのが言葉の本質である．したがって，英語を学ぶと言うことは，英語の話された形を学ぶのであって，その他のことはこの目的に達するための副次的，二次的なことである．つまり，音声が中心であって，文字は二次的のものである．予備的練習として発音に重きを置く理由もここにある．この主客の関係を第一に確認しておく必要がある．

ある思想を文字によって発表するのが文章で，その文章を見て，そこに包括される思想を会得するのが「読み方」である．英語の書籍を読むと言うことは，

文字を通して，先方の言う通りに，抑揚発音の有様を口頭で真似て見なければ，裏に隠れている思想を，先方の意図するようにありありと再現することはできない．これは音楽における楽譜と実際の音の関係と同じである．英語の読み方もその主旨は同様で，書籍そのものは主ではなく，書籍に示されている言語を今一度口頭で述べてみて，先方の表そうとする思想を会得するのが目的である．いわゆる「釈解（訳）」は，この一手段であって先方が英語で表す思想をわが国語によって発表することである．英語とわが国語は異なるけれども，思想（平たく言えば，「心もち」）は同じであるので，先方の「心もち」をわが国語に言い表してみるのである．いわゆる逐語訳は，全文の「心もち」よりも，むしろ各語に拘泥し，ある場合にはほとんど意味をなさない場合がある．したがって，各単語の意味を知るのはもちろん必要であるが，文章として全体を取って，その「心もち」を理解するように努めることが必要で，このような訓練を重ねることによって，ついには直読直解の域に達するのである．

　要するに，言語は思想を口頭に発表する言葉そのものが骨子であって，文字はそれを表す二次的なものに過ぎないから，言葉の学修を先にし，文字の説明を後にするのが至当の順序である．耳にて聞き，口にて言い表すことが充分にできて，それから後に，文字による表し方に進むべきである．この主旨を果たすためには，正式に読本を使用する前に，予備的練習として，発音を練ることが必要となってくる．特に初歩の段階では，思想内容は簡単なものであるので，これに力を用いず，言語の要素である発音に専ら精を出すべきである．

　次に，「作文」に関しては，教える方も学ぶ方も難しいと言うが，この困難は作文を口語とまったく別種のものと考える誤解から起こるものであると思う．作文はある伝えたい内容を伝えるために文字を手段として用いたもので，結局口語を紙に写したものに外ならない．ただこのためには，文字，綴り方，配列，句読法の知識を必要とする．すなわち，口語を紙に写す際にはこの4項を正しく運用する必要がある．この手順を施すのが，すなわち作文で，作文の内容を相手が会得するには，読み方釈解によるのであるから，「読み方釈解の裏が作文，作文の表は読み方釈解，両者は同一の事柄を表裏より見たもので，決して特別のものではない」．

　以上をまとめると，思想が根本でこれを口に述べたものが言語である．ある思想を表す場合に，その思想を口に述べるのが口語で，その形式がすなわち「会話」である．この口語で述べたものを文字で表したのが文章で，その手続きをするのが「作文」である．そして，この手順をなす条件を教えるのが「文法」で，文法はまた一面釈解の指導をなすものである．また，文章を見てもと

の口語を復元するのが「読み方」で，その中に含まれる思想を会得するのが「釈解」である．この相互関係には一貫性があり，これを図示すると次のようになる．

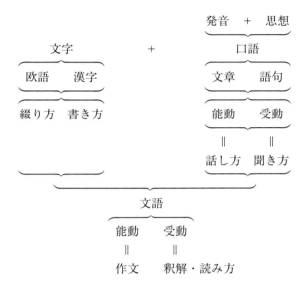

(**解説**)　岡倉の言う分科は，英語教育における4技能とまったく同じではないが深い関係がある．4技能は「読む・書く・話す・聞く」である．これらの技能を発信・受信という面から分けると，「話す・書く」が発信であり，「読む・聞く」が受信である（上記表の能動・受動の区別に相当）．もう一つの分類は，視覚を使うか口と耳（oral-aural）を使うかによる分類である．視覚を使うものが「読む・書く」であり，口と耳を使うのが「話す・聞く」である（上記表の文語と口語の区別に相当）．前者は文字を使い，後者は文字を使わない．

　ここで4技能の相関関係をもう少し詳しく見てみよう．英語学習において，発信と受信は別ものである．受信ができれば発信ができる，ということはない．例えば，「読む」ことができれば「書く」ことができるということは必ずしもないし，「聞く」ことができれば「話せる」ということも必ずしもない．一方，受信ができなければ，発信もできない．自分が理解できないことを発信することはできないからである．それでは発信できれば，受信できるのだろうか．これは限定付きで可能であると言える．つまり，自分で話したり書いたりできる内容の英語は，そのような英語に出会ったときに聞くことも理解するこ

ともできる.

　次に「読む」と「聞く」の関係を見ると,「読む」ことができても「聞く」ことができることにはならない．これは音声理解には視覚による文字理解とは異なる側面があるからである．音声は瞬時に理解する必要があり，正確な聞き取りを必要とするが，それができない場合がある．一方，聞くことができれば読むことができると言える．このように，4技能はまったくばらばらに存在しているのではなく，一定の組み合わせごとにある面を共有している．このことを岡倉は「各分科の連絡及び関係」と表現している．

　これらの4技能の一つの技能に熟達すれば，それに伴って他の技能も自然に発達するということはなく，それぞれの技能を独自にみがく必要がある．最近話題となっているコミュニケーションの授業で最も力点を置くべき技能は発信，つまり「書く」「話す」であるが，その中で「書く」に力点を置かなければならない．というのは，「話す」は結局「口頭英作文」だからである．そして，自分で話したり書いたりできる内容の英語は，そのような英語に出会ったときに聞くことも理解することもできるから，この技能を発達させることがコミュニケーションには不可欠である．明治時代の文部省検定教科書となった齋藤秀三郎の *English Conversation-Grammar* を見ると，本文は会話体で練習問題は必ず和文英訳である．これは「話す」と「書く」の融合を目的としているように見える．このような方式は現代の教科書にももっと取り入れるべきであると思う．

　佐々木高政や山田和男のような英作文の達人は皆読みの達人でもあった．山田は『和文英訳研究―方法と実際―』（研究社，昭和61年）で「ある人が某英語雑誌に，最近 Gardner を8冊読んだが大いに英作文に参考になった，と書いているのを見て，たった8冊で「大いに参考になった」なんてすさまじい，と思った経験がある」と述べ，「日本人は一般に英語がよく読めずに，また英語をたくさん読まずに，英語を書こうとする．だから英語らしい英語が書けないと思う」と書いている．「書く」ことの基礎には「読み」が重要であることを説いたものである．一方，読めれば書けるかというと必ずしもそうではない．「書く」ことは「読む」こととは別の訓練を必要とするからである．その問題の本質は，端的に言えば活用可能な語彙・表現にある．つまり，読んで理解できる語彙・表現の量と自在に活用できる語彙・表現の量の間にはかなりの落差があるからである．活用語彙の充実が必要である．

　ついでながら，上図で，言語は「発音＋思想」と定義されている．これをどのように解釈するかによって異なる考え方に至り着く．アリストテレスは「言

語は意味を伴う音である (sound with meaning)」と定義している．一方，チョムスキーは「言語は音を伴う意味である (meaning with sound)」とする立場を強調している．これは言語を思考の道具とみなす考え方である．岡倉の「言語は思想（意味）を話音 (speech-sound) に含めたもの」という発言はアリストテレスの定義と一致している．この二つの見方は一見するとそれほど異なるものとは思われないかもしれないが，その意味するところは大きく異なる．後者では言語の本質は思考であることになる．

第8章　文字の書き方及びその練習

　予備的練習において発音を練習すると共に文字の書き方を学ばねばならない．

　文字には印刷体と筆記体の二種類がある．初めは印刷体を教え，次いで筆記体を教えるのが順序である．発音の練習と併行して教えるべきであるから，発音が簡単で字体の簡単明瞭なものから少しずつ取りだして教えるべきである．一通り文字を学んだ後で字母表によって字母に一定の配列があることを示す．そして，文字を教える際にはその名称と文字が表す発音（音価）とを判然と区別し（例えば，g と get, giant における g の発音の区別），この二つを混同しないことが必要であり，また，一定の音価を示す sh, ch, ph などの二個以上の文字が結合する文字は，これを一個単独の文字と同様に扱うことが必要である．

　文字を示す場合，発音の場合と同様に，二種類の方法がある．一つは，ある文字を単独で示すものと，もう一つは一つの単語を示してその中の一字を指示することである．このなかで後者の方法がよいと思う．ある一文字のみを覚えるよりも，単語全体を示し，字形の上からもある字が他の字と大小位置などがどのように違っているかを見ておく必要があるからである．

　予備的練習の間に，小文字より大文字へ，印刷体より筆記体に及び，発音全体が終わる頃には書き方に一通り習熟するようにする．習字を練習するに際しては種々注意すべきことがある．ペンの持ち方，墨汁（インク）の含ませ具合，姿勢等を十分に説明し，教師自身が模範を示し，悪習慣のつかないように戒めるべきである．習字を練習させるのには，普通行われているように習字帖を用いるのがよく，習字帖の内容はなるべく既習の読本中の材料を用いるのがよい．

　注意すべきは，習字は単に文字が整って美しいばかりでなく，文字と罫との釣り合いも保たなければならない．ある高等学校の入学試験で大文字の P や

Hが満足に書けなかった学生が多かったという．発音と同じく，習字はその始めに充分に正確に教えないと永年の損失となるものである．

　ここで一つ推奨したいことがある．それは文字をペンで習う前に，生徒は指で各自の机上に，教師が板書で指示するとおりに文字を書いてみることである．これは指先を筆に代えて練習し，直接指先の触感に訴えるので，文字の形を印象することも深く，習字の進捗を助けるのに大いに効果がある．また，指先で模倣するときも実際にペンで書くときも，その文字あるいは語を発音しながら練習するのがよい．

　習字帳の練習の外に種々の応用的練習を課すことも必要である．その一二をあげれば，生徒に自分の名前をローマ字で書かせるとか，読本の中の適当な箇所を清書して提出させ，正確功美を吟味して，評定を付して返却するのもよい．読本中に記憶に値する文があれば，それを浄写すれば，記憶を鮮明にし，筆跡の練習も兼ねて一挙両得である．

　最後に，習字を課する際の問題の一つは，いかなる字体を模範とするかということである．非常に精巧な鋼鉄ペンを用いて書く細い線の字体，これよりやや太めのSpencerian体，又近来行われている割合に線に濃淡のない一体もある．これは前二者に比べると，フトコロが広く，著しく明瞭である．また技巧も少ないので学びやすくもあり曖昧な点がないから，他に優っていると思う．文字の傾斜の具合からいうと，立体（Vertical）と横体（Slant）がある．Stylographという特別な万年筆を用いる際には，立体の方が便利であるが，普通の万年筆又はペンで書くには，横体の方が容易であることは，経験から明らかである．それぞれに長所はあるけれども，要するに「技巧の少なき，文字のフトコロの広き，多少の傾斜ある字体が英習字の模範として最適なもの」と思う．

（解説）　昭和30年代始めに筆者は中学生であったが，その頃には学校で筆記体が教えられていて，Gペンを用いて，罫線入りのノートで筆記体の練習をした．ペン習字のよいものは教室に張り出され，少し得意になったものである．現在では筆記体を書ける学生は少ないようで，最近まで教えていた横浜のある女子大学では筆記体の書ける学生は一学年にほんの数人しかいなかった．現在の中学校では筆記体は教えられていないらしい．アメリカでも事情は同じようで，ある調査によると2006年のSATで小論文を筆記体で書いた受験生は15％に過ぎなかったという．アメリカの若い学者の板書の文字の拙劣さには呆れることがあるが，筆記の指導がきちんと行われていないのではないかと思われる．ボストン在住の当時60代の女性としばらく手紙のやりとりを

したことがあるが，その夫人は常に立派な筆記体で便りをよこした．

　アメリカの独立宣言は筆記体で書かれているが，それから20世紀半ばまでアメリカの筆記体の教育状況はほとんど変わらず，通例2年生か3年生（7歳から8歳）で筆記体を教えることになっていた．しかし20世紀後半以降，筆記体教育の重要性に疑問がもたれるようになり，また，コンピューターの出現により必須技能としての筆記体は顧みられなくなったという．

　日本の学習指導要領における筆記体指導の扱い方の変遷を見ると，次のようになっている．

> 1947年（昭和22年）　新制中学校が設置されて，選択科目として外国語（英語）が置かれる．筆記体の習字を新制中学校の1年次の終わりに指導することとされた．
> 1951年（昭和26年）改訂：　中学校第一学年の特殊目標として「活字体や筆記体で黒板や本から，語・句・文を書き写す能力」をあげている．
> 1958年（昭和33年），1969年（昭和44年），1977年（昭和52年）改訂：　第一学年で筆記体を指導するように定められた結果，生徒にも筆記体に習熟することが求められ，教師の板書も筆記体が多かったことから，広く筆記体が用いられた．
> 1989年（平成元年）改訂：　教師の指導の自由裁量の幅がこれまでよりも大きくなり，筆記体もその自由裁量の中に位置づけられた．また，この時期ワープロの普及によって手書きの機会が減少したこと，海外でも筆記体の必要性が減じていたこととも相まって，これ以降，授業で筆記体を教える時間が少なくなったようである．
> 1998年（平成10年）改訂：　外国語（英語）は選択教科から必修教科に位置付けられたが，「文字指導は，生徒の学習負担に配慮し筆記体の指導をすることができること」と定められたため，筆記体を授業で教えることはほとんどなくなったようである．（「ウィキペディア」「筆記体」の項を参考にした）

　このように筆記体は衰退の一途を辿っているが，日本の書道に当たる Calligraphy までも衰退するとすれば寂しい感じがする．カリグラフィーの文字は美しい．

第9章　発音及び読み方

　発音教授を考える前に，発音という語の定義を厳密に決定しておく必要がある．発音は「すべて耳と口との作業で，文字とは全然無関係のもの」である．従来行われている d-o-g = dog のように，文字を見てこれを口頭で発音するのは，発音というよりもむしろ「読み」の作業である．発音は，文字と無関係に音を発するのもので「目に訴えて口に述べるもの（読み）と耳より聴いて口に出すもの（発音）」とは明らかに区別して考えなければならない．発音の教授とは，どのようにすれば英米人の用いる音を出すことができるかを考えることなので，いわゆる「読み」の教授とは異なる．これは一見些細な問題のように見えるが，実は深く注意すべきものである．

　従来の発音教授は，英語の書き物を見て読み，日本語の発音と異なるところや抑揚を示したのであるが，これは読みの練習をしたのであって発音の練習をしたのではない．近来の方法では，言語の本質は口語（音声）であるという見地から，まず語句を口頭にて教え，口頭にて練習させて，充分に習熟してから，はじめて文字を提示すべきものとなった．例えば，house という語を教えようとするなら，始めはまったく文字を示さずに，ただ耳で聞き取らせ，口頭で反復練習をさせる，この間の手続きがすなわち発音教授である．元来言語は発音から成り立っているものであるから，まず文字の力を借りず，耳と口によって習得させて，対話のできる位になってから，はじめてその口語をどのように書き表すかを教えるのが正当な順序であって，従来の文字を主とする方法よりも優っていると考えるのが，近世語の教授法の定論となっている．

　ここで考慮すべき問題として，近年外国語教授法として主張されている Natural Method がある．この方法は「外国語を学習するには，恰も児童が母国語を習得すると同様の順序に従うべし」という説である．「一度翻って児童が母国語習得する状況を精察したならば，蓋し（多分）思い半ばに過ぎるであろう．」児童が始終母国語に囲まれている環境と学校の外国語教育では大きな違いがあり，Natural Method は外国語教授法としてまったく不可能であると断言せざるを得ない．一方，多数の学生を相手に，1週数時間だけ教えるだけで，五年の歳月を経れば，相当の程度の書籍を読めるようになるのは，一種の奇蹟である言ってもよいほどである．

　予備的練習で述べたように，まずその語の正確な発音を教え，充分口頭で練習させた後，直ちに普通の綴り字法によって文字を教えて，これを記憶させるのが最も安全な方法である．その際なるべく規則的綴り字を先にして，不規則

なものは後に回し，一見乱雑に見える英語の発音にも整然とした法則があることを教えるのが最善の方法であろう．

　このように，初歩の英語教授では，耳と口から始めて，次に目としての作業に移るのを原則とするが，程度が進んでくると，始めから目に訴える作業，すなわち読本の文字を直ちに発音させる方法をとることもある．さらに進んでは，この方法のみを用いても差し支えない．これがすなわち「読み」である．

　この際必要なことは，生徒に「読むということは何人（なにびと）かの口頭に述べたることを，今文字を見て復元するのである」ことを納得させることである．したがって，「読む」ということは，個々の単語の発音をもって満足するものではなく，そこに記載されている事柄をそっくりそのまま口頭で話すがごとく，抑揚を付し調子を整えて語るべきで，換言すれば，談話の体を紙上に復活することである［内容をよく「理解」したうえで読むこと］．これを行うには，教師がその読章の一部もしくは全部を範読（Model Reading）し，その後生徒に反復習熟させなければならない．もっとも，これは難解と思われる部分に対して行うものであって，いかなる場合にもこの手順を踏まねばならないというのではない．

　今日，いわゆる釈解にのみ重きを置き，読章の意味が充分に理解されていないのは，すこぶる誤った見方である．英語の本質は話される形，すなわち発音抑揚にあるのだから，全文の意味を了解した後は，生徒に読み方を反復練習させて，既習の部分はほとんど暗誦するようにさせるべきである．学習の初期からこのような練習を積んで怠らないと，漸次困難を感じないようになり，直読直解の域に達することも容易になるであろう．実例をあげてみよう．十節からなる教材があったとしよう．最初は教師と生徒が協同して意味を説明する．同時に重要な単語の発音も正確に授ける．次に，必要に応じて範読を与える，あるいは優秀な生徒に読ませて読み方を試す．以上の手続きが終わったら，各学生に指名して読ませる．朗読は二回くらいとし，初回は全編通読し，もう一回は各節毎に生徒に読ませる．このようにして各節を十回読ませるようにする．その際，各学生は発音抑揚を充分に正確にして，教師に比しても遜色ないというほど立派にするという決心を求めておくことが必要である．

　読み方の速度については，学生によって遅速の差が生じる．上級の学生には，一ないし二頁の長さを，意味を充分に理解しつつ読むにはいくらの時間が必要かを実測させ，一定の標準内に読めるように訓練するのがよい．

　読み方についてもっとも重要なことの一つは，アクセントである．アクセントを初めて教えるには，日本語の例と比較するのがよい．日本語は，元来平調

なものであるが，アクセントは軽微ながらも存在する．例えば，花（hana）は後ろにアクセントがあるが，人名のお花（ohana）は前にアクセントがある．このアクセントを別の音節に移して発音するとかなり奇妙な感じがするので，それは英語でも同様であることを充分に理解させて，アクセントの重要であることを銘記させる．

このようにしてアクセントが重要であることを理解させた上で，二音節以上の単語に遭遇したならば，必ずアクセントがある音節とない音節を注意させ，「二音節以上の単語にはアクセントを置かずには読み過ごされぬという習慣を養成する」のがよい．アクセントがあるのを知りながら曖昧にして発音をするような読み方が，学生だけでなく，往々にして教師にも見られるが，このような悪風は断じてやめねばならない．

ここでアクセントとはどのようなものであるか説明するのも無用ではないであろう．アクセントには二種類ある．一つは，中国語の四声（音の高低と長短の複合によって音声を表す）のように，主に音の高低による音楽的アクセント，もう一つは，力の強弱を主とする英語などのアクセントである．この両者は当然分離すべき性質のものではなく，高低を主としても強弱が伴い，強弱を主としても高低がやはり伴うのである．日本語でも，アクセントの有無によって，高低の差と強弱の別が生じ，アクセントのあるなしで，高低が音楽でいう半音だけ違うのである．しかし高低強弱のどちらかというと，日本語は英語と同じく，アクセントの強弱を主とする側に属する．

それでは，この高低強弱はどのようにして起こるかというと，肺から送り出される呼気が，声帯を押し上げるが，その際声帯を強く押し開くと「強い音」が生じ，弱く押し開くと「弱い音」が生じる．この押し上げる作用と同時に声帯の振動が生じるが，その振動数が多ければ「高い音」が出て，少なければ「低い音」が出る．このように，中国語の音楽的アクセントも英語のアクセントもその源は声帯の振動数に基づくことがわかる．したがって，アクセントは声帯の振動によって生じる音，つまり，母音か鼻音（m, n, ng）にのみ生じる．例えば，日本語の本田（Honda）では鼻音のNにアクセントがある．一方，英語にはこのような現象はなく，英語では母音にのみアクセントが置かれる．アクセントのある母音を発音するのには，アクセントのない母音に比して，一段と強く発音すればよい．

次に音調（Intonation）について述べよう．アクセントは単一の語が二音節（以上）の時，その一つの音節を他の音節よりも強く発音するものであるが，単音節の語でも，文中の他の語との関係でその語にアクセントを置いて他の語よ

りも語勢を強めて発音することがある．このように「文章が数個の単語よりなる場合には，各語はそれ自身のアクセントに止まらず，文章中の他の語との比較上の音の抑揚がある」．これを文章の音調という．わが国一般の学校の発音指導においては，独立の単語としてのアクセントと文章の分子（member）としての単語としてのアクセント（音調）とを混同して教授するために充分な発音教授ができていない．この両者は必ず区別して教授すべきである．この際に，まず新単語の発音練習をしてから文章を読ませるのはあまりよい方法ではない．なぜならば，単語が集まって文章をなすので，文章中の語の発音が最も重要であり，独立の単語としての発音は次位にくるものである．しがたって，単語の発音を先に置くのは本末転倒である．文章の発音練習については，総合に始まり［文章全体を読むこと］，後に分析的に各単語を取り扱うべきである．

　次に，独立の単語としての発音と，二個以上の単語が連結して句を成す場合の発音が異なってくることがある．例えば，went away では t と直後の a が連結したような音になる．また，文中の単語に軽重の差異が生じることがある．例えば，名詞，動詞，形容詞類は文中の重要な要素であるが，冠詞，前置詞，代名詞，接続詞などは軽い要素として扱われる．後者の要素はアクセントが置かれないのが通例である．例えば，日本語の接続助詞の「と」（「あの人は〜と申しました」）は関西方言では省略されることもあるほど軽い語であるし，英語でも接続詞の that (He said that he was an English boy) はそれに続く節の文頭に添えて極めて弱く発音される．ただし，例外もある．例えば，I looked at him. I put my hat upon it. では，日本語の代名詞の「彼(を)」「それ(に)」につく助詞よりも重要と感じるために，代名詞の him, it にアクセントを置きたいと感じる．しかしこれは誤りで，英語では特別な場合を除いて代名詞が文末にあるとき時にアクセントを置かれないのが規則である．

　発音教授の眼目である単語のアクセントや文章の抑揚（音調）は，教師がまず模範を示し，これを標準として漸次練習させることが重要で，その順序は常に文章全体をまとまりとして，総合的に発音抑揚を教え，然る後に分解的に単語個々の発音を教えることが最も適当な方法であると考える．

（**解説**）　岡倉は「読み」，すなわち音読，の重要性について指摘し，「読む」ということは，個々の単語の発音をもって満足するものではなく，そこに記載されている内容を理解し，その事柄をそっくりそのまま口頭で話すがごとく，抑揚調子を整えて語ることであり，それを暗唱するほどに反復練習させるべきであると説いている．この指摘は重要で，暗唱のためには繰り返し音読するのが

最も効果がある．

　岡倉はアクセントには高低アクセントと強弱アクセントの二種類あることを指摘し，「この両者は当然分離すべき性質のものではなく，高低を主としても強弱が伴い，強弱を主としても高低がやはり伴うのである．日本語でも，アクセントの有無によって，高低の差と強弱の別が生じ，アクセントのあるなしで，高低が音楽でいう半音だけ違うのである．しかし高低強弱のどちらかというと，日本語は英語と同じく，アクセントの強弱を主とする側に属する」と述べている．つまり，日本語は強弱アクセントであると述べているが，これは従来指摘されてきた「日本語は高低アクセント，英語は強弱アクセント」という分類と異なっている．これに対して，杉藤美代子（『日本語のアクセント，英語のアクセントどこが違うのか』（ひつじ書房，2012年））は，長年にわたる音響音声学的，心理学的，音声医学的実験等による研究によって，従来の定説を覆して「日本語も英語も高低アクセント」であると主張している．岡倉が「高低と強弱は当然分離すべき性質のものではなく，高低を主としても強弱が伴い，強弱を主としても高低がやはり伴うのである」と述べているように，本来この両者は不可分の関係にある．したがって，いずれに重点を置くかによって異なる説が出てくるのであろう．

　ここで杉藤の研究を見ておこう．彼女の研究によると，英語でも日本語でもアクセントは高低アクセントであり，「声が高い場合はそこに，または，後続する母音が下降音調の場合には，これに先行する音節にアクセントがある」とされる．つまり，アクセントは声の高さとその変化の動態に基づいている．変化の動態とはその音の後の音の高低のことで，例えば，日本語の「朝（アサ）」は前アクセントであるが，その直後のサが下降音調であるために，アが実験的データにおいてはサよりも低い音であっても，アにアクセントがあると認識される．英語では，第一音節にアクセントがある permit の場合は，はじめが特に高く，その後急速に声が低くなる．一方，第二音節にアクセントのある permit の場合は，per- は低く始まり，第二音節の i ははじめが高く，その後，声は下降し急に低くなる．

　杉藤は前掲書の第 10 章「英語と日本語のアクセントはどう違うか」において，英語と日本語のアクセントと話し方の違いを次のようにまとめている．

　　　（A）　日本語のアクセント
　　　　　　・話しことばの中でも，各単語アクセントによる高低を表現する．
　　　　　　→アクセントはそれぞれの単語の意味の区別に役立っている．

(B)　英語のアクセント
　　・話しことばの中で各単語のアクセントは表現しない（これはいわゆるアクセントがないということではなく，アクセントが他のもっと強調される語のアクセントに比べて弱いことであると思われる）．その単語を強調する場合は，該当する単語のアクセントを生かしてそこを高める．つまり，
　　・話者が話しの中で強調したい単語の，アクセントのある音節を高く強くはっきり言う．こうして，
　　→話の要点をわかりやすく伝える．
(A′)　日本語話者の話し方
　　・読み始めるとき，声を高くする傾向がある．
　　・各単語のアクセントの高低を話の中でも表現する．このため，文中で声が上がったり下がったりする．
　　→聞き手には，話者がとくに強調したい点が何か明瞭でない．
(B′)　英語話者の話し方
　　・普通，楽な高さでやや低めに言い始める．
　　・文中の各単語のアクセントはいちいち表現しない．
　　・話者にとって重要な単語の，アクセントのある音節を強調して言う．結果としてそこは高くなる．
　　→言いたいことが何なのかそこを強調して話すので，聞き手には内容が理解しやすい．

　英語と日本語のアクセントにはこのような違いがあるが，日本人が英語を音読する場合にもこの違いが現れることを具体例によって示している．実験素材は次の寓話である．

　　Everyman carries two bags about with him. One in front, one behind, and both are full of faults. The bag in front contains his neighbor's faults, and the one behind his own.
　　Therefore men do not see their own faults, but never fail to see those of others.

　この文中で英語話者が高く発音した語は，everyone, two, in front, faults, in front, neighbor's, therefore, not, never, others などである．これに対して，日本人（大学生）の読みではほぼ単語ごとに強調があり，丁度日本語で文

中の各単語のアクセントを明示して読むのに似ている．そして，英語話者と日本語話者には次のような特徴的違いが見られた．

(1) two bags はこの物語では前後に二つあるので重要である．英語話者は two を強調するが，日本語話者は bags を強調する．
(2) one in front, one behind では，英語話者は，この物語で重要である二つの袋の位置，front を強調するのに対して，日本語話者ははじめの one を強調する．なお，英語話者の behind は持続時間が長い．
(3) full of faults は重要語句である．英語話者は faults を強調するのに対して，日本語話者は full と faults の両方を高めに，特に full を高めに言う傾向がある．さらに，この文章には faults が3回出てくるが，英語話者が高めて発音するのは初出だけであるが，日本語話者にはそのような傾向が認められない．

このように日本人の英語学習者は，話の内容と展開に則した音声表現に乏しく，メリハリのない音声表現となる傾向がある．英語では，重要なことばは強調して言うのが習慣であり，それがアクセントである．日本語話者には話の中でどの単語が重要かという考えに欠けている．

杉藤は英語の発音指導に生かすべきこととして，次のように述べている．「日本語の場合は，各単語についてアクセントのある部分が決まっている．文中の場合も単語アクセントの高低を常にそのまま生かして読み，あるいは話す．これに対して英語では，それぞれの単語ごとにそのアクセントを表現してそこを高く読むことはしない．強調したい単語の，アクセントのある音節だけを高く明瞭に言う．それでとくに言いたいことは何かが，聞き手にはよくわかる．日本語と英語のアクセントの音声表現で際立って違う点はここにある．

英語話者に理解しやすい英語を発話できるように語るためには，このような問題点を発音指導や音読指導で分からせることが英語教育の上で特に重要なことである．」

第10章　解釈について

意味を発音という形式に含めたもの，すなわち言語を耳で聞いて，その意味を思い浮かべるのが「聴き取」である．文字を通して同様の手順を行うのが「解釈」である．

解釈の際に，第一に注意すべきことは，「文章（口語にても文語にても同じく）

全体の意味を主とし」，その文を構成する単語の個々の意味に拘泥しないように気をつけることである．これは一見当たり前のように見えるが，往々にして思い違いもあり，また実際上それほど易しいことではない．教師にも学生にもこの点を充分に理解してほしいので，以下でこれを詳述する．

　発音を考えてみると，文を構成する単語にはそれぞれ特別の発音があるが，この音を文中においてことごとくそのまま発音すると，個々の単語の発音としてはよいとしても，与えられた文中の単語の発音としては正しくない場合が多々ある．辞書においては，冠詞も前置詞も接続詞も，名詞や動詞と同じ扱いを受けているが，一度文章の構成要素となると，その文章の意味によって，ある単語は非常に重い位置を占め，ある単語は比較的軽い位置を占めることになり，重く用いられた単語は重く発音され，軽く用いられた単語は，軽く発音される．もしこれと反対に，単語の文章中の位置の如何にかかわらず，単語が平等に発音されるならば，軽重主客その他の相互関係がまったく乱れて，文章としての正しい発音は到底できないことになってしまう．解釈の場合にも事情はこれとまったく同じである．

　各文には，必ずその意味の焦点というべきものがある．写真師が人物を撮影するときに，焦点をどこに置くかは任意であると同様に，文においてもその焦点をどこにでもとることができる．また写真師が人物のある部分に焦点を置くのと同様に，文でも意味の関係上，重要な語に焦点を置くのが常であるから，大抵の場合，その全体の意味から判断して，その焦点の所在が判定できる．例えば，

　　　I bought three books yesterday.

の文をとると，この文を構成する5つの語中のいずれの語にも焦点を置くことができるが，その焦点の定め方によって，全文の意味が異なってくる．主語に焦点を置けば，「外ならない私が」の意味となり，bought に焦点を置けば，「借りたとか，売ったのではなくて，買った」ことを意味し，three に焦点を置けば，「2冊でも4冊でもなく3冊」を意味する，等々である．このように，焦点の位置によって意味が変化し，文の発音もそれに相応して異なってくる．もし，文を解釈するのに，それを構成する単語の各々のみに顧慮し，等しい解釈を与えたならば，散漫な解釈となって，到底文の真意に到達することはできない．したがって，文の解釈に際しては，必ずまず焦点がどこにあるかを捉え，それによって各語の軽重の如何を知ることが必要であって，これが解釈（聴き取）の目的である．次の連続する二つの文について見よう．

> An old man is cutting the branches. He cuts them with a pair of scissors.

この前文は，「木の枝を払っている最中だ」の意味で，いま行っている動作に主体があるから進行形が用いられている．一方，後文では「ハサミを用いて払っている」というので，動作の方から言えばもちろん「払っている」のであるが，（その動作はすでに前文で述べられているから）ここでは道具の方に主体があり，直接法現在を用いて進行形を用いていない．厳密に言えば，後文も進行形であるべきところであるが，ここでは動作を重く見ずに，道具を重く見たので，動詞は直説法の cuts となっているである．解釈の際には，このような点に留意し，文の原義に重きを置いて，その心持ちを正しく思い浮かべなければならない．文を構成する単語各々の解釈に拘泥すると，全文の真意を捕捉し難いことが少なくない．

このように述べると，文は単に大体の意味を会得すれば充分で，個々の単語は不明でも差し支えないと思う人があるかもしれない．これはまったくの誤解である．読み方において，いかに軽い単語でも必ず発音されるのと同様に，解釈においても，文を構成する単語はいずれも正しく解釈されなければならない．個々の単語が正確に解釈されなければ，いわゆる焦点の所在を会得することはできない．ここで主張しているのは，文を構成するいずれの単語も，同じく解釈に関与するのはもちろんであるが，各語に一様平等の力点を置いては，文の主目的が分からなくなるから，軽重の区別，主従の関係を考えて，その焦点である主要点を把握しなければならない，ということである．換言すれば，「意味上のアクセントあるいは音調に注意せよ」ということである．

現在普通に行われている解釈は，なるべく単語の一つ一つを訳して文章の意味を知ろうとするものであるが，これは単語に囚われることが多く，妥当性を欠く場合が随分多いようである．例えば，

> Do you see the bird?

を，「鳥が見えますか」「鳥がいるでしょう，ね」と言ってしまっては，原文のいずれの単語がいかなる意味をもつか判然としないという懸念から，「汝はその鳥を見なすか」とでも訳さないと気が済まないという考え方が一般にあるようである．これは，例えてみれば，throughout を一気に発音しては原音が判然としないから，th-rou-gh-out と区分して発音しなければならないと言うようなもので，まったく無意味な見解である．

世間にいわゆる直訳主義とか逐語訳主義とかを唱える人があるが，これは単語に忠実であろうと期する態度であり，その点は賞賛すべきことでもあり，教授上必ず踏むべき手続きであるが，もし単語のみに集中して，文全体の意義が不確実不明瞭になるとすれば，本末転倒である．解釈というのは，(一) 単語のそれぞれについて，辞書に示されるような主要な意味を授けること，(二) その単語の文法上の関係，文における単語の配列順序などを教えること (語順，文法)，(三) 文全体の意味を把握し，文全体の意味より判断して，文の焦点に着眼し，これに適訳を施し，その適訳を通じて，原文の意味を思い浮かべさせると共に，再三再四正しい抑揚で原文を読ませなければならない．以上三つの段階を経て，はじめて一文に対する解釈の教授が完成するのである．この中のどれか一つ欠けても解釈教授の成功は望めない．この三つの順序は常にこの順にせよというのではないが，初年級の教授には，特にここに示した順序が適当であるように思われる．個々の単語の意味の説明，品詞や文法関係などの説明は，それぞれ別個に行うのがよく，これらを解釈と同時に行うのは，決して一挙両得の方法ではなく，却って二兎を追う弊に陥ってしまう．この手続きは必ず区別して，個々の単語，文法関係，文の意味と焦点はそれぞれ別に扱うべきである．このようにすると，余分な手続きを要するけれども，これに優る健全で正確な方法は外にないと思う．

　このような段階を踏めば，いわゆる「意訳」に偏して，単語各語の意味や文法関係を無視する弊害も避けることができ，また，逐語訳によって，全体の意味や単語の語順などを閑却する過失を免れることができる．このような方法には時間と労力がかかるけれども，初歩の段階で確実精緻な基礎を形成しておけば，訓練が進むにつれて，普通の文章は困難を感じることなく解釈できるようになるから，長い目で見れば，経済的である．

　解釈は，決して原文の意味を理解するだけにとどまらず，「読むと共にその意味が心に通じる」ことを標準とし，反復読み方を行わねばならない．文章の意味を教えたのみでやめては，成功の最後の階段を一つ踏まずにおくのと同じである．「解釈は必ず解読をもって終わる」ようにし，原文を一読して直ちにその意味を連想できる程度にすることが必要である．このようにして，はじめには無関係のように見えた読み方と解釈の両者が，ここに結合して活用されるのである．この段階に到達してはじめて，一文に対する解釈が完了するのである．「元来，釈即読み，読み即釈で，両者はあたかも形と色とのごとく，形なければ色なくて，色なれば形なし，というように密接不離の関係を有するものである．」

わが国の英語教育においては，返り読みという解釈方式がある．この方法は長く続いていてほとんど動かし難いほどになっている．これは以前漢文を読むときに返り点を用いて，漢文本来の語順とは関係なく，日本語の語順を主として日本語流に漢文を読んだ習慣が，そのまま英語学習にも踏襲されたためである．この方法は漢文を外国語として扱わず，一種の日本語として扱った，誤った方法に基づいている．外国語の文章は，その国の人が用いる語順を辿り，始めから終わりまで一語ずつ，又は一句ずつ吟味して，その意味を推し量り，それによって原文の意味を理解するように，直読直解に努めなければならない．今簡単な例をあげてみれば，

　　I was just going to send for him when the doctor made his appearance.

という文について，普通に行われているように「医師が見えたときには，私は丁度その人を迎えにやろうとしていたところだ」と訳すと，その順序は原意とはやや異なっているように感じられる．「せっかく迎えにやろうとしていたところに，医者がきた」というように，医者が来たのを後に言うのが最も自然な解釈である．[主節と従属節の関係が日本語と英語で逆転しているように見えるが，その理由については本章末の解説（p. 70）を参照] この順序の転倒を評して，熊本謙二郎氏 [1867-1938，英語を教える天才であったと言われる，三高教授，学習院教授などを歴任] は「あたかも活動写真のフィルムを逆に挿し込んだようなもので，回向院の相撲を写すところにしても，砂を浴びた力士が次第に起き上がり，とうとうおしまいに行司を中にたてて，土俵の上でまさに取り組もうとしているところで終わるのと同じだ」とい言われたが，まことに適切な比喩である．

　解釈においては，この種の本末転倒は避けて，文を組み立てている，第一語句より，第二，第三と順次に進み，次第にその意味を押していかなければならない．その際重要なことは，その文の主語は何かを見出させることである．次に述部を見出させ，その動詞が自動詞か他動詞か，他動詞ならばいかなる目的語を取っているか，また，完全自動詞か，不完全自動詞か，不完全自動詞ならば，いかなる補足語を取っているか，主語，述語，目的語，補足語はいかなる修飾語を伴っているか等を，一つ一つその関係を理解しながら，順次全文の意味を理解するように導くのである．長い文の解釈においては，これをいくつかの小節に分けて意味を探らせるのがよい．例えば，文が複文 [従属節を含む文] や混文 [複文や重文を含む文] の場合には，そこに含まれる従属文をはじめは一つの単語のように扱い，主文を解釈した後に従属文について分解を行うのがよいと考える [II. 外山の p. 16 も参照]．文法上の術語を用いることは避け，特に

初歩段階ではできる限り使用しないのがよい．

　このような方法は，予備的練習が終わって，読本に入ると同時に始めて，極めて初歩の段階から，このような習慣を養うべきである．

　文章の解釈上，さらに必要なことは句読点の用法である．句点（ピリオド），疑問符，感嘆符のほかに，コロン，セミコロン，コンマなどについて，大体の性質を教えておかなければならない．コロンは「すなわち」「換言すれば」に相当し，セミコロンは通例長い文中の小休止，または主なる区切りを示すものであるが，コンマの用法は複雑であり，その用法について規則的に説明することは困難である．文中に挿入を行う場合に括弧で包む代わりにコンマを用いることは注意しておいてよいことである (The child, with tears still in her eyes, began to smile.).

　次に単語の取り扱いについて考えよう．単語は解釈の教授に必ず伴うものである．文中の単語はそれぞれの役目をもっているが，その役目に従って品詞が異なる．したがって，文中の各単語について，いかなる品詞で用いられているかを子細に吟味することが必要である．特に初学の間は，一層この点に注意すべきである．

　言うまでもなく，単語は文の要素であるので，ある程度まで単語の知識を豊かにしないと，解釈も自在に行うことはできない．初歩の程度では，読本に与えられている単語を教えれば充分であると思われるかも知れないが，そこに含まれる単語は編集の都合上偶然に含まれているものであり，読本は一つの目安に過ぎないから，教師は適切な語句を新規に補足する方法を講じなければならない．例えば，人体に関する単語に関して，eye, ear, nose などに対して，see, hear, smell のような語はあげられているとしても，finger に対して，pinch, point などの語は上がっていなことが多い．初歩の読本においても，あるべきはずで不足している語はいくらでも見出されるから，ある場合には，読本中に現れた単語を，教師が適宜整理し総括し，これを基礎として，これに関係があり，学生が当然知っておくべきはずの単語は，補足して与えるべきである．

　さて，単語の補給と言っても，いかなる順序で授け，いかなる関係を保たせて記憶に留めるようにすべきか，これがまた教師の熟考すべき問題である．単語を記憶させるための根本の動機は，その語を知るべき必要に迫られるということである．学生はすでに日本語に通暁しているので，日本語を知らない外国人が日本語を学ぶ場合と異なって，学生は外国語の必要を感じない．そのような状況にある学生に外国語を教えるには多大の困難を感じるのは自然である．

したがって，教師は，いやしくも外国語を学ぼうとする以上は，ある程度までは単語に習熟しなければ，ほとんど無効であるという覚悟を充分に据えつけて，多少の難苦は排除しても習得しなければ止まずという決心を，学生に奮起させなければならない．この決心によって，乱暴にも英語の辞書を巻頭からABC順に暗記しようと試みた人もあったようだが，単語習得の方法としては極めて拙劣である．相互に偶然以外はまったく意味上の関係のないものを機械的に記憶することは，困難で労が多い割には効が少ないのみならず，頭脳を害することも決してないとは言えない．

教師の顧慮すべきことは，「単語相互の間に，意味上の連絡を有せしめて，有意的に記憶せしむべきことである」．例えば，動物の名前が現れたときには，学生の念頭に生じる他の動物の名前をあげるとか，その動物の動作，状態などを表す語をあげるとか，総合的に関連をもたせるのがよい．その際，単語を提示するときに文の形にして与えるのが一層有効である．例えば，cat, dog などの名詞をそのまま与えるよりは Cats catch rats. Dogs bark. などの文の形でまとまった思想として授けるのがよい．

絵によって単語を教えるのもよい方法であるが，その際，山，谷，川などの物を単独で示したものではなく，川が流れているとか，山の頂に太陽が出ているとか，絵の中に動きのあるものがよく，それによって関連する単語を教授できる．絵だけでなく，動植物，地理，歴史等の標本掛け図なども単語補給のよい材料となる．

その他，極めて容易な材料で，かつ種々の変化を示し得るものに，身体，動作，または教室内の事物を利用することである．例えば，教師が白墨を取って，黒板に向かい，文字を書く，という動作だけでも，これを分解して，それぞれに用いられる単語を教え，次に学生にその単語を活用させるなど，容易に行うことができ，かつ効果のある練習法である．この方法はフランスのグァン氏 (Gouin) が唱道したものである．近ごろわが国の英語教授法にも，これに類似する方法が行われて，学生がその挙動に応じ，I stand up. I leave my desk. I go forward. などと，自己の動作や他人の動作を，口頭で発表する練習をなすようである．これは誠に喜ぶべき現象であるが，それが単にオウム返しに真似ているのではなく，心と口が常に統一されているように導かねばならない．

このような材料の中で最近現れた最重要なものは，リップマン氏 (Rippmann) の立案した絵単語 (Picture Vocabulary) である．これは単語の補給には最も便利なものであって，これをわが国で利用するには，語句を記し

た方は学生に示さずにおいて，絵の方のみをもたせ，これについて教師から適当な単語を授けて，その単語によって簡単な文を習得活用させるのがよいと思う．

　上級においては，ある新単語を教える際に，いわゆる同意語を教えるのも，関連ある語の補充に便利である．例えば，wonder という語を提示すると同時に，surprise, alarm, astonishment, bewilderment, terror, horror 等の語を提示し，これらはいずれも「驚き」の語であるが，多少意味の相違があることを教える．surprise は不意を突かれたときの驚き，alarm は胸を動悸つかせる驚き，astonishment は呆然呆れかえったとき，bewilderment はうろたえ狼狽したとき，terror は戦慄するとき，horror は身の毛もよだつとき，というように意味を区別し，総合して記憶させるようにするという手段をとるのもよい．

　あるいは，語の派生を説明し，接頭辞，接尾辞が語幹に加わって，種々の新しい意味が生じることを教え，単語を豊富にさせるようにするのもよい．また，語源を説明して，例えば，detect は「屋根を外す」，protect は「屋根の下に覆う」という原義から，前者には「発見する，探し出す」の意味があり，後者には「保護する，かばう」の意味が生じることを説明するのも一法である．このやり方は，既知の単語の印象を深くし，さらに，既知の単語より類推して更に未知の単語を容易に習得する利益もある．

　単語と言っても，sit down, stand up, get out など2語よりなって一つの概念を表すものは，一つの単語として扱うべきである．こうして，一学年間に平均二三百語くらいを補い，二三年を経れば，教科書中の語句と相まって，一通りの用は足りるようになり，自らも進んで習得しようとする傾向を生じるに到るであろう．故に，教師は教科書に載せられていないが，必須である単語を予め調査しておいて，これと関連のある適切な単語を選定し，一定の期限内に授け終わるように計画しておくべきである．多少の困難は伴うとしても，必要と考えられる単語は是非習得させるように努めなければならない．

　次に暗誦（Recitation）について述べてみよう．近世の語学教授の風潮を見ると，まず分析して，その後で総合する，いわゆる演繹的教授は一般にこれを避けて，まず統合したままのものを一つの塊として授け，ある程度これを運用できるようになってから，はじめて詳しく分解を試みる，いわゆる帰納的教授が歓迎されているように見える．これまで述べたところも，この精神に基づいていることは明らかであると思う．文法を教えるときも，作文を教えるときも，当該生徒の能力で学修できる程度の語句文章を，そのままの形で生徒に提示し，総合的に運用するように訓練し，然る後にその分解を行うのである．例

えば，読本で It is a dog. と言う文を教えるとすれば，何はさておいても，まず口と耳のこととして，いくどとなくその全文の意味を言い聞かせて，充分に会得した後は，教師と共に発音をし，その後学生個々に反復練習させて，運用が自在となってはじめて，その発音の分解を試み，文字の読み方を行い，綴り字単語の個々の意味，名詞動詞の配列，句読のことなどを説明し，問答をするのである．そして，読本を開いたときには，口と耳で訓練した語が目と手の語（文字）として扱われるのであるから，読本に示された文字をいくどとなく熟読させることが必要である．読むときには，目で文字を見ると同時に，心にその意味を意識しつつ口頭で発音し，充分に習熟した後に分解的に教授する．初歩の学生に対しては，教材をまったく暗誦して，口頭でも作文でも敏速に活用できるようにしなければならない．

　この目的のための教材は，なるべく簡単なものを選び，複雑なものや長いものは避けなればならない．外形は簡単でも構造が普通の文とは異なっているもの（First come, first served. Like father, like son）などは，暗誦には容易であるとしても，模範として従う様な形式ではないので初級には用いない方がよい．初歩の学生にはやはり普通ありふれた It is Sunday, today. I am a Japanese boy. のような材料を選ぶべきである．同様の理由で，詩を暗唱させるのも初級では不適当である．何らかの理由で，初歩の学生に詩を教えるときには，余計な説明は加えないで，丸呑みに暗誦させるのがよい．

　とにかく，暗唱は英語の第一句を学習したその日から，日常不断に行うべき極めて有益な練習方法で，運用を自在にする基礎となるべきものである．上級に進んだものが，簡易な語句の使用法にすら習熟せず，活用に疎いのは結局暗唱の効を積まないことに起因すると言っても差し支えないであろう．「元来英語を多少知るというは，これをある程度諳んじていることに外ならない．」したがって，暗唱は，英語学習者が，必ず経由しなければならない筋道であるので，教える者も，学ぶ者も，充分にこの点を自覚し，暗唱に一層の注意と努力を払うべきである．暗唱は，単に書くまたは話すことに資するのみでなく，これに習熟する間に，自然と英語の格調に慣れて，聞く力や読む力をも著しく増大するのである．

　暗唱の材料として詩に言及したので，ここで詩の教授に関して心得るべき点をあげておこう．初歩の学生に対しては，単に大体の意味を授けるに留め，倒置，省略などの普通の散文と異なる諸点には注意を向けないようにするのがよい．ただし四五年級ともなって，散文の構造には大体習熟し，詩と散文の違いを区別できるようになったときには，詩の有する種々の特質を指摘し，押韻

（Rhyme）や韻律（Meter）などの大要，措辞［ことばの使い方や辞句の配置の仕方］の一般を教えるのがよい．詩には次のようにアクセント記号を付して教えるのがよい．

　　　Twín | klĕ　twín | klĕ　　lít | tlĕ　stár

　　　Hów | Ĭ　　wón | der　whát | yŏu　aŕe

このようにすれば，詩の各行は規則正しく一定の形式をもち，抑，揚，抑，揚と音節が交互に結合していることを，学生は明確に理解するであろう．詩の調子（律動 Swing）を理解させるのには，教師が手を振って，抑揚を示しながら朗読するのも一つの方法である．詩に関する術語は用いないで，簡潔な語で詩の構造の特質を説明し，いわゆる詩興［詩情］を感じさせることを主たる目的とするのがよい．

　暗唱を行うと同時に，その効果を確かめるために，書き取り（Dictation）を行うのは甚だ重要である．口頭で述べることができても，それを文字に表すと beggar を begger と綴るなどのような誤りは頻繁に見られる．多少時間はかかっても，口と耳で始めた教材は，常に手に訴えて書き取らせることで完了するようにしなければならない．書き取りは，語句の記憶を正確にし，綴り方に習熟させるという当面の目標に止まらず，書き方の練習，聞き方の練習として，発音の良否を確かめる手段ともなり，これによって文法の知識が確実かどうかも探ることができるので，種々の利点があるのである．

　書き取りの材料は，読本その他の既習の読み物で，熟知しているものの中から選ぶのがよいが，時にはまったく学生の読んだことのない読本の一部を抽出してみるのもよい．書き取りは極めて初歩の時からこれを課し，上級に到るまで，終始継続して行わなければならない．

　書き取りを訂正する方法にはいろいろあろうが，学生がお互いに交換してその誤りを訂正し，その後教師が集めて点検し，評点付けて返却するのが普通に行われている方法であろう．この時多数の生徒の共通の誤りがあれば，それは教室で特に注意する必要がある．また，ある学生が同一の誤りを数回重ねているときには，その旨注意を記してやるのがよい．また，多くの誤りをする学生には，特に清書を命じて，これを検閲するのがよい．教師が懇切に誤りを訂正してやると，生徒は却って深く注意することなく，評点だけを一瞥し他を等閑に付する弊がある．

　最後に辞書について述べておこう．一般の辞書は無論語数が多く解釈が詳蜜

であるが，中学程度の学生が用いる辞書としては，このような辞書は適切ではない．今日の英和辞書は，程度の進んだ学生でなければ，これを利用することはできない．したがって，初歩の学生に対しては，このような詳蜜な普通の辞書を用いるのではなく，その読本を読むための語彙を欄外あるいは巻末に付して，これを利用させる方法が安全でしかも確実な方法であると思う．したがって，中学の三年級あたりまではこのような方法をとり，四五年級に至って一通り文法上の形式に通じ，辞書の使用にも納得が行くようになって初めて，その使用を認めるのがよいと考える．

英和辞書の中には，訳語が誤っているもの，妥当でないものがあるが，これは編者が，在来の辞書を信用して編纂したために，誤りや不適切な訳語をそのまま踏襲したために起こったものであると思う［国語辞典の歴史でも同様な「事件」が生じたことがあった］．例えば，earn という語には「儲ける」という訳語が付してあるが，「額に汗を流して手に入れる，かせぐ」という方が一層適切である．「儲ける」では，遊び暮らしていて何らかの幸運で不時に所得を得るという意味に解釈される恐れがある．regret, repentance, remorse をすべて「後悔」とするとその間に何らの相違も認めないことになる．regret は「過ちに対する後悔，人に対する遺憾の気持ち」，repentance は「罪を懺悔し，改心する」，remorse は「悪いことをしたという悔恨の情」を意味する．このように同意語をあげて異同を対照することも，使用者にとって有益である．これまでの辞書には語源があげてない．すべての単語に必要ではないが，特に借入語については語源を記した方が，語の印象を深くし，記憶を堅固なものにする点で有益である．発音については，ほとんどの辞書が Webster 式を用いている．学生は辞書を見て，意味は調べるが発音を確かめるような努力をしないので，教師は何らかの工夫をして辞書の発音記号を学生が活用するように習慣づけるべきである．

「とにかく，中学生に提供する辞書は，語数を制限して一般必要のもののみをあげ，訳語を精選して原語の意味に適合させると共に，訳語から誤解を生じるような弊害がないように努め，ある語にはその語源等をも付記し，必要な熟語をも列挙し，前置詞，冠詞などの結合も示すように仕組まねばならない．ただ，最後に望ましきは，日本語のみの解釈に留めず，平易なる英語を用いて同様の意味を書き添えた，いわゆる双解辞書の使用を奨励する．」［この辞書に対する記述は，英語教育そのものについての意見というよりも辞書に対する岡倉の要望である．なお，岡倉は上記の情報を盛り込んだ『新英和大辞典』（昭和2年，研究社）を編纂している．p. 69 を参照．］

最後に和英辞典について一言述べよう．和英辞典の必要性は，主として英作文のときに生じる．中学の英作文は，口頭で述べ得ることを材料として，これを正しく書き表し得ることを根本とすべきである．したがって，文法書と和英辞書の手引きを借りなければ作文できないような課題を課するのは不合理不適切であり，学生の力不相当の作文をさせるような習慣は止めねばならない．ある文を書かせるときに，必要と思われるが学生が知らないような語句は，教師が予めこれを与えて，その使用も充分に説明すべきであって，和英辞典の助けを借りなければならないようにするのは適切ではない．中学校の英作文は，まず学生に口頭で発表させて，発表できない部分は，教師がこれを補足，あるいは修正して，然る後に得たる結果を書くことを本体とすべきである．このような考え方からして，適切な語彙を教師から与える以上，ことさらに和英辞典を使わせる必要はないと結論する．

（**解説**）　本章は，本書の中で最も長い章で 50 頁以上もある．内容も多岐にわたり，扱われている項目は，解釈，直訳主義・逐語訳主義・意訳・返り読み・直読直解，句読点の用法，単語の扱い方，暗唱，詩の教授，書き取り，辞書（英和辞書，和英辞書）である．これらのいくつかの項目について岡倉の意見を要約した上で解説を加えよう．

1. 解釈とは何か

　解釈で重要な点は，文の個々の単語の意味に囚われず，全体の意味を把握するように努めること，この全体の意味とは，文に示されている意味を正確に理解した上で，その意味における要素の軽重の区別，主従の関係を考えて，文の焦点を把握せよということである．換言すれば，「意味上のアクセントあるいは音調に注意せよ」ということである．

　解釈の教授は，

- （一）　単語のそれぞれについて，辞書に示されるような主要な意味を授けること，
- （二）　その単語の文法上の関係，文における単語の配列順序などを教えること（語順，文法），
- （三）　文全体の意味を把握し，文の焦点を明確にすること，
- （四）　原文の意味を充分に理解した上で，再三再四正しい抑揚で原文を読ませること，

この4つの段階を経て，はじめて一文に対する解釈の教授が完成し，この中のどれか一つ欠けても解釈教授の成功は望めない．解釈は，決して原文の意味を理解するだけにとどまらず，「読むと共にその意味が心に通じる」ことを標準とし，反復読み方を行わねばならない．文章の意味を教えたのみでやめては，成功の最後の階段を一つ踏まずにおくのと同じである．「解釈は必ず解読をもって終わる」ようにし，原文を一読して直ちにその意味を連想できる程度にすることが肝要である．このように，解釈とは，その文の意味が心にしみるようになる段階まで，徹底して文をなめ尽くすことであると，岡倉は述べる．

2. 直訳主義・逐語訳主義・意訳・返り読み・直読直解

　直訳主義・逐語訳主義は，単語の意味に忠実であろうとする点では教授上避けて通れない手続きであるが，文全体の意味を明確に正確に捉えられないとすれば，本末転倒である．意訳は学習段階では避けるべきである．返り読みは，漢文読解の方法の影響による悪弊である．外国語の解釈においては，いわば耳に入ってくる順序と同様に解釈を進めるべきで，直読直解が最もよい方法であると岡倉は述べる．

　直読直解が最もよい方法であることに異存はないが，いくつか注意すべき点がある．日本語と英語の語順は鏡像関係にあり，日本語はSOVであるのに対して，英語はSVOである．動詞句内の語順がOV対VOのようにまったく逆の関係にある．したがって，英語の語順を日本語の語順に置き換えると，どうしても返り読み方式になってしまう．しかしながら，ここで直読直解と言っているのは，「英文の意味の理解」であって，英文和訳の訳文のことではない．語順に従って，始めから終わりまで一語ずつ，一句ずつ理解し，その意味を推し量り，それによって英文の意味を理解するのが直読直解であって，それを日本語に表すのはまた別の問題である．例えば，小野圭次郎『英文の解釈』（大正十年，最近復刻版が出た）の as ... as の例を見てみよう．

　　　（難）as ... as（多）(1) も～も　(2) であるが（返）
　(1)　He is as brave as he is honest.（同一の人）
　　　（訳）彼は正直でもあり，また勇敢でもある．
　(2)　He is as wise as his brother is foolish.（別な人）
　　　（訳）兄は馬鹿であるが，彼は賢い．
　　　（(難)は覚えるのに比較的困難なもの，(多)は試験によくでること，(返)は下から返って訳すべきことを指す．）

解説：as ... as の前後にある主語が同一人（物）ならば「も〜も」と考え，別人（物）ならば「であるが（その反対に）」と考えて訳すべきである．

これは as ... as の訳し方を述べたものであるが，どうしてこのような訳に到るのであろうか．as ... as は基本的には同等比較表現である．最も普通の同等比較の A is as tall as B. では，B の背の高さは予めわかっていて，A の背の高さがそれと同じであると主張されている．したがって，焦点は as tall にある．これと同様に，(1) では he is honest であることは予めわかっていて，それと同程度に brave であると主張されている．つまり，brave に重点があり，honest は前提となっている．したがって，直読直解式に内容を述べれば「彼は勇敢である，もっとも同様に正直でもあるが」ということになり，それを自然な日本文で表すと「彼は正直でもあり，勇敢でもある」と返り読みの表現となる．この文の解釈で重要な点は，焦点が brave にあって honest は前提となっていることである．これはちょうど A as well as B で A に重点があり，B が前提となっていて，日本語に訳すと返り読みの訳になるのと同じである．(2) も基本的には (1) と同じで，his brother is foolish ということは予めわかっていて，その程度が he is wise の程度と同じであると主張している．つまり，he is wise に焦点があり，his brother is foolish はいわば前提となっている．直読直解式に意味内容を述べれば「彼は賢い，それと同じ程度に兄は馬鹿であるが」となる．これを自然な日本語訳にすると「兄は馬鹿だが，それと反対に彼は賢い」の譲歩のような返り読み的表現になる．この解釈において，文の焦点が重要な働きをしていることを理解できるような指導をしなければならない．また，直読直解の方式はできるだけ和訳文にも反映するようにするのがよい．例えば，It is natural that ... を「... というのは当然である」というより「当然 ... である」というように英語の語順に従って訳すのがよい．直読直解の方法は，日英比較に関係する知覚の方法（perceptual strategy）に関する興味深い問題である．

3. 句読点の用法

コロンは「すなわち」「換言すれば」に相当し，セミコロンは通例長い文中の小休止，または主なる区切りを示すものであるが，コンマの用法は複雑である，と述べている．解釈の際にはこれらの記号を粗末に扱うことなく，正しく教授しておくことが大切である．この他に，下線，引用符，イタリック体の意味も重要である．記号ではないが，比較級に出会ったときには必ず比較の対象

は何かを問うべきである．そうして初めて，比較の意味が充分に理解できる．

4. 単語の扱い方

岡倉は単語の教授法についてもかなり具体的に説明しているが，単語は意味的関連（連想，同意，反意などの関係）を活用して教えるのがよいと述べている．

単語の教授において特に重要なことは，語の用法についての情報を正確に習得させることである．品詞や意味の情報はいうまでもないが，その語の用法に関する情報を学習させることが重要である．特に動詞は重要で，例えば，bring は二項動詞で二つの補部を取ること，そしてそれらは bring A B とも bring B to A とも表されるとか，similar は前置詞 to を従えるなどの情報である．そして，語がいくつの補部を取るかは，日英語でそれほど違わないので，日本語の情報をできるだけ利用することである．例えば，「約束する」という行為には，約束する人・約束の相手・約束の内容の三つの要素が含まれるが，この点は日本語でも英語でも，どの言語でも同じである．

I promise her to help her mother.	私は彼女に彼女の母親を手助けすると約束します．
I promise to help her mother.	私は彼女の母親を手助けすると約束します．
I promise.	私は約束します．
*I promise her.	私は彼女に約束します．

日本語と英語の異なる点は，英語では約束の相手のみを表面上表現する言い方はないという点だけである．このような事実から明らかなように，語彙のもつ情報（その意味に関わる要素の情報）は日本語と英語で極めてよく似ているので，日本語の情報を英語教育にもっと活用すべきである．語の教授においては，単に意味や発音を教えるだけでなくて，このような情報を正確に学習させる必要がある．また，語はできるだけ句の形で教えることが重要である．例えば，responsibility という語の意味を「責任」とだけ覚えると，活用という観点からすると甚だ情報不足であるので，take responsibility for「責任を取る」，have a strong sense of responsibility「責任感がつよい」のような，すぐに活用できる形で教えるのが効果的である．

5. 暗唱について

初歩の段階では，まず文全体をそのままの形で提示し，その意味を言い聞か

せ，口頭で充分に訓練し，運用が自在になってからはじめて，単語の意味，配列，句読のことを説明する，いわば「統合から分析へ」の方法で教えるのがよいとしている．そして，初歩の段階では，教材をすべて暗唱して，口頭でも作文でも活用できるようにしておかなければならないと述べる．筆者は中学生の3年間，ノートに書いた日本語訳を見て英語を口頭で言う練習をさせられた．これは非常に役に立った．休み時間や放課後にやっていただいたが，担当5クラス全員（1クラス60人）が対象になっていたので，先生は相手をするのがとても大変であっただろうと今にして思う．

　英語学習において暗唱は極めて重要な要素の一つであるが，注意すべき点もある．人に勧められたか，暗唱を勧める本の影響からか，学生時代にある英文学の小説を3頁ばかり暗唱したことがあったが，その効果はほとんどなかったと思う．今でも覚えているのは，meadow という単語があったことだけである．つまり，あるまとまった文章を丸暗記するような暗唱は英語の活用にはほとんど役に立たないということである．

　運用に役立つ暗唱教材としては，易しい内容で文法上の基本事項を含んでいる単文がよい．例えば，佐々木高政の『和文英訳の修業』にあげられている約500の英文と日本文のセットからなる基本例文集はすぐれたものである．これらの例は著者が，英米の雑誌，小説，新聞，戯曲から収集した「生きた英文」である．（『英語の発想がよくわかる表現50』（行方昭夫，岩波ジュニア文庫）でも優れた例文集として紹介されている．V. スウィート第11章の解説（p. 227）も参照．）暗唱という場合，空で覚えている文をいう場合と日本語を見て反射的に英語を口頭でいう場合に分けられると思う．文字通り暗唱し，口に出るようにするのがよいが，後者でも充分に活用できる段階にあると言える．暗唱したものを書いてみるのも，記憶を確実なものにするのに役立つ方法である．

6. 辞書について

　初級学年では，英和辞書は必要なく，単語集のようなものを活用するのがよいとしている．英和辞書を必要とするのは高学年であるとする．また，和英辞典は中学校の教育では不必要であると述べ，中学のレベルでは英作文に必要な情報は教員が予め学生に与えるべきで，和英辞典を使用しなければならないような課題は課すべきではないとしている．これらの見解はいずれも妥当なものであると思われる．

　岡倉が本章で英和辞典について述べていることは，学習上の注意事項というよりも，当時の英和辞典に欠けている点，あるいは不備を指摘したものであ

る．岡倉は昭和2年に『新英和大辞典』(研究社) を編集しているが，本文で言及されている単語 earn の記載を見てみよう．

> **earn** [e:n] *v.t.* 稼ぐ，(報酬として) 得る，儲ける (＝gain by labour)；(名誉等を) 博する，(評判を) 取る，(感謝を) 受ける (＝obtain as merit, deserve). *earn a good living* (働いた功で) よい暮らしをする．*earn an evil reputation* 悪い評判を買う．*The work earns him 4p. an hour.* その仕事で一時間四ペンス儲かる．[OE *earnian* (OHG *arnon* reap, *aran* harvest]

このように，「誤解を引き起こさないような訳語の精緻化」「平易な英語を添えた双解辞書的特徴」「語の印象を深くするための語源の記載」など本文で述べていた特徴をすべて備えた辞書となっている．なお，発音は Jones 式である．

7. 時の副詞節 (p. 58) の説明

I was just going to send for him when the doctor made his appearance.
(せっかく迎えにやろうとしていたところに，医者がきた)

この文を「医者が見えたときには，私は丁度その人を迎えにやろうとしていたところだ」と訳すのは不適切であると指摘している．その理由を説明しよう．問題の核心は，when 節が旧情報を担っているか，新情報を担っているかにある．文頭の when 節は常に，時に関する場面設定の役割を果たす旧情報であって，新情報である主節が生じる時を規定する機能を果たしている．これに対して，文末の時の副詞節は旧情報を表す場合と新情報を表す場合がある．

(1) a. When his brother came in, he was reading a newspaper.
    b. He was reading a newspaper when his brother came in.

(1a) の文頭の副詞節は，主節がどのような時間的背景で成り立っているかを規定する機能を果たし，旧情報を担っている．同様の解釈が (1b) でも成り立ち，これが一般的な場合である．しかし文末の位置は新情報が占める位置でもあるので，時の副詞節が新情報を担う場合がある．それは次の疑問文に対する答えとなるような場合である．

(2) When was he reading a newspaper?

この問いに対する答えとしての (1b) では，when 節が問いの答えであるので

当然新情報を担っている.「彼は新聞を読んでいました,すると兄が入ってきました」→「彼が新聞を読んでいるときに,兄が入ってきました」の解釈となって,主節と従属節の関係があらかも日英語で逆転しているように見えるのである.このとき,新情報は when 節であって,主節は旧情報となっている.ちなみにこのような when は「... するとその時〜」の意味で,when 節の方が新情報で情報上主節よりも重要な情報を担っている(『実例解説英文法』(中村捷著,開拓社,p. 194 も参照).

第 11 章　会話及び作文について

　会話とは外国人と直接に談話を交えることを連想するが,学校における会話教授は,このようなもののみを指すのではなく,教師が Is this a pen? と問い,生徒が Yes, it is. と答えるのも会話の形式をもつものである.この意味で,会話は語学学習の初歩から行いうるものである.初歩の学習の際には,聞き方,読み方,話し方,書き方の4方面は,なるべく偏りなく併行して訓練することが重要である.したがって,会話も極めて初歩の段階から練習するのが当然で,会話とは,聞き方と話し方の練習を合わせ行うことの別名である.

　本来言語は耳によって理解すべき性質のものであるので,読本の文章を見て,その内容を了解して終わるのではなく,必ずこれを口で復演し,耳に訴えて的確に記憶すべきである.このようにして,会話の萌芽を養い,少なくとも三年生位までには,この方面を充分に発達させて,直読直解の目的のための基礎を築くように努めるべきである.

　初歩の会話は極めて簡単なものであるが,進むに従って,あまり複雑でない対話を暗唱させて,これを材料として会話の訓練をするのもよい.ただ,一般に行われているように,挨拶,飲食,起居などの発表は型にはまっていて,学生には興味が湧かないであろう.むしろ日々学習する読本について,既習事項を材料として,教師と学生,学生同士で問答をするのがよい.これは既習事項の応用及び復習として役に立つよい方法である.

　三年生位になると,失敗を恐れるなどの理由から,初歩の段階に比べて会話に対する興味が減じるように思われる.したがって,初歩の段階で用いていた対話の形式を繰り返すのはすこぶる困難である.しかしこれまで行ってきた外国語を用いた対話の習慣を放棄するのは学習上の損失である.したがって,読本の時間のはじめの5分の1位の時間を割いて,既習事項について平易な問答を行うことを継続すべきである.そして,この際目先を変えるために,読本

の材料に止まらず，それに関連する事柄について生徒の能力に応じて問答をするのがよいであろう．例えば，ナポレオンの話を読んだとすれば，「コルシカはイタリアのどの辺りにあるか」などと問うのである．また読本以外の事項について，「休みはどのように過ごしたか」などと問うのもよい．ここで注意すべきことは，学生の力で発表できる題目を選んで応答させることである．そして，学生の答えには，教師が同情をもって接し，足らないところを補い，誤りを訂正し，懇切に助力して，学生の述べようとするところを尽くさせるべきである．「何でもよいから英語で言いたいことを発表せよ」というような指示は，一見学生に自由を与えているように見えるが，極めて効果の少ない問いである．平易な教材で発表の練習をさせるように努めなければならないが，年齢を問うような平凡な発問は適切ではない．平凡と平易とは別物である．

　いわゆる聞き取りと暗唱とは広義に会話と見るべきもので，この二者に習熟すれば，会話の能力の進歩に著しい助けとなる．暗唱については前章で述べたので，ここでは聞き取りについて述べよう．聞き取りの材料としては，読本と同程度あるいはそれより少し易しい文を選ぶのがよい．聞き取りが終わったら，その内容を口頭もしくは筆頭にて復演して，聴取が正確かどうかを試す必要がある．文章の読みを行うのは教師でも学生でもよいが，発音抑揚等を正確にし，一点非難なきように期すべきである．

　次に作文の教授について述べよう．作文も初歩の時期から始まるもので，初歩の間は一旦口頭だけで学んだ語句を，正しい綴り方・句読法で書くことを旨とする．口頭で述べることができないような内容を文章の形で書かせるのは断じてよくない．

　作文練習の方法としては，易しい文章又は説話を，聴取の形で教師から授け，これを正しい綴り方と句読法を用いて，記憶により復起して書かせる方法がある．そしてこのような方法を積み重ねて後，適切な題目について思うところを，その力に応じて，口頭で発表させて，教師からの問答と補助により大体をまとめた上で，さらにこれを書き表させる．さらに，それを推敲し，足らないところを補い，余分なところを削り，いろいろの潤色彫琢の工夫をさせるべきである．作文練習の本体は大約このようなものである．

　今日のわが国における作文教授の実際を見ると，このような方法によるのは極めて少なく，いわゆる作文教科書に示してある方式に従ってこれを行っている．それによれば，「国語の文章を英語に翻訳する」ことを教授の主眼としているように思われる．翻訳は「一種の特別の技術であって極めて簡易なることは別として，やや複雑なるものになると極めて少数の人のみがよくし得るとこ

ろで，決して中等程度の学校で授けるべきものではない」．この困難な翻訳法を作文教授の唯一の方法とするのは，すこぶる拙劣迂遠（すぐには役立たない）の誹りは免れないところで，わが国の英語教授のためには遺憾千万である．また，翻訳法を行う際に，編者の要求する文のみを正しいとして，文法上の形式など整っていてもこれを採用しないのは，編者の要求する文のみが唯一の発表法と思わせるような弊害を生む．中学校の学力の程度から見れば，多少不充分な点があっても，意味を伝えるという主眼の目的が達せられていれば，これで満足すべきである．また，普通の作文の教科書では，そこで教わった形式に従って語句を配列すれば，練習問題は容易にできるように仕組まれているので，結局，形式ばかりの練習で，真の練習とはならない．作文そのものの力を養成するという点から見るとすこぶる疑わしい．

　このような作文教授に見られる通弊を逃れる方法の一つとして，従来のごとく「和文を英訳せよとは命ぜず，和文にて述べられたる心を英語にて述べよ」と指示するのがよい．一見些細な相違のように見えるが，この指示に対する生徒の課題及びこれを発表する英語に対する態度は，単に和文英訳せよという指示に対する態度とはまったく異なると思う．つまり，日本語で述べてある文をそのまま直ちに逐語的に翻訳するのではなく，まずその日本語の表す事柄の意味をよく考えて，英語でこの意味を表すのにはどのように言うのがよいか考えるのである．その際，学生には，その内容をより幼稚な者に対して一層平易な日本語で説明するような感じで行うように勧めることが肝心である．このようにして得られた一層簡潔な日本文を口頭で英語に直し，それを筆記して，その後いろいろの体裁を整理する．このようにすれば，日本語で述べられた意味を，その生徒の力に合った適切な英語で発表する練習となり，作文教授の効果をあげるのに極めて有効な方法となる．ここで，学生は自分が日本人と英国人の間に入って，日本人の語るところを英国人に通訳する位置にあると想定させるのがよい．そうすれば，すでに学び覚えた力を尽くして，口頭で発表しなければならず，既得の英語を運用することが自在となり，かつ口語を基礎とした発表ができるから，学生の作文力は，対話力と共に進歩するであろう．

　このような方法は，欧米各国でも，作文教授の最良な方法として，現に広く行われている．これらの国では自国語を外国語に翻訳するのは，一種の専門に属することであって，中等程度の教育では，これを廃して，口語を基礎としての自由英作文をもってこれに換えよという声が盛んである．ここで自由英作文と呼んでいるは，ただ随意に「向島に桜を見る」とか「上野に散歩する」とかいう事柄について思うところを自由に述べよということではない（これは

Essay-Writing という）．口頭で述べることができる能力の範囲内で，正しい綴り字と句読法によって自由に英文を書くというものである．このような自由英作文について，イギリスのリップマンは次のように述べて，この方法を奨励している．

　極めて簡易な自由英作文を課することは，初歩の教授から行うべきであり，有益である．教授の際には，絵をみせてそれを説明させるとか，黒板に文字を書く動作や窓の開閉に伴う動作などを数個の行為の系列として説明させることなどは，自由英作文に該当する練習であり，すこぶる有益である．また，簡単な物語類の大意を英語で説明させる練習法もよい．

　なお，進んだ作文教授法には次のような方法がある．まず，語句を与え，その語句を用いた疑問文をあげ，最後に練習題を与えるものである．例えば，father, mother, uncle, aunt, to live, to be called など，家庭に関する語句を与えたとしよう．次に，

　　Do you live with your father?
　　Where does your uncle live?
　　How is the eldest son of your parents called?

などの疑問を置き，練習題としては

　　Say what your name is.
　　Say how many uncles and aunts you have.

の如きを課する．このようにして設けた材料を利用して，作文を行わせるのである．なお，関係する語彙をその都度与えなければならないが，その手順は次のようである．

　第一　すでにあげた語句を説明し，その意義用法を充分に会得させる．同義語や新しい語句を補充する．
　第二　既設の疑問が終われば，これを利用して語句の練習をさせ，また学生の感想や経験について述べさせる．疑問の応答は単に yes, no に留まらないようになるべく多くの語句で答えるようにしむける．
　第三　既設の練習題の中で最も適当と思われるものを選び，学生に問答を行わせる．このようにして，課題の大筋を決めてから学生に自由英作文を行わせる．大筋だけは決めておかないと自由作文があまりに放漫に流れてしまう．

このようなやり方で，毎週一課ずつ自由英作文を行わせるのがよい．
次に自由英作文の練習題として，気の付いたものをあげておく．

個人的経験に関するもの
1. 去る土曜日の君の行事を記せ．
2. 先週の行事を日記体で綴れ，等々．

対話類のもの
1. 二人の少年（又は少女）の中の一人は春を愛し，他の一人は秋を愛するとして，その論争を記せ．
2. 土曜日の午後をいかにして愉快に送るべきか，そのことについて論争せよ，等々．

物語類のもの
1. 狸と鶴，蛙と牝牛，獅子の皮を被れる驢馬，などの寓話を記せ，等々．

手紙類のもの
1. 英語学習の有益なことを説いて，手紙の交換を希望する意味で，英国の児童に送る手紙，等々．

雑題
1. 英語を知ればいかなる利益があるか，その理由，等々．

（**解説**）　岡倉の英作文に対する基本的姿勢は，初級においては，口頭で扱える程度の内容に留め，口頭で英作文をしたものを書き留めることを主眼とすべきであり，このようにして，会話の萌芽を養い，少なくとも三年生位までには，この方面を充分に発達させておく必要があると言うことである．現在のわが国の初年級の英作文もこのようにあるべきであると思う．

和文英訳は，少し進んだ段階でも，これを英作文の教授法として用いるのはよくないとしている．和文英訳は，翻訳であって一種の特別の技術であり，やや複雑なものになると極めて難しく，決して中等程度の学校で授けるべきものではない．そこで，視点を少し変えて，和文に述べられている心を英語で述べよ，と指示するのがよいとしている．これは和文英訳の和文を自由作文の材料にせよと言っているのに等しく，基本的には和文英訳を排除している．

和文英訳が日本の英作文の授業でよく用いられるのは，教授が比較的簡単だからである．そして，解答に合致した英文でなければ正解としないのであれば，教える方は楽である．その根本には教師の英作文能力の問題があると思う．学生の書いた英作文を的確に正確に添削できる教師は少なく，解答に頼ら

ざるを得ないというのが現状ではないかと思われる．したがって，真の意味での自由英作文は敬遠される．しかしながら，完璧主義は取らず，教師は学生の自由英作文を完璧に正しく添削する必要はなく，ほどほどの程度の英語で満足するような態度で臨んでよいのではないか（p. 72 の最後のパラグラフも参照，また IV. イェスペルセン第 8 章 p. 143 の第二パラグラフも参照）．そのように納得した上で，もっと自由英作文を取り入れて，学生の既習の知識を運用活性化させる練習を積ませる方が，ほどほど主義の欠点を補って余りある効用をもたらすと考える．

　それでは和文英訳に効用がないかというと，そうではない．そうでなければ，日本においてこれだけ英語の学習法として生き延びるはずがない．自由英作文は，基本的には既習の知識のみを用いて英文を作成するのであるから，既習知識の運用には効力があるが，新しい知識を得る機会とは原理上ならない．これに対して，和文英訳では，既習知識に含まれない表現も日本語に含まれている可能性が常にあり，必然的に新しい語句や表現を学ぶ必要がある．つまり，新しい語句や表現を獲得し，活用語彙の範囲を拡大するよい機会となるのが和文英訳の利点である．

　筆者の学生時代，英作文の先生は佐川洋というアメリカ文学の先生で，齋藤秀三郎門下の秀才佐川春水の息子であった．英作文の課題は谷崎潤一郎の『細雪』で，学生は与えられた部分を英訳して提出し，次の時間に添削して返していただいた．先生はサイデンステッカーの訳とご自分の訳の両方を示されて，比較しながら講義をなさった．このような英語のできる人はとても少なくなってきているように思う．

第 12 章　文法について

　音声を借りて思想を発表する手続きを支配する法則が文法である．We love flowers. と英語では述べるところを，日本語では「我らは花を愛す」というように，思想の内容は同じであっても，それを表す音声の組み合わせは言語によって異なる．また，英語と日本語では動詞の位置や目的語の位置が異なる．ドイツ語やフランス語では，語の配列は英語と同じであるが，ドイツ語では Wir lieben die Blumen.，フランス語では Nous aimons fleurs. というように，動詞の語尾変化や冠詞の有無などでかなり異なっている．このように同一の思想を表すのに，種々の語尾の活用を用いるが，この現象は文法が扱う一部である．同一の言語において，単数複数の区別（man—men）のように，意味の変化

に従って外形［発音］が変化する現象も文法の一部である．さらに，三人称単数現在の puts, cuts などの発音上の変化や，*I* like dogs. のように I に強調を置く場合の特徴なども，文法上の説明を必要とする．このような視点から従来の文法を見ると，本来文法に関係のない事項が含まれていたり，反対に文法事項として必要であるものが欠けていたりする．例えば，音の抑揚緩急によって意味上種々の変化を起こす法則などについては，ごく少数の文法書を除いて説明が見当たらない．外国語の学習に極めて重要な事項であって，しかも従来の文法書であまり重点が置かれていない事項に，語句の位置，すなわち配列法（語順）がある．普通の文法書を見ると，品詞論が第一に置かれて最も詳細に述べられているのに対して，いわゆる文章論［統語論］は最後にごく簡単に取り扱われているにすぎない．これは甚だ不適切であると思う．学生が英語を学びはじめるにあたって，まず知るべき大切な事柄は，文の要素の単語の活用変化などよりも，むしろ単語の位置の概念［語順］である．これを理解し，単語相互の関係が明瞭となった上で，はじめて品詞の性質を学ぶのが自然な順序である．したがって，文法を教えるときには，文章論を先にして，その大要に通じてから，徐々に品詞論に入るという進み方をすべきである．注意すべきことは，初学者に対しては文章論とか品詞論などのような術語を使うことは避け，実例を用いて文法上の事実を理解させるように努めるべきである．ただし，ある程度進んだ段階では，名詞，動詞，接続詞などの術語を用いるのは便利である．

　文法は外国語学習の初期から教えなければならない．いわゆる外国語学習の修養的側面，すなわち思考力の正確さを図り，注意力を発達させ，類推の力を養う等の事柄は，文法教授において，その機会が最も多い．したがって，教師は，常にこのような点に留意し，文法事項を授けると共に，これらの心的作用の鍛錬をも努めて行わなければならない．

　文法を教えるのには，事例を先に提示し，それから規則を帰結するのを順序とする．換言すれば，既習の材料について，総合的帰納的に文法事項を指摘するのを通則とする．初歩の程度では，学生自らが文法上の事実を発見し，これを分類総括していくように，教師が補助を与えて誘導するのがすこぶる有効である．例えば，文の種類を動詞の性質によって分けて，自動詞を述部の中心とするものと他動詞を述部の中心とするものに二分する．前者について，さらに主語とその修飾語，述語とその修飾要素の4つに分け，この4要素を既習の文によって簡潔に説明し，文法練習帳に4つの欄を設けてそれぞれの要素がどこに属するかを学習させる．この様な作業を完全自動詞，不完全自動詞，完

全他動詞，不完全他動詞について行う．この作業は学生単独では難しいので，教師が充分に助力する必要がある．複文の際には，数個の単文に分けて同様の操作を行うのがよい．このような練習は，文章一般の構造に通じるばかりではなくて，解釈読み方にも作文会話にも裨益するところが多く，また，語句の位置の概念をも充分に理解することができるようになるという利点がある．

　品詞論については，文法練習帳に名詞欄，動詞欄等々の各品詞に対する欄を作成させて，読本で学んだ各単語を既定の各欄に配属させる．このようにして，名詞欄には man や dog が集まるので，man の複数は men になるとか，dogs の -s はいかなる場合に用いられるか，とか，動詞欄の is と are はどのようなときに用いられるかなどを問答し，文法上の規則を徐々に発見させるように導き，欠けている部分は教員が補足するようにする．このようにすれば，教師がほとんど独断的に語の用法や文法事項を無味乾燥に教えるよりも遙かに効果がある．こうして，初期の間に，学生に外国語も日本語と同様にその運用には一定の法則があることを学ばせる．

　以上の方法は，外国語学習の初期においてのみ有効である．三学年以上に到ったならば，文法上の事実を簡潔に書いた文法書を与えて，読本の教授から得た文法的材料と相呼応して学ばせるのがよい．つまり，読本に現れる文法上の事実と関連するところを随時参照し，説明を与えるのがよい．文法書は一種の参考書として扱うべきもので，読本のように逐次説明していくものはないと考える．

　一般の傾向として，文法書は読本と同様に卒業と同時に顧みられなくなるようであるが，そうではなくて，一種の辞書のごとく，常に座右において，外国語の解釈や作文会話の際には随時これをひもといて，長く外国語使用の伴侶とする習慣を中学時代から養うべきである．

(解説)　岡倉は，初級の文法は発見的手段で教えるのがよいとしている．つまり，教員が規則はこれこれであると教えるのではなくて，事実から生徒が規則を発見するように誘導して文法を教えるのがよいとしている．そして，このような方法は，思考力，注意力，類推の力を養うことになるので，いわゆる外国語学習の修養的側面を鍛錬する機会が最も多いのが文法教授であると言う．

　最近の英語教育では文法不要論が叫ばれているようであるが，文法はことばの骨組みであり，文法を学ばずして外国語を習得することはできないのは言うまでもない．過度の文法批判があるのは，一部の文法書あるいは教授において，不要な文法用語（あるいは概念）を教えることに重点が置かれていたからで

あろう．例えば，重文と複文の区別は生徒が知る必要はないことであるし，不定詞の名詞用方，形容詞用法，副詞用法の区別も事実上不必要である（感情の不定詞というものまである）．不定詞に関して必要な情報は，不定詞は文であること，その基本形が（for＋名詞）＋ to ＋動詞ということ，主語の for＋名詞が表現されなかったり，to が欠けるなど多少形を変えることがあることである．不定詞が何用法かわからなくても解釈に差し障りはなく，ましてや，不定詞が何用法かを問う練習問題などはまったく無意味である．このような無駄な情報を文法教授から取り除く必要はあるが，語順とか修飾関係とか文の埋め込みなどの文法規則を知らなければ，言語の運用はできない．

　文法の知識は読解における文解析の作業でも必要とされる．多田正行著『思考訓練の場としての英文解釈』というユニークな本があるが，それはまさに文法に基づく文解析の作業が，岡倉の言う修養的側面を訓練する場でもあることを示している．

第13章　英語の各分科とその内的関係

　英語教授上の各項目について，発音，解釈，読み方，作文，文法，会話などの名称を用いたのであるが，これらは相互に関連していて，決して独立しているものではないことは明らかである．そこで，ここで英語教授各項目の関係を一層明瞭に述べてみたいと思う．

　中等学校で外国語を教授する目的は，実用的と修養的の二つあることはすでに述べた通りである．実用的面から見ると，普通の外国語を理解（了解）することと普通の外国語で発表できることの二つに帰する．「理解」は受動的であって，「発表」は能動的であることはいうまでもないが，理解の中にも（一）音声を媒介とする場合と（二）文字を媒介とする場合がある．つまり，話された外国語を受動的に理解することと，書かれたものを能動的に理解することの二つがある．発表についても同様に，（一）音声を媒介とする場合と（二）文字を媒介とする場合がある．そして，理解と発表のこれら4種の事柄を教授練習する手段として，第一に，聞き方（音声を聞く，その意味を理解する），第二に，読み方（文字を発音する，文字の意味を理解する），第三に，言い方（発音をする，意味内容を発音によって伝える），第四に，書き方（文字を書く，文字を書いて思想を伝える），の4つに分類できる．

　これまで見た発音，解釈，読み方，作文，文法，会話などは，これら4つの事項のいくつかが組み合わさったものである．例えば，発音は上述の第三の

言い方の一部，会話は読み方と言い方を結合したもの，解釈は読み方の一部，文法は種々の方面に関係するが，主として読み方と書き方の一部，等々である．このように，外国語の教授事項は，理解と発表の二つのいずれかに属するものであって，相互に切実な関係をもっているので，各事項を他の事項と連携する形で教授するように努める必要がある．

　もう一つの目的の修養的価値にも充分注意を注ぐべきである．単に英語に習熟するだけでなく，英語の学習によって，見聞を広くし，固陋（ころう）（古い考え方に執着すること）の見方を捨て去るような考え方をもつようにさせ，文法の訓練によって一般の言語に関する活用の概念を会得させ，また万事に対して注意を周密にする習慣を養うなど，心智開発の訓練が大切であることを忘れないようにしなければならない．また，発音，解釈，会話などの事項を授けるに際して，単に形式上の訓練を行うのではなく，その中に含まれる思想感情についても相当の注意を払い，外国とわが国との人情風情の異同を教え，風物の教授にも力を入れる必要がある．近来いわゆる実用ということを重んじた結果，解釈や発表の形式にのみ注意が向けられて，言語に含まれている情致（おもむき，情趣）を粗末にする傾向がある．これは語学教授が偏狭に陥った弊害で，矯正されなければならない．［当時，時間数が多いにもかかわらず，英語教育の効果が少ないとの批判が強かった．］

（**解説**）　岡倉は発音，解釈，読み方，作文，文法，会話のように分けているが，その中で特に注目したいのは読み方である．「読み方」とは，意味をよく理解したうえで行う「音読」のことである．日本の英語教育ではこの意味での「読み方（音読）」にあまり注意が払われていないように感じる．第10章で，岡倉は次のように述べている．解釈は，決して原文の意味を理解するだけにとどまらず，読むと共にその意味が心に通じることを標準とし，解釈は必ず解読をもって終わるようにし，原文を一読して直ちにその意味を連想できる程度にすることが必要である．このようにして，はじめには無関係のように見えた読み方と解釈の両者が，ここに結合して活用されるのである．この段階に到達してはじめて，一文に対する解釈が完了するのである．

　音読は意味や文の構造を考えながら発音する作業であり（これを上で「解読」と称している），単に機械的に文字を音読することではない．解釈，文法，発音などをすべて学んだ文章に対して行う作業である．詳細は述べられないが，日本語と英語では発音が異なるので，脳からの指令によって行われる筋肉運動（発音の仕方）が異なるし，日英語の語順が違うので直読直解の文理解における

方式も異なる．これに対応するためには，英語のそれに対応する回路を脳に作り出す必要がある．たとえて言えば，日本語ではピンポンで用いる筋肉運動の指令を用いているのに対して，英語ではテニスで用いる筋肉運動の指令を用いていて，共通点もあるが，それぞれに異なる筋肉の指令回路を用いている．それによって，それぞれの異なる発音が行われる．そのような回路の構築には，意味や構造を理解しながら行う音読が最も効果的である．単に機械的に音読するのでは意味はない．音読のすすめには科学的根拠があるのである．IV. イェスペルセン第6章の解説（p. 130）も参照．

第14章　教師に対する要求

　これまで英語教授の各事項について述べたので，ここでは語学教授に関わっている教師に対する希望を述べ，教授上及び教師自身の修養に関して述べようと思う．

　従来，中学程度の外国語教師は，単に語学ができるから語学を教えるという種類の人も随分多く，また語学に通じていると言っても，文法には精通しているが，会話は不得意であるとか，解釈には長じているが，発音は変則であるとかいう種類の人も少なくなかった．しかるに，最近官立私立の学校から，外国語教師としての特別の訓練を受けた人が，漸次輩出されていて，前述のような変則的な教師に取って代わっていくのは誠に喜ばしいことである．教授というのは，教師対学生の間に行われる作業であるから，教師のみがいかに努力奮励しても，学生の方に進んで学ぼうとする気力に乏しくては，到底効果を上げることができないのと同様に，いかに学生が勉励しても，教師に精確な修養がなくしては，決して教授の成績を立派にあげることはできない．したがって，教師の修養如何が，語学教授の成功不成功を決定する大切な鍵となることは言うまでもないことである．欧米先進国の語学教師養成の状況を見ると，まことに用意周到で，実に行き届いた訓練を施している．わが国の現状はそれに遠く及ばない．

　したがって，これから教師になろうとする人はもちろん，現に教師の職にある人も，覚悟をもって充分な修養を積まねばならない．その修養をどのようにすべきか，以下に少し述べてみたいと思う．

　外国語教師としての修養は，教師としての職務上の修養と学者としての個人的修養との二つに分けることができる．職務上の修養は，さらに学力の修養と教授訓練に関する修養に分かれる．学力の修養から言えば，教師としてその外

国語に熟達していることはもちろん，特に最も重要なことは，その知識が精確なことである．中等学校の教師として，知識の該博（がいはく，学問や知識が広く備わっていること）ということは望ましいことであるが，必ずこれを求めるべきではない．ただし，各々が既に修め得た程度，教えねばならない程度の知識は，正確堅固で，かつその応用が自在でなければならない．曖昧で不正確な知識を授けることは，教師として最も無責任なことである．また，教師は，その言語そのものの外に，いわゆる風物の知識を有する必要がある．すなわち，その言語を話す国民の人情，習慣，地理，歴史等についての知識を養うべきで，この知識に欠けると，教授が文章の法則関係のみに囚われることになり，無味乾燥になってしまう．また，外国語の修養的価値は，その言語を話す人々の人情，風土，文物，習慣を知ることにあるので，教師は風物に関する知識が豊富でなければならない．次に，教師は，発音学（音声学），言語学の知識を一通り備えていることが必要である．発音学の知識がないと，自分が正しい発音をできるとしても，これを学生に授けるにはどのようにすべきかについて満足できる方法を発見することはできない．また，言語学の一般に渉って，言語の性質，分布，変遷の状態等をひとわたり心得て置かなければならない．

　教師は教授訓練に相当な修養を積み，工夫をこらして円熟巧妙な教授になるように努めなければならない．この点について，一二気がついた点をあげれば，教師はまず日々教授すべき事項に対して，周到な準備をしなければならない．教授の内容については言うまでもなく，これをいかに学生に伝達するかについても，充分に工夫を凝らさねばならない．このように日々の授業の準備を怠らないと同時に，さらに，一方では特殊題目についての研究もまた望ましいことである．これは特に初任の教師に対して要求したいことで，例えば，第一学期については発音法について特別に研究し，第二学期は文法教育について研鑽を積み，第三学期は作文の関係に力を注ぐというように，ある期間を定めて，特殊の研究をするのが極めて望ましい．このように，一方では日々の教授事項の準備をし，他方では特殊題目に集中していけば，三四年の間には，教授の方法にも熟達し，外国語教授の各方面に渉り，自分自身の意見が確立するようになるであろう．故に，初任の間に，教案を作り，教授事項を精選し，これを提示する方法を考え，一点の遺漏もないようにして教壇に立たれることを熱心に勧めるのである．

　なお，教師はその容姿言語にも相当の注意を払わなければならない．語学の教師としては，言語明晰にして，曖昧な発音をせず，活発な態度で，しかも軽躁（思慮が浅く軽はずみなこと）ではなく，落ち着きがあって，親切であるべき

である．教師は，また，筆跡が美しく，多少の絵心があるとよい．口頭の説明よりも絵図によって説明する方が容易であり，印象を明確にすることができることがあるからである．

　次に，教師の個人的修養について一言しよう．元来外国の教師は，常に外国語を学ぶ利益を他に鼓吹しているのであるから，教師自身もその利益を有していることを具体的に示さなければならない．そのためには，自分のための外国語の研究をゆるがせにしないように心がけなければならない．その研究の題目は英語英文学に限るのではなく，英語を通じて得られる知識であれば，何でもよく，自分の趣味嗜好の赴くところに従ってよい．重要なことは，英語というものを知的生活の一大方法として用いて，これを利用して研究を怠らず，自ら範例を示して，生徒をも奨励することである．例えば，ある題目を設けて，これに関して1年に四五冊の書目を選び，余暇のある度に読み進んで行けば，いつしか造詣深い状態に達していることに驚くことになるであろう．また，学校によっては，教師間に輪読会が設けられていることは度々耳にするが，このような方法は外国語教師にとっては最も有益なものであろう．

　教師の心得に関しては，概略このようであるが，ここで教員の授業の分担の問題と外国人教師の問題について意見を述べておきたい．一つの学校に数人の外国語教師がいるとき，一教師がある学級を担任して，2年3年と持ち上がって教授すべきか，数人が同一学級を分担して教えるべきか，又は同一学年間は同一教師が全体を教授し，次学年では他の教師に代わるべきかの問題がある．それぞれに利点欠点があって，各学校で異なっている．しかしながら，初歩の学生にはなるべく同一の方法と態度で教授の統一を保ち，確固たる基礎を教えねばならないので，数人の教師が分担して教えるようなことは絶対に避けなければならない．

　外国人を中等学校の教師として雇い入れることは，各地で行われているが，現在のごとき状態からみれば，これに対しては賛同できない．会話作文等の教授を目的として，外国人を雇い入れているのであろうが，現在中学校で雇われている外国人は，教師としての訓練を受けたものではなく，宣教などのためにたまたま日本に居合わせた人にすぎないので，教授という事に関して知識を持っている人は皆無に近い．このような人々は自国で自国語を教えることも困難であり，ましてや事情のまったく異なる外国人に教えるのであるから，方法の拙劣，管理の不体裁など，熟練した日本の外国語教師に比べるべくもない．したがって，なまはんかな外国人を雇うよりも，その費用をもって日本人の良教師を採用し，教授に充分力を尽くさせる方が学校として遙かに得策であると

思う．日本人の教師ばかりでも，充分に力を注げば，中等程度の外国語教授には決して不足はない．

しかしながら，優良な外国教師を雇い入れることができるならば，もちろん結構であるが，その際には，日本人教師は充分に打ち合わせをして，外国人の授業には，必ず一人の日本人教師が付き添って，外国人教師及び学生に利便を与えるようにはからなければならない．

(**解説**)　教師に対して，教師としての職務上の修養と個人的修養を求めている．これはもちろん連動している事柄であって，この両者が相まって教授の質が高められる．授業の準備を万全にせよというのは当然であるとして，特に初任の教師に対して，学期ごとに音声学，文法，作文などの目標を掲げて勉強するように勧めている点は，初任の教師ばかりでなく，教師一般に対する助言として極めて有意義な助言である．このような努力を続けていけば，三四年の間には，教授方法にも熟達し，外国語教授の各方面に渉り，自分自身の意見が確立するようになるであろうと述べているが，ここで注目したいのは「自分自身の意見が確立する」という点である．

教師は教授法に関する様々な本から多くの知識を得るが，それを単に実践しているのでは，教師として不充分であると思う．そのような知識の中から取捨選択し，そこに自分なりの工夫を施し，その結果として，自分自身の教授法を確立することが一番重要である．各教授法にはそれぞれ長所欠点があり，また，教える内容によって教え方も違ってくるのが当然で，ある教授法を愚直にすべての教材に対して適用するのは望ましいことではない．岡倉の提案も，教授法の一つの考え方にすぎないのであって，これらの情報から自分に合った教授法を工夫確立し，それに基づいて，自信を持って教壇に立つべきである．生徒の反応，学習達成の成果などに十分注意し，自己の方法を絶えず改良するように不断の努力をすべきである．終わることのない修養を必要とするのが教師という職業である．VI.「独自の教授法をもつこと」も参照のこと．

第15章　参考書のくさぐさ

外国語教師のための参考書を各部門について列挙すると，ほとんど無限と言ってもよいほどになってしまう．したがって，ここでは一般によく知られているものや，英語以外で書いてあるもの，あまり専門的であるものは省いてある．[引用した書目は代表的なものに限った．]

一般的教授に関する参考書：
　　Jespersen: *How to Teach a Foreign Language*
　　Henry Sweet: *The Practical Study of Language*
雑誌：
　　Modern English Teaching（Rippmann 主宰）
　　『英語教授』
発音学：
　　Henry Sweet: *A Primer of Phonetics*
　　　　　　　：*A Primer of Spoken English*
　　Daniel Jones: *Phonetic Transcription*
　　岡倉由三郎：『英語発音学大綱』
言語学：
　　Henry Sweet: *A History of Language*
　　Jespersen: *Progress in Language, with Special Reference to English*
文法理論：
　　Henry Sweet: *New English Grammar*
　　Morris and Kellner: *Historical Outlines of English Syntax*
語源：
　　Skeats: *Principles of English Etymology*
辞典：
　　New English Dictionary
　　Webster: *New International Dictionary*
　　（その他に，百科事典，スラング辞典，引用句辞典，熟語辞典，同意語辞典，聖書辞典）
英文学関係：
　　（書物選択の手引き，英文学史，文学年表，名著の梗概，米文学変遷，歌劇，神話，文学概論，作詩）
風物教授の参考書：
　　（地理や郷土誌，英国史，英語史）

IV. オットー・イェスペルセン著『外国語教授法』

(*How to Teach a Foreign Language*, by Otto Jespersen; Translated from the Danish original by Sophia Yhlen-Olsen Bertelsen, London: George Allen & Unwin, LTD, First Edition 1904, 194pages）（デンマーク語の原書 *Sprogundervisning* の出版は 1901 年）

　イェスペルセンの *How to Teach a Foreign Language*（1904（明治 37 年））は同著者によるデンマーク語の原著の英訳版である．英訳版の題名は『外国語教授法』であるが，前田太郎はその訳書において題名を『語学教授法新論』としている．この訳書は大正 2 年（1913 年）に東亜堂から出版されたが，その後昭和 16 年富山房より大塚高信補訳として再出版されている．大塚はその序において，次のように述べている．「前田氏の訳されたイェスペルセンの「言語教授論」は，言語学的見地より与えられた新教授法の理論と実際であって，これは四十年前も今日にも少しも変わっていないのである．私は前田氏の訳書は三十年前同氏が訳されたときとは違った意味に於て今日必要だと思う．以前は啓蒙的意義を有していたかもしれぬが，今日では寧ろ批判的意義を有していると思う．」本書は英語版をもとにしているが，そこでは各章は単に数字で示されているに過ぎず標題は示されていない．便宜を考えて各章に標題を付けたが，その標題は前田の訳書に従った．なお，この英語版は今でも容易に入手できる．

序

　本書は，デンマーク語で書かれた *Sprogundervisning* の英語訳である．本書の内容はデンマークの学校や教授法には当てはまるけれども，英語にも適用できるかどうかはわからない．しかしここで述べる意見に，英語の教授法にはうまく当てはまらない点があったとしても，現在本当に重要なことは，近代語を充分に効果的に教授したいのであれば，悪しき古い方法の撲滅よりもむしろ模範とすべき新しい方法の提示であるということを口実に許容していただきたい．

第1章　緒論

　近代語の教授法の改善に 20 年ばかり前に取り組んだ頃には，ほとんど文献もなく，スウィート (Sweet) やシュトルム (Storm) の研究に断片的なヒントが示されているくらいであったが，ほどなくして，特にドイツにおいて改革運動が始まった．1886 年にノルウェイのウェスターン (Western) とスウェーデンのルンデル (Lundell) と私はストックホルムにおける言語学会で改革推進の狼煙をあげ，学会を組織し，いくつかの小冊子を出版した．この運動はまもなく次のもっと重要な段階に至り，教師がその改革案を実践するようになり，教科書の編集者が改革案にますます配慮するようになって，その結果現在では改革案は永続的に使用されるほどの支持を受けていると言ってよいかもしれない．

　それでは，上でほのめかした案とはどのようなものであろうか．この案に当てはまる名称を一つあげても，それは妥当なものではないが，すべてあげてみると，その案がどのようなものであるかについて，予備的概念を得ることができるかもしれない．*new, newer, reform-method, natural, rational, correct, sensible* など，*direct* はやや近い，*phonetical* は特徴の一端を示しているが，とうてい充分とは言いがたい．*imitative* はもう一つの特徴を強調している．*analytical, concrete, the conversational-method* など．このように改革案に適当な名称を与えるのが困難である理由は，改革の必要性がある事柄が多方面にわたり，単に一つの事柄に止まらなかったこと，改革者が各々種々別々の方面に力点を置いたためである．［このような点に配慮して，前田は本書の題名を『語学教授法新論』としたのであろう．］

　従来の教授法は古典語を教えるのには，ほぼ満足のいくものであったかもしれないが，近代語を教えるのにはまったく不適切であった．近代語は［死語である古典語と異なって］生きた言語であるので，近代語の教授法は融通性と適応性に富んでいなければならない．

　それでは近代語教授の目的は何であろうか．そう問うなら，なぜ我々は母国語をもっているのであろうか．その理由は，同胞の社会に住んで，思想や感情や意見を交換することによって，意義のある生活を送るためである．言語はそれ自体に意義 (end) があるのではない．言語は精神と精神 (souls) を結びつける方法，つまり，伝達 (communication) の方法である．伝達の方法には言語以外の方法もあるが，言語が最も完全な，最も豊かな，最もよい伝達の方法なのである．

それから外国語を学習する目的は，我々の母国語が通じない場所の人々と思想の交換をするためである．もし外国語を学習したいと思うとき，それがその国の人々の思想を受け容れて理解し，その国の作家の作品に通じるためだけであって，自己の思想を発表することを期待も希望もしないのであれば，外国語を学ぶよりも，訳書を用いる方がよいのではないか，死語の場合には特にそうである，という議論がある．訳本が原本の完全な代用となることがないのは確かであるが，そうかと言って，原本を理解するためにはその外国語に相当に習熟する必要がある．そうすると，外国語を学習する努力と原著を直接読むことによって得られる余分の利益との間の釣り合いをどのようにとるかという問題が生じるが，この問題は各個人によって個々に決定されるべきことである．

　デンマークの学校にラテン語やギリシャ語が導入されているが，これは生徒に論理を教えるのが目的ではない．これらの言語が構造上，例えばフランス語や英語よりも論理的であるという考えは，有能な古典学者やわが国の学校でこれらの古典語が重要な位置を占めるべきであると主張する人々によっても，ずっと昔に学問的ではないとして退けられている．

　しかし一方では看過してはならないことがある．それは，何ごとでも理にかなった目的をもち，理にかなった方法で学習されることはどんなことでも，価値のある能力をいくぶんか直接的に発達させるのに役立つこと，そして特に外国語を教授すれば，外国語で書いてある内容を読むことを通して，実際に様々な知識（actual results）を得ることができるのに加えて，外国語教授は次のような重要な能力を訓練する優れた方法であることである．

　　観察力（正確に観察すること，他に依存せず観察すること）
　　観察したことを種々の見地から分類すること
　　観察によって収集した資料から一般法則を導き出すこと
　　結論を引き出し，これまでに遭遇したことのない場合にその結論を当てはめる能力

これらはもちろんお互いに関連した能力であるが，その他に，

　　一般に読書する能力，よく理解しながら（intelligently）読む能力，熟考しながら読む能力

我々が教授法を構築する場合，特にそれが学校で使用されるものであれば，これらのことを考慮に入れておかなければならない．

　教師は生徒がその主題に興味をもつようにしむける必要がある．生徒は勉強

すれば報われる，つまり努力する甲斐があることを実感できることが必要である．彼らは，外国語を教授してもらうことは一つの鍵を授かることで，その鍵によってたくさんの財宝を見つけ出すことができることを理解し，また彼らの近づき得た文学には幾多の作品があり，その作品の内容から何かを得ることができることを理解しなければならない．また，外国語教授の過程において，できるだけ広範囲にわたって，その土地や人々に関心を持ち，自ら進んでこれらの事柄についての知識を広げるように努力しなければならない．このようにして，彼らの全生涯に対する良質の基礎が築かれるのである．

　自国語でも外国語でも，我々が言語を学習するのは，他人の思想を適切直接な伝達交流によって得ることができること，そして自分自身の思想を他人に知らせる方法を得るためである．我々が，自国語によるよりも，外国語を通して，どのような知識を得るのかと考えると，外国語教授の最高目的は，外国人の最良の思想や制度，文学，教養，要するに，広義の国民の精神に接する機会を得ることであるいってよいであろう．しかし同時に記憶しておくべきことは，一躍してこの目的に到達することはできないこと，そしてその途中にも吸収する価値のあるものがたくさんあることである．

（解説） 　外国語学習の効果として，観察力，分類の能力，資料を基に規則を推論する能力，規則を新しい事実に適用する能力，一般的読書能力の訓練をあげている．岡倉は『英語教育』の第5章で，外国語教育の教育的価値（Educational Value）と実用的価値（Practical Value）について，「英語科もまた当然この二価値を有すべきで，見聞を広めて固陋（ころう，古い習慣や考え方に固執すること）の見を打破し，外国に対する偏見を撤すると共に，自国に対する誇大の迷想を除き，人類は世界の各所に，同価の働きをなし得ることを知らしむるが如きは，英語の内容，換言すれば風物の記事によって得られる利益で，又，言語上の材料，即ち，語句の構造，配置，文の連絡，段落等を極めて，精察，帰納，分類，応用等の機能を鍛錬し，かつ従来得られたる思想発表の形式，即ち，母語の外に，更に思想発表の能を錬磨し，且つ（かつ）従来得たる思想発表の一形式を知り得て，精神作用を敏活強大ならしむるが如き，以上はいずれも英語の教育的価値である」と述べている．精察，帰納，分類，応用等の機能を鍛錬し，精神作用を敏活強大ならしめる，というところは，イェスペルセンの緒言の内容と同じである．また，外国語教授の過程において，できるだけ広範囲にわたって，その土地や人々に関心を持ち，自ら進んでこれらの事柄についての知識を広げるように努力しなければならないと言う点も岡倉の主張と同

じである．これらの事柄を岡倉がイェスペルセンから取り入れたものか，独立に指摘しているのかはわからないが，いずれにせよ両者が外国語教育に伴う効用として同じ事柄を重視している点は注目してよい．

第2章　文例

　これまで述べてきたことから，どのような方法を採るべきかを結論できる．我々が言語を学ぶときには，意味のあるやりとり（sensible communications）によらなければならない．新しく学ぶ言語によって伝達される思想には，一定の関連がなければならない．関連のない数語の連続はパンではなくて単なる石塊である，つまり，単語の単なるリストによっては意味のあることは伝えられない．実際，関連のない文章であれば，それを絶対に使用してはならず，ほとんどの書物に見られるような古い方法に従った様式による文章やその範囲内にある文章も用いてはならない．というのは，それらの文の間にはほとんど何の脈絡もなく，あたかも新聞の異なる欄の同じ行を読んでいるような感じだからである．よく用いられている読本から例をあげてみよう．My aunt is my mother's friend. My dear friend, you are speaking too rapidly. That is a good book. We are too old. This gentleman is quite sad. The boy has drowned many dogs. 一般に外国語の教授は精神的訓練であると言われているが，そのように言う人達が考えていることの一つが，突然に飛躍的にある論理から別の論理に変化することであるとは思われない．

　また，1893年版の「実用」英語入門の本には，次のような文章がある．Are the king's horses very old? No; but the duke's carriage is old. Is it older than your friend's? … Has the nobleman told you the news? No, sir; but the lady has told me the news about the business and the wedding. Why do you not give the negro a house? No, sir; but I can tell you that the German has given each of the negroes a pretty little house. Has the lady a knife? Yes, the lady has two knives. Why do you not give the ladies the German's keys to the church? The noblemen have the German's keys.

　これらの例は枚挙にいとまがないが，これらはまだ最悪の種類のものではない．というのは，これらの例は意味がわかるからである．ある教科書で過去完了形を説明するときに，Your book had not been large. Had you been sensible? Your horse had been old. を用いているが，この著者はとても明晰な想像力をもっていたと思われる．この不思議な馬はいつ年を取ることを中止したの

かと驚いて自問してしまう．デンマークの作家ゼーエン・キャーケガールド (Sören Kierkegaard) が，人間に言語が与えられたのは，フランスの政治家タレーラン (Talleyrand) が断言したように，自分の思想を隠すためではなくて，自分が何の思想をももっていないという事実を隠すためであると書いたとき，彼が暗に言及していたのはこの種の教科書のことであったのだろうか．

　近代の最もよいと思われている本においてさえも，しばしば奇妙なほどにその文間に関連がない．例えば，My brother had not many lessons yesterday. Where had you been? The weather had been fine for a long time. This boy had only been in our house three or four weeks. Has your uncle had many tulips this year? How long had you had this frock? これらの文は他の教科書の文ほどにはひどく無意味というのではないとしても，それらの文間の関係のなさから不適切のものとなっているのである．

　しかしながら，すべての書物からこのような物笑いの種になるような文を見つけるのはまことに容易である．それではどうしてこのような方法がかくも長い間支配的であったのであろうか．この方法を擁護する人達は，すべて関連のある文で構成された読本を作ることは困難であると言う．つまり，極めて単純な物語でもそこには多くの文法形式や多くの単語が含まれるので，それらが一度に初学者に与えられると，圧倒されて困惑してしまうであろう．難度は徐々に増すべきものであり，教授の材料は極めて易しいものから難度の高いものへと段階を踏んで配列されなければならない．このことを達成するためには，関連のない文を並べる方法によることになると言うのである．

　この原則〔易しいものから難しいものへと段階を踏むこと〕は健全であるが，同じく健全な他の教育的原則を無視するやり方で実施するのは不健全である．教育というのは，生徒に教える内容についてある意義 (sense) を必要とすべきではないか〔意味的まとまりのある内容を教えるべきである〕．しかしすでに見たように，その意義を見つけることはいつもそう簡単なことではない．さらに生徒の興味を引きつけることもかなり重要なことではないか．意欲があるときには，難しいことでも何でもないものである．楽しい思い出と結びついている事柄は，無味乾燥な事柄よりも記憶に留まりやすい．ただし，フランス人男性が英国人男性の帽子 (Englishman's hat) をかぶっているとか，英国人男性がフランス人男性の杖 (Frenchman's cane) をもっているとかの入れ替えや，マリーがルイーズの犬を見ている，ピーターがヘンリーの馬を見ている〔犬は英国人が好きな動物，馬はフランス人が好きな動物〕というような入れ替えをしている読本は，それが属格の用法を段階的に訓練するのには役立つとしても，生徒

には退屈なものにすぎない．生徒達はもちろん，尊敬している先生が行うことであれば，大抵のことは辛抱するであろう．また，試験でよい点を取りたいとか，それと同様に不健全な他の理由に刺激されて，多くのことを辛抱するであろう．しかしそれでも生徒に辛抱を強いるようなことは避ける方がよい．

　教授が正確であることも教育上重要なことであると思う．関連のない文を用いる方法により生じる弊害の一つをあげよう．このような文を用いると極めて堅苦しい誇張した表現になる傾向があり，実際誤りに陥り易いのである．例えば，For whom do you make this bed? は適切な英語ではないし［cf. Who did you make this bed for?］, I have borrowed a great deal of books from a public library? の a great deal of books は a great many books でなければならない．実際，二三の文法事項を説明するために8個の関連のない文を作るよりも，生徒にとって既知である単語だけを使って意味のある関連した文章を書く方が容易である．

　最後に，この種の関連のない文章は，生徒に一般に言語とは何かということ及び異なる言語間の関係についてまったく誤った概念を与える．例えば，生徒に言語は個々独立した語の集合であるとか，自分が学んでいる外国語の新単語にはそれに対応する自国語の語が必ずあるにちがいないという印象をもたせてしまう．そして，これらの語を一定の規則に従って，数年前に流行った謎のような方法で，これという目的もなしに使い回すのである．このような誤りをスウィート（Sweet）は算術的誤謬と呼んでいるが，その理由はこの誤りが言語を単位［単語］の集合とみなし，加数（addends）と因数（factors）の順序関係は重要ではないと考えていることから生じるからである［単語間のまとまりや構造的関係に注意が向いていないこと］．言語の中の慣用的（idiomatic）表現はすべて当分の間まったく無視されてしまい，最も必要欠くべからざる表現は，単に単語や文法規則からでは構築できない不合理な［上記の規則に従うと不合理であるが実際には慣用的］表現であるという事実に考えが及ばないのである．そのような表現とは，例えば，What's the matter? I couldn't help laughing. Serve you right.［いい気味だ］のような表現である．生徒ができるだけ早い時期にこのような種類の文をたくさん学ぶことをしないで，文法の規則すべてが充分に訓練されるまで何年にもわたって算術的種類の語群を訳し続けていると，自分の力で書いたり話したりするときに，頭に浮かんでくる英語の句の一つ一つの単語を，話そうとしている言語に逐語的に翻訳するという結果になってしまうのである．Ich konnte nichit felfen zu lachen. のようなおかしな表現を耳にするのはこの学習法の結果である．［I cannot help laughing. に相当するドイツの逐語

訳で，意味は「私は笑うのを手伝うことができなかった」，英語に相当する意味を表すドイツ語は Ich muss lachen. (I must laugh.) である．］

　文法の習得を目的として全体の組織を作ったとしても，このような余りにも組織的すぎる［お互いに関連のない文例を用い，文は文法練習のためにのみ存在するというような］練習法ではこの目的を達成することは決してできない．生徒は練習問題で何が問題となっているかを嗅ぎ取って，その練習問題ではそれを機械的に使用するが，それを他の場合に適用する方法は習得していないのである．

　すでに述べたように，慣用表現にはあまりにも注意が払われていない．外国人が作った文は，そこに明らかな誤りを見出すのが難しい場合でも，母語話者には思いもつかないような［不自然な］種類の文となりがちである．デンマークの教科書に見られるフランス語やドイツ語の文の多くは，母語話者にとっては現実には存在しないという感じを与えるが，それは丁度外国で出版された英語の入門書に見られる少なからぬ文が英国人に対して与える感じと同じである．

　言語の慣用的要素と深い関係があるのは文体の特徴である．そしてこの点に関しても，今の教科書は極めて拙劣である．というのも，高尚な，特に詩的な文体に属する語が，それらを使用しないようにという注意書きもなく，初級本のまさに出だしのところで日常語と一括りにして用いられているからである．例えば，英語を学びたいと思う外国人は，woe より前に grief, sorrow を学ぶべきであり，そうでないと It was a great woe to me. という物笑いになるような表現を使ってしまう．loth [= loath] よりも unwilling を，lave よりも wash を，forlorn よりも lonely, forsaken を，commence よりも begin を，purchase よりも buy を，foe よりも enemy を先に学ぶべきである．ある英語の入門書に I bid him go. とあるが，これは旧式の堅苦しい表現で，I told him to go. とか I asked him to go. とか言うべきである．なぜ buy よりも purchase を用いるのか考えてみると，その理由は普通の必須語は不規則な語形変化や屈折をするためであるとしか考えられない．

　初学者は日常語だけを使用するのがよい．詩歌に用いられる語彙やもっと高尚な語彙は初学者には無関係である．そんなものは余計なものであって，記憶の負担になり，最も必要なものに精通する妨げになるだけである．さらに，最初の段階から普通の散文や会話の語句と並んで文学的表現を学んでいると，優れた作家の文章を読める段階に達したときに，その詩歌や高尚な散文の言語学的効果を的確に捉えることができなくなってしまう．

文法を教わるときにも，不要なたくさんの語を教わるのが通例である．例えば，louse（フランス語では pou）という語は最もできの悪い生徒でも知っているが，それはこの語の複数形がたまたま普通の形式と異なっているからである．このように通例の規則とは異なる振る舞いをするものは特別に教わるからである．スウィートは次のように書いている．「ドイツ語を学ぶとき，Hornung (February) という語から始めたが，それはこの語が -ung 語尾の名詞は女性形であるという規則の例外だからである．しかしながら，現在に至るまで近代のドイツ語の本を読んでいて，この語に出会った記憶はないし，ましてや会話でこの語を聴いた覚えもない．Hornung は今ではまったく廃用となっていて，いくつかのドイツの方言に残るのみである．そして中高ドイツ語を学び始めたとき，人生で初めてこの語に出会ったが，その時にはこの語のことをすっかり忘れてしまっていた.」

　ほとんどの外国人用の英語の文法書では，caiman という語が扱われているが，その理由は複数形が caimen とならないからである．同様に，金型の意味の die の複数は dies であると教え込まれる．しかしこの意味で用いられる die という語に出会うのは千に一度もないのではなかろうか．幸いなことに，このような事柄は大部分最近の教科書から取り除かれてきているが，それでもなお取り除くべきものが残っていることは明らかである．

（解説）　当時の教科書の問題点を論じている．当時の教科書では，相互の関係がほとんどない例文が，文法項目を教授するために羅列されているにすぎなかった．過去完了形を教授するのに過去完了形の文が羅列されているだけで，この時制を理解するのに不可欠な時制の前後関係は無視されているような教科書であった．また，日常語と文語の語彙がごちゃ混ぜの状態になっているような教科書であった．このような問題点を指摘したうえで，教科書では文の間に関連があってまとまりのある文章を用いること，語彙はできるだけ必須の日常語彙に限定すべきであると述べる．また，文法規則の例外となる語彙に注意を向ける傾向があるが，単に例外的性質を教えるためにのみ用いられるような語は排除すべきであるとする．編著者が中学生の時，ox の複数形は oxen であると教わったが，このような語が中学校の教科書に出てきたのは，まさにイェスペルセンが指摘するこの傾向によったのであろう．現在では無関係な文の集合で構成されるような教科書はないし，使用語彙にも十分な注意が払われているので，ここで指摘されている問題点は解消されていると考えてよい．

　明治時代の日本では，外国人用の読本が教科書として用いられていて，初学

者にかなり負担を強いるものであるという問題があった．それを克服するために外山正一は独自の検定英語読本 (1889-1890) を作成した (II. を参照)．これは画期的なことであったが，「外国人の作った文は，そこに明らかな誤りを見出すのが難しいような場合でも，母語話者には思いもつかないような種類の不自然な文となりがちである．デンマークの教科書に見られるフランス語やドイツ語の文の多くは，母語話者にとっては，現実には存在しないという感じを与えるが，それは丁度外国で出版された英語の入門書に見られる少なからぬ文が英国人に対して与える感じと同じである」という側面がまったくなかったとは言えない．しかしこのような問題点はあるにしても，当時のデンマークの教科書に見られるような単なる文の羅列ではなく，文法事項の配列順序に配慮し，使用する単語を日常語に限定するように留意し，会話にも重点をおいた画期的な教科書であった．

第3章　読本の選択

　これまで消極的批評をしてきたが，その上に立って，外国語教授の基礎となるべき読本の選択について，次のような積極的な要件を提示できよう．すなわち，読本はできる限り，

(1)　文の間に関連があって，読んで意味がわかること
(2)　興味深く，生き生きとしていて，変化に富んでいること
(3)　何よりも最も必要とされる材料，特に日常用いる言語材料を含んでいること
(4)　正しい英語 (ドイツ語，フランス語，等) であること
(5)　易しいものから難易度の高いものに段階的に配列されていること
(6)　単に文法的に易しいとか難しいとかに考慮し過ぎないこと

これらの順序は，要件の重要性や価値の相対的順序を示しているのではない．そもそもそのような順序付けはむずかしい．以下で，これらの要件のいくつかについてもっと詳しく検討しよう．

　外国語の初歩の段階の教授において，関連のある文を用いた教科書を使用する試みはこれまでに何度もなされたことがあるが，関連のない文から受ける被害を避けようとすると，ディケンズの『クリスマスキャロル』，新約聖書，シーザーの『ガリア戦記』のような本を使うことになるので，今度はそこから受ける被害を避けることが不可能になってしまうようである．つまり，これらの読

み物を読むときには，一度に学ぶべきことが多すぎて圧倒されてしまい，結局何も学ばないという結果になり，教師は絶望して，もとの関連のない文を用いる教科書に立ち戻ってしまうということが度々あったのである．しかしこの二つの極端の間に，極めて短い文から初めて，徐々に長い文に移るという優れた方法があることは明らかである．

　関連する文から成り立っている短い逸話は，教科書としての要件を満たしている．多くの読本で逸話が重要な役目を果たしているのはこのためである．ただし，気の利いた逸話でも本当に面白いのは一度だけで，いくつも繰り返し用いられると陳腐なものとなってしまい，他の読みものよりも実際退屈なものになってしまう．逸話はその性質上できるだけ語数が少ないのがよいが，初心者にとっては，もう少し脚色をして，最も必要な語や句が頻度多く生じるようにする方がよい．洒落に基づく逸話は，類似する語に精通していなければ，まったく理解することができない．そして生徒がそのような知識を持っている場合は極めて少ない．外国語の教授において逸話を用いる最もよい方法は，他の読み物，特に記述的な読み物との関連で薬味として用いることである．単に記述的性質の読み物は，スウィートはこれに非常に重きを置いていたのだが，言語の最も不可欠な材料をより多く有し，多くの文が説明を必要としない自明の文であるという利点がある．しかしながら，外国語教授に用いることのできる題材は比較的少なくて，初歩的な自然現象についての記述くらいである．そしてスウィートの『口語英語入門』（V. の p. 235 を参照）に見られるような巧みな書き方でないと，そこで述べられているたくさんの周知の真理も興味を削ぐものとなってしまう．

　読本選択の際にどのような内容が興味を引くかを決めるときに，年齢の違いはもちろん大いに考慮されなければならない．しかし経験から知ったことだか，外国語学習の初学者は，読み物の内容が母国語話者にも興味あるものであるときには，その読み物の適齢を超えていても，それに興味をもつようである．したがって，内容が子供じみているといって心配する必要はない．しかしながら，いろいろな国で流行っているような，よい子どもがご褒美をもらうとか，いたずら小僧がひどい罰を受けるとかの話は，老幼を問わず嫌悪を感じるものであるから，外国語の教科書では避けるべきである．ただし，民俗学者によって集められた文学［民衆伝承］には，世代から世代に伝承され，常に興味を引き新しい趣向を取り入れることによって精気を保っているものがあるので，それらは外国語教授に使用しても成功する場合が多いであろう．［フランス語を教授する場合］5，6 歳のフランス人の子どもが興味をもつものは，10 歳や

11歳，あるいはそれ以上の英国人の子どもも興味をもつであろう．というのは，外国語で書いてあると，外国語という未知のものが常にもっている魅力が話に備わるようになるからである．

　読本は平易であること，易しいものから難しいものへと漸次進むべきであるという要件については，難度を決定する要因に様々なものがあることを認めなければならない．

　第一に，内容が難しすぎるかもしれない．つまり，内容は生徒の学力を越えるものであってはいけない．以前に述べたように，最初期の段階では，外国語であるという点を除けば，その人にとって適していると思われるものよりも簡単なものを選ぶのがよい．ただし，もっと進んだ段階では，内容が易し過ぎるのもよくない．できるだけ早く，本当に永遠の価値をもつ内容のものを用いるのがよい．読本の大部分は，もとより平易な文学から取られているのが通例であるので，内容の理解に関しては事実上困難を引き起こすことはないであろう．しかしこれに加えて，これまでの近代語教授におけるよりもはるかに広範囲にわたって，真剣な思考なしには理解できない内容，つまり自然科学や広義の人間関係に関する論説，政治演説なども読ませるべきである．多くの教師が，生徒と一緒に飢餓を癒すための食べ物のような取るに足らない内容の文学以外のものを読むことを，恐れてしていないように思われる．かつて母親に「僕はほとんどわからないものが一番好き」と言った7歳になる小さな友人がいたが，彼は「神経を張り詰めていないと人は楽しくない」と言ったダンテ (Dante) の考え方と同じことを，あるいは「自分のできないことをするように要求されない生徒は，自分ができることも決してしない」というスチュアート・ミル (Stuart Mill) のことばと同じことを言っていたのである．教育においては，あまりに平易に過ぎない問題で生徒を鞭撻する必要がある．外国語教育の初期段階では，純粋に言語学的な困難が多くあり，後になると，読本の内容に関して，生徒独自の類推 (assimilation) の力を必要とするという問題がある．ことばは平易であるが，内容に重みのあるものを選ぶのが最善の場合もあろう．特に［ここで述べる］改善案に従って教授する場合には，これまで以上に内容が重要な役割を果たし，平易な文章でも，純粋に言語的技能を訓練する手段として，種々の方法で用いられて効果を発揮することがある．

　言語的難易の程度も種々の理由に基づいている．発音の困難なものを初学者に次から次へと与えないように注意しなければならない．教師によっては，生徒の母国語の発音によってほとんどあるいは全部が発音できる語から始めようとする人がいる．この考え方は，もっとも危険な結果を招く時期に，容易にず

さんな状態に陥ってしまう可能性がある．ほとんどの場合，外国語と自国語の類似を過大視することは失望に終わってしまうのが現実である．生徒は初めの第一課から，自分たちは外国語に身を置いているのだという明確な感覚をもつ必要があり，外国語の発音は努力なしには学び得ないことを認識すべきである．しかしながら，難しい発音を余りにも多く連続して与えたり，余りにも難しい結合で与えたりすべきではない．恐らく最善の方法は単音節語から始めることであるが，これも厳密にやり通す必要はない．いずれにせよ，生徒は学習している言語の発音に慣れてきて，さらには自由に駆使できるようにならなければならない．

　さらに，言語上の困難さは，余りにも多くの新語を使用することに原因がある．どの段階でも，できるだけ新語を少なくするのが最善の原則である．ゾラ (Zola) やドーデ (Daudet) の小説のように，専門的用語が次から次に出てくる文章を読んだ読者は，どんなに注意深く読んで勉強しても，すべての新語に慣れ親しんでいないことがほどなくわかり，その抜粋を読む前と読んだ後で単語の知識が少しも変わっていないという経験をしたことがあるだろう．同様に，組織的単語集を学ぼうとすると非常な苦労と長い時間を要するが，忘れるときには驚くほど短時間で忘れてしまう．これに対して，新語が割合に間隔を置いて時々現れると，次の新語が現れるまでに前の新語を頭脳に吸収することができる．そしてその新語と新語の間に介在する文章は，既知の事柄ばかりを含んでいるので，そこに新しく蒔かれる事柄のためのいわば肥料になるのである．10 や 12 の語を 5 頁以上に分散させておけば，それらを 10 行の文中に押し込めるよりも，もっと容易にもっと完全に習得することができる．さらに，新語と新語の間には，既知の文構造はもちろん，既知の語も繰り返し出てくるという利点があるので，5 頁を読む者は 10 行を読む者よりも外国語の特性に親しむ機会をより多く得るのである．長い文章を読むと一見時間の無駄のように見えるが，実際にはそうではなくて，その間にすでに獲得されている言語資産がむしろ利息を複利的に生み出しているのである．

　すでに述べたことから明らかなように，25 の重要度の低い語を学ぶよりも 5 つの必須な語を学ぶ方がよい．したがって，内容はよいが文章が教育的目的に沿っていない教科書は，文章を切り詰めたり，言い換えたり，翻案して，教育上実用可能な形にするのがよい．私が初級読本に用いた材料からいくつかの書き換えの例をあげてみよう．これによって文体は原文に比べて口語的で直接的になっている．having *ceased to entertain* (given up) any hopes of his own recovery / Tony tumbled off *during his first revolution* (before he had gone round once). / told him that he must *be on his very best behavior* (behave properly) during the visit. / and leaning back in his *one of the two Chippendale* armchair *in which they sat*（削除）など．原文と比べると改訂した文は，原文のもつ色合いを多少失っているけれども，改訂によって生徒が得るところは大きいと主張したい．文章が，単に読むためだけのものではなく，自由に操れるようになり，生徒の頭脳に言語が定着するようにするためのものであるならば，ますますこのような改訂は必要になる．ただし，生徒が進歩するに従って，内容は徐々に文学的になってもよく，このような縮約や改訂の妥当性が様々な理由から疑問となってくることは明らかである．

　上述の改訂の見本として，逸話の一部をあげておこう．(A)は初学者の本では用いてはいけないもの（しかし実際に外国人用の読本に用いられている例），(B)はスウィートの名著に見られる例である．

(A) His table, however, is constantly set out with a dozen covers, and served by suitable attendants. Who, then, are his privileged guests? No less than a dozen of favourite dogs, who daily partake of my lord's dinner, seated very gravely in armchairs, each with a napkin round his neck, and a servant behind to attend to his wants. These honourable quadrupeds, as if grateful for such delicate attentions, comport themselves during the repast with a decency which would do more than honour to a party of gentlemen; but if by any chance one of them should, without due consideration, obey his natural instinct, and transgress any of the rules of good manners, his punishment is at hand.

(B) Every day he used to have dinner laid for twelve guests besides himself; but no one was ever invited to the house. Who were the twelve covers laid for then, do you think? For twelve dogs. Each dog had a velvet chair to sit up in, and a napkin round his neck, and a footman behind his chair to wait on him. The older dogs always behaved in the most gentlemanly manner, but it sometimes happened that one of the younger dogs forgot his manners, and snatched a chop or a piece of pudding off the plate of the dog that was sitting next to him.

　最後に，文法上の困難がある．この困難は旧来の方法を用いている教師が最

も恐れるもので，このような教師は，本文の意味や関連性をほとんどすべて放棄してでも，文法上の組織に従って教えることを頑なに守ろうとする．例えば，［フランス語の］pu のような形式は，生徒が pouvoir, pouvant, pu, je peux ［＝can］などの活用変化をすべて学んでからでないと扱うことを許さないのである．これらの形式は関連づけて学ばせなければならないというのである．しかし皮肉にも，この「関連づけて」（connectedly）という意味は，あらゆる関連［本文の意味や関連性］を断ち切って（out of all connection）ということであり，従って得るところはほとんどない．このような教師が読本に出てくる形式を生徒が「理解している」と言う意味を子細に検討してみると，il a を理解しているとは，それが avoir［＝have］の三人称単数現在であることを知っていることを言っているのである．ここで「理解している」とは，問題の形式が文法体系のどこに属しているかを知っていることである．そしてこの形式は，過去形よりも現在形を前に置く，という文法で配列されている順序に従って教授されなければならないと言うのである．しかし文法組織が初学者にとって何の関係があるのだろうか．このような考え方を一貫して守るためには，ある統語現象もそれを学ぶ課がくるまでは生じてはならないことになる．しかしこのような順番を守ることができない場合が生じるのは不可避であるので，回りくどいやり方でこの問題を回避しようとしても無駄である．換言すれば，極めて初期の段階から不規則形を用いることを恐れてはならないのである．

　文法上の不規則性は教育的見地から見るとまったく異なる二つの種類に分けられるが，これら二つはあたかも同じであるかのように扱われがちである．第一に，どの言語にも，ほとんど出会うことがなく，実生活でも文学においても重要でない不規則形が若干数あるものである．これらの不規則形がある文法書において取り上げられると，その後に出てくる文法書では，完全を期すために注意してこれを取り入れる．外国の文法家の方が自国の文法家よりもこの種の事柄により注意を払うが，それは何がまれで何が普通であるのかの区別が直感的にわからないからである．私は学校で，フランス語の travail という語は，大臣が王様へあるいは部下が大臣に対して行う報告という意味では複数形の travails をもつと教わった．この規則についてシュトルムは次のように批判している．「これまで何百頁もフランス語の本を読んだが，記憶する限り，近代文学において travails という語に出会ったことがない．ある教養のある人に尋ねたところ，その意味ではもはや使用されていないという返事であった．だからその後はとっくの昔に近代の文法書から消えているだろうと思うかもしれないが，実は絶えることなく入り込んでいるのである．」しかしながら，この最

初の不規則形に対処するのはとても簡単である．できるだけ徹底的にこれらの語を排除すればよい．近年この方面でなにがしかのことが行われてきたことは認めるが，このような不規則形は，これまでに大抵の教科書で行われてきたよりももっと大々的に根こそぎ取り除くべきである．

　一方，もう一つの不規則性，例えば，ドイツ語の ist と war, kann と konnte, ich と mein, mann と männer のような極めて普通の語における不規則形は，まったく別の事柄である．これらの不規則語は生徒が徹底的に学ぶ必要がある．唯一の問題は，規則的屈折の前に学ぶべきか後に学ぶべきか，これらを学ぶ時期である．大抵の教師は後の方がよいと答える．体系的文法では，最初に普通の形，つまり規則的包括的規則によって捉えられるものを教え，その後で例外事項，つまり孤立した現象を扱うことになっている．これは正当である．しかしそうだからと言って，生徒がこの順序で学ばねばならないことには必ずしもならない．この方法によって引き起こされる損失は，そこから得られる利益よりもはるかに大きい．というのは，不規則な変化形を用いないで，少しでも適切な教材を作成しようとすると，それは絶対に不可能であり，それほどに不規則変化形は必要欠くべからざるものだからである．すみやかに例外を取り入れて体系を乱してしまうことを恐れて，意味のないばらばらの文を並べてうんざりさせるような状態を蔓延させた原因の一つはここにある．規則的なものは先に例外は後に，というこの原則から解放されてはじめて，初学者教授用のよい教科書が得られるのである．さらに，規則形から始めると，生徒はその規則を例外的語にまで類推によって適用してしまう危険性がある．これに対して，不規則形は一般に規則から非常に逸脱しているので，生徒がそのような誤りをするのを防ぐことができる．英語の複数形が -s 付加によって形成されることを学んだ生徒が，mans, childs のような複数形を作ることはあるかもしれないが，men, children のような複数形に倣って他の語にもこれを適用するようなことはないであろう．ただしそうだからと言って，これまでの慣習的方法を転倒して，体系的に例外から最初に学ぶのがよいと言っているのではない．外国語の教材の選択整理に苦労して注意しすぎないことが肝要であり，他の点で優れていればその教材を用い，そこで用いられている語の形式はあるがままにしておいて，その形式が文法組織でどのような位置にあるかについてはこの段階では説明する必要はない．換言すれば，不規則語は［活用形の一つとしてではなくて］独立した語として学ばせるのがよい．

　一方，複雑な文構造に起因する文法上の困難さは，初学者に与えないようにし，避けるべきである．文はすべて，初学の段階からできるだけ平板で，単純

で，明解なものでなければならない．等位の単文が，唯一とは言わないにしても，用いられている文の大半を占めているべきである．この点もまた，上にあげた提案に従って読本の改訂作業に係わる人が心に留めておくべきことである．

(解説) 読本選択の条件として，6つの要件をあげ，その中のいくつかについて詳述している．その6つの要件とは，文章間に関連があること，興味深く生き生きとした内容であること，日常的言語材料を含んでいること，正しい英語であること，難易度が段階を踏んでいること，単に文法的難易度だけを考慮していないことである．

　難易度を決定する要因の一つとして，読本の内容のむずかしさがあるが，言語的要因としては，発音，新語，文法上の困難，文構造上の困難がある．発音に関しては，発音が困難なものを次から次へと与えてはならないが，一方では，生徒に自分たちは外国語に身を置いているのだという自覚をもたせ，外国語の発音を習得するのには努力が必要であることを認識させるべきであると言う．新語に関しては，余りにも多くの新語を次から次へと使用するのは避けるべきであって，10語前後を5頁前後に分散させるのがよく，それを10行に押し込むのは不適切である．文法に関しては，文法組織の順に従って文法項目を教授しようとするような無意味な方法は取るべきではなく，適切な内容の読本に出てくる順序に従って教授すればよく，初歩の段階から不規則形を用いることを恐れてはならない．複雑な文構造は，初学者に与えるべきではなく，できるだけ平易単純で明解な文章の読本を用いるべきである．

　現在ではイェスペルセン当時のような無関係な文の集合からなるような不適切な教科書はないであろう．編著者は20年以上前に三省堂の高等学校用英語教科書（読本）の編集に係わったことがあるが，その時に驚いたのは，文部省の指導要領に，不定詞の名詞用法は第一学年次に，形容詞用法は二年次に，副詞用法は第三学年次に教えること，というような指定があったことである．（現在ではこの指定は廃止されているようである．）この他にも，いくつか文法事項に関して学年指定がなされていたと思う．このような指定は，まったく根拠のないものであって，例えば，不定詞の形容詞用法が副詞用法よりも簡単であるなどということはまったくない．このような指定があるために，教科書作成の際に無理な書き換えが行われて，本来まとまりのある文章が，教科書に取り入れられると却って不自然な英語になるという結果が生じるのである．上田明子は，NHKの基礎英語を担当したときにThis is for you. という表現をテキストに使用したら，この前置詞の導入は早すぎると反対された経験を述べている

が，生徒はこのような表現は楽々と自分のものにするものである．学習内容の大枠はあってもよいが，学習項目ごとに細かな学年指定等を行うのは語学の学習にとっては害になるだけである．

ある高校用英語教科書のアパルトヘイトを扱った章（Lesson 7）を見ると，10 行前後の文中に，apartness, Afrikaans, policy, racial, discrimination, minority, majority, passbook, injustice, anti-apartheid, movement, prison, symbol, Nelson Mandela の 14 語の新語が出てくる．固有名詞は仕方がないにしても，新語が少し多すぎるように思われる．イェスペルセンの新語に関する助言をもっと役立ててほしいものである．この点に関してはスウィートも同様のことを述べている（V. スウィート第 10 章「記憶：反復」(p. 215) も参照）．

語学研究所の機関誌（2014 年度）に次のような指摘があった．高校英語の授業改善が進まない理由の一つは，教科書自体にあるのではなく，教科書を選択する教師にあって，教師は生徒の実態に合っていない，難易度の高い教科書を採用する傾向にある．イェスペルセンは，「最初期の段階では，外国語であるという点を除けば，その人にとって適していると思われるものよりも簡単なものを選ぶのがよい」と述べているが，このことは，最初期以外の段階にも当てはまる読本選択の基本原理である思う．外国語は我々が思っている以上にむずかしい．

第 4 章　読本の使用法

読本の選択についてはこれくらいにして，次には読本の使用法について論じてみよう．私が学校に通っていた頃に行われていた語学の授業のことは生き生きと憶えている．そして，現在あちこちで多少の変化は見られるにしても，当時の方法はまだまったく消え去ってはいないと思う．まず，前回の復習が行われ，それもできるだけ時間をかけないで行われるので，生徒には文を音読することなく，よどみなく翻訳する（translate）ことが求められる．それから新しい課に進み，生徒の一人が読本の一部を立ち上がって読む．その読み方はつっかえつっかえであり，単語ごとに区切りがあったり，hm とか -er の音が入ったり，時々教師が「もっと速く」とか「発音が拙い」とか言葉を挟んだりして，読みは度々中断される．その次は翻訳であるが，それも教師の「動詞はどこにあるか」とか「その格は何か」とかの質問によって遮られる．さらに文法上の質問があって，一二の動詞の主要形をあげたり，接続法の説明があったりする．その質問は自国語でなされ，答えも自国語でなされる．今度は次の生徒が

指名されて同じことを課が終わるまで繰り返す．もし時間が余れば，もう一度同じことを行うが，今度は音読をしないで，急いで行う．最後の5，6分は次の課に目を通す時間に充てられ，教師が翻訳し，生徒は教科書でそれを追って聞いていて，難しい語があれば一生懸命その意味を本の余白やノートに書き記したものである．

　この当時の教授法のもっとも特徴的なことは迅速（haste）ということである．やるべきことがたくさんあり，試験が近づくと特にそうであった．試験の点数は翻訳の巧拙によって決まるのが慣例であり，読本をできるだけ何度も読むのは，翻訳の練習を行うためであった．音読の時間はあまりなかった．と言うのは，発音の主要原理を学べば，発音は綴り字から一般に類推できると考えられていたからである［発音については第10章を参照］．特にドイツ語ではそうであり，フランス語でもそうであった．教師がある文章を一回音読させて，その度に三度も四度も翻訳させたのは，教師が多かれ少なかれこの考え方を正しいと信じていたからであると思う．

　このような授業では，生徒はどれだけ外国語を聞くことができようか．さらに，生徒が教室で数行を音読する機会をもつのもまれであって，そのような音読も，当面の主要な仕事，つまり翻訳の導入のためのものに過ぎないと考えられていた．このような状況では，読本以外に生徒が外国語で話す機会はまったくないし，教科書に書いてないことを他人が話すのを聞く機会もほとんどない．

　したがって，このような教授法によっては，母語話者が速く自然に話す外国語を理解できる能力を養うことがほとんど不可能であることは驚くに当たらない．もし生徒が正しく自然に発音されるごく簡単で日常的な外国語の文を聞いて，それを繰り返すように求められると，十中八九ひどく戸惑ってしまうが，印刷したものならそれよりもはるかにむずかしい文章でも難なく理解してしまう．

　この教授法の不利益な点はこれだけではない．このような方法では，生徒にとっては外国語の単語が眼前を疾駆して通り過ぎて行くだけである．そして，生徒の主目的は，それらの語をほんやりした形で認識し，それによって翻訳の手がかりを得ることである．時にはそのように漠然と記憶している一語が，暗唱している文全体の翻訳に対する手がかりを与えることすらある．生徒が手に入れているのは翻訳であるので，原文の初めの部分を見ただけで，翻訳全体が頭に浮かんでくることがある．このような場合には，外国語の文章表現を正確に記憶する必要はない．ここに一つの実例がある．従来の方法で教授された頭

のよい少年の一人に読本（フランス語）の一節を翻訳させてから，本を閉じて，彼が翻訳した原文を言うように指示すると，多くの場合それができない．生徒は読本で出会うフランス語の形式にほとんど注意を払わないから，定過去と半過去の根本的な相違を理解したり，語順に関して正しい概念を得ることが不可能なのである．翻訳が主目的であるようでは，外国語の特徴を本当に理解することは決してできない．

　外国語の教授は常に，同時に自国語の教授，つまり自国語の正確な知識の習得でなければならないと言われることがしばしばある．もし我々の目指しているのが言語の理論的理解であるならば，この陳述には大いなる真実がある［比較言語学のことを指している］．というのは，自国語と比べるべき外国語を知らなければ，自国語の豊かさを正しく評価することはできず，その構造上の利点や不便さについて意見を持つこともできず，その構造の正確な記述を与えることも，歴史的発達を理解することもできないからである．しかし自国語を実用的に使いこなすという問題になると，この主張はまったく間違っている．

　自国語をうまく使いこなすという点に関しては，外国語教育は助けにならない．自国語の最も優れた名文家が外国語に最も熟達した人であるわけではない．否，その反対である．英国人の学生が書いた英語のエッセイとその学生のラテン語からの翻訳を比較してみるだけで，この点は明らかになる．翻訳には，英語のエッセイにはどうしても起こりそうにない，英語の正用法に反する多数の違反が見出される．つまり，これらの誤りは，実際に自国語の運用能力に欠けていることによるのではなく，単に外国語の表現形式が生徒の思考に及ぼす制約的，惑乱的影響によるのである．よく知らない外国語が，外国語を勉強するのでなければ決して足を踏み入れることのない言語上の道に生徒を誘い込み，ついには泥沼に導くのである．これらの災いの種を蒔いたのは翻訳法（translation-method）である．そしていま蒔いた種の収穫をするはめに陥っているのである．従来行われてきた翻訳法による外国語教授法は，生徒が英語を取り扱う際の助けになるどころか，逆に，生徒に正しい英語とはどのようなものであるかについて，不確実で煮え切らない感じをしばしば引き起こさせるのである．

　フランス語やドイツ語［つまり外国語］の本当に完璧な知識を得るためには，すぐに英語［つまり自国語］への翻訳などに注意を向けるのではなく，これらの言語の中にあるすべてのもの（anything）を見ることができるようにならないといけない．そうでないと，外国語の構成要素と「うなずき合う関係」（nodding acquaintance）以上の関係をもつことはできず，顔はよく知っていて，名

前も繰り返すことができるが，親しいわけでもなく，一緒に住むこともできず，我々の血となり肉となる関係をもつことはできない．外国語教授の第一の必須要件は，生徒ができるだけ外国語に親しみ，その中に身を置くようにさせることであると思われる．生徒が時おり外国語の水しぶきを受けるのではなくて，外国語に身を浸し，あたかもそこが自分の本来の生息地であるように感じるようにならなければならない．そして，ついにはそこで巧みな遊泳者として泳ぎを楽しむようにならなければならない．しかるに，現在普及している教授法では，翻訳とそれに付随することに大半の時間を費やし，外国語を自由に楽しむ時間はほとんど残されていない．

そこで，翻訳がなぜかくも重要視されているのかその理由を考えてみよう．まず，この問題に対する回答を見出し，その後で翻訳を後景に押しやることができるかどうか，あるいは押しやるべきか，もしそうならどのような方法があるか，の問題について答えることにしよう．翻訳能力は，外国語教授の目的（end）であるのか，それとも単に教授上の方法（いくつかの方法の中の一つ，あるいは唯一の方法）と考えるべきであろうか．

外国語教授の目的（purpose）は，生徒が流暢に正確に（自国語へ，自国語から）翻訳することを学ぶことである，というのは正しいであろうか．その答えは強い否定である．この事柄を深く考えたことがない人や，自分の［外国語を扱うときの］心理過程に充分な注意を向けたことがない人に見られる一般論は，外国語は自国語に移し替えることによってのみ理解できるというものである．しかし実はそうではない．

外国語の原文を読み，それによって真の利益を得る人は，さらに進む前に，先の単語を一つ一つ翻訳するようなことはしないし，ましてや各文や各まとまりを英語［自国語］に翻訳するようなこともしない．フランス語の講義を聴いている人やパリで演劇を見ている人は，翻訳する暇はないだろうし，その必要もない．最後に，言うまでもないことだが，フランス語やドイツ語を流暢に話す英国人は，まず英語で文を構築し，次にそれを学校の練習問題でやっているように翻訳するなどということはしない．その心理的過程においては，英語は背景に退いていて，英語は不要になっているのである．それは私がフランス語を読んだり話したりしているときに，ドイツ語が不要になっているのと同じである．よくわかっていて，本で出会っても特別の注意を払うこともなく，会話でも躊躇なく使用するような外国語の語や表現の意味を尋ねられて，［母語話者である英国人が］ぼんやりした不明確な言い回し以外に英語の相当表現を思いつかず，しばらく考えてから，突然に正しい英語に思い当たることがよくある．

このような場合は，我々は明らかに明確に外国語の表現を理解してはいるが翻訳はできない（あるいは後になって翻訳できる）ことを示している．ドイツ語の fall は，英語の case, instance, fall, decline, descent などによって最もうまく翻訳される意味をもっているが，もちろん［ドイツ語を母語とする］私にとっては単一の語である．私が gegen という語に出会って，それが towards, to, about, against のどの「意味を表す」のかを意識的に考えることはしないし，bleiben という語の場合に，それが remain, stay, stop, continue, keep あるいは survive のいずれに翻訳されるかを考えるようなこともない．このような場合すべてにおいて，私は概念とそれを表すことばとを直接自発的に結びつけるのであって，自国語のことばを通して迂言的な方法で結びつけているのではない．英語に正確に対応する表現がないとか，あるいは少なくとも一時的にそれを思い出せないとかの理由で，外国語の語をそのまま自分の英語の中に取り入れて話す人［英国人］がいるが，このことは人々が自国語を通して外国語の意味に至り着くことなしに外国語を学ぶことができ，そして頻繁にそうしていることを示している．

　全体的に見て，ある言語に熟達している能力と，その言語へあるいはその言語から翻訳する技能とは区別しなければならない．たとえこれら二つの能力が一人の人に備わっているとしても，それらは往々にして区別すべきである．自分自身のことについて話すのを許していただけるなら，即座にうまく翻訳する能力は，私が学習した外国語を理解し，その外国語で自分の思想を表現する能力よりも決定的に劣っていて，私の言語能力を翻訳の技術で評価して欲しくはない．

　人が極めて高いレベルの外国語に熟達した能力を持っていることはまれなことであるのは認めるけれども，それほど高くないレベルの能力であればまれなことではないと言ってよいと思う．ある程度外国語が読める人が，読んでいるものを理解するのに翻訳しなければならないというのは，通則と言うよりも例外であると思う．難しい箇所では，その意味を理解するために自国語に立ち戻らねばならないとしても，調べるのはほんの数語であって，通例それらの語が生じている文全体を翻訳するようなことはなく，ましてや複雑な文構造を解きほぐすためだけに立ち止まるようなことはさらに少ないであろう．

　外国語を直接理解できる能力のある人が数え切れないほどいて，外国語で自分の思想を伝える必要性を感じている人がとにかく絶えず増加している一方で，翻訳の技術を訓練する機会をもつ人は実に少ない．ドイツ語で私信を書く英国人はたくさんいるが，まず英語で内容を書いて，それをドイツ語に翻訳す

るようなことはしない．人のために事務用の手紙を書く人も，書くべき内容を一語一語与えられているのではなく，内容の大まかな草案が与えられているだけで，それにできるだけよい外国語の衣装を着せるのである．そうすると，翻訳者は，法律に関係している少数の人々，翻訳小説に携わっている人々，詩の翻訳において詩を詩の形で翻訳するという価値ある魅力的な技術と格闘する勇気を持っている少数の人々ということになる．しかし，翻訳の技術は，根本的には，我々が必要とする外国語を直接運用する能力に基づいているのであるから，翻訳の技術を外国語教育の目的（end and aim）とみなすことが拒否されても，これらの人々が失望するには及ばないのである．

　我々の理想は，母語話者の言語運用能力にできるだけ近づくことである．単語や文の概念が母語話者の頭に浮かぶのと同じように浮かんでくることである．しかし我々がよく承知しているように，これらの外国語の概念はそれに対応する自国語の語によって呼び起こされる概念と同じではない．言語間の関係は，数学の等式のような関係ではない．cœur（仏），hetz（独），heart（英）は同じ範囲を指しているのではないし，sens, sinn, sense の間に違いがあることは言うまでもない．文字通りの意味が同じだといっても，その語と結びついている連想（suggestion）は言語ごとに異なる．そしてその連想は，関連する語，音あるいは他の点で似ている語，その語が度々用いられる結合などから生じてくる．同一の動物が，英語では bat，フランス語では chauvesouris，ドイツ語では fledermaus，ラテン語では vespertilio，デンマーク語では flagermus と呼ばれるが，連想は何と違っていることだろう．フランス語，ドイツ語，デンマーク語ではネズミとの類似に注意が向けられているが，デンマーク語ではそれに加えて羽ばたく動作に注意が向けられていて，フランス語では醜い外見に注意が向けられている．ラテン語ではその動物が外にいる時刻を［vesperは夕方の意味］思い出させるが，英語の bat は何の連想も伴わない抽象的な表現である．このことから，詩に用いるには bat よりも方言の flittermouse の方が遙かに適しているというテニスンの主張を理解できるのである．このような表面に現れない含意（undertone）は，洒落や韻ではさらに明瞭に響くのであるが，常に我々の意識の背後に潜んでいる．これらのことに加えて，ある言語は語法や意味の微妙な綾の違いに注意を向けるのに対して，他の言語はそのような点には無関心で，まったく違う点に詳細を極めている．また，語順も言語によってまったく異なっている．このような事実が相まって，どんな翻訳も原文の完全な再現とはならない．翻訳者は反逆者である．

　これらの理由から，我々が外国語教育において目的とするのは翻訳（あるい

は翻訳の技術）ではないのである．

（解説） イェスペルセンの時代に主流であった翻訳（訳読）方式（translation method）とその問題点およびそれがもたらす弊害について述べている．外国語教授の目的は，生徒が流暢に正確に（自国語へ，自国語から）翻訳することを学ぶことである，という考え方を強く否定し，翻訳が主目的であるようでは，外国語の特徴を本当に理解することは決してできないと述べる．ここでいう「翻訳」は，いわゆる小説の翻訳のような真の翻訳（translation）の意味と学校教育における読解（reading）の意味の両方で用いられている．読解の意味の「翻訳」は，外国語の意味を自国語で表す「訳読」のことである．

　この翻訳方式の問題点は，音を聞く機会が少ないこと，音読の機会が少ないこと，読解に偏重し過ぎていることなどである．一方，この方式によってもたらされる弊害は，その国の人が自然な速度で話す外国語を理解する力が養われず，自然な会話について行けないこと，その外国語の形式に充分な注意を払わないので，語順に関して正しい概念を得ることができないことなどである．

　ここで批判されている翻訳方式は現在の日本でも依然として広く用いられているようで，時折予習として自分の訳を筆記してきたり，教師の訳を筆記する学生を見かけることがある．そういうときには，時間の無駄だから止めなさいと言うことにしていた．英文の内容が理解できていれば，それを日本語に翻訳する必要はない．イェスペルセンの時代の授業では，教師が次回の内容を翻訳し，生徒がそれを聞いていてメモをとったという記述が見える．これと同様のことが最近日本にもあって，生徒に予め訳文を与えて授業を行うという．誰が思いついたのか知らないが，まったく馬鹿げた方法である．外国語の読解には，構造を因数分解のように分析する力とそれを総合し意味を理解する統合の能力が必要である．そのような能力の鍛錬を行うのが読解力養成の真髄であり意義である．訳文を与えることによってこのような訓練の機会を奪ってしまって，単に分かればよいと言うのであれば，訳本を読めばよい．外国語の習得にはそれなりの苦労が伴うものであり，その苦労が他の教科には見られない利点であることを，教師を含めて誰もがもっと正しく認識しなければならない．
［訳読の利点については，V. スウィート第 14 章および解説（p. 250）も参照］

第 5 章　種々の教授法

　これまで述べたようなことはあるけれども，翻訳（translation）は依然とし

て言語教授において有益で欠くべからざる手段（means）である．このことを判断するために，翻訳を使用できる，あるいは翻訳が実際に用いられている種々の方法（ways）について明確な概念をもつことが必要である．

(a) 外国語を自国語へ翻訳することは，生徒にその外国語を理解させる手段である．例えば，cheval が「馬」を意味するとか，全文の意味を翻訳してやる場合である．

(b) 外国語を自国語へ翻訳することは，生徒がその外国語を理解したかどうかを試験する手段である．例えば，生徒に cheval は何を意味するか問うとか，生徒に全文の意味を翻訳させるとかである．

(c) 自国語を外国語に翻訳することは，外国語で何かを表現する訓練を生徒に与える手段である．

(d) 自国語を外国語に翻訳することは，生徒が外国語で何かを表現することができるかどうかを試験する手段である．外国語の文法規則を生徒が理解しているかどうかを見るために，生徒に翻訳をさせるのはこの手段の一分科である．

明らかに，(a) と (b)，(c) と (d) は緊密に関係している．しかし後で見るように，一般に信じられているのとは異なって，一方が必ずしも他方を前提としているのではない．

従来の翻訳方式の信奉者は，(a) から (d) の区別をしないで一括りとして，翻訳が優れた，しかも唯一の実際的方法であると言うかもしれない．

しかし従来の翻訳方式に反対する人達は，これらのいずれの場合にも翻訳が唯一の方法であるのではないと主張し，それどころか，翻訳はこれら4つの場合のすべてにおいて同価であるのではなく，それぞれにおいて異なる価値をもつと主張する．

(a) 翻訳には常に危険がつきまとうにもかかわらず，ある場合には，生徒に理解させる最も確実で迅速な方法としてこれを用い，他の場合にはこれを用いないように試みる人がたくさんいる．また，これらすべての場合に，外国語の表現の意味を理解させるためには，翻訳以外のもっと優れた方法を見つけ出すことができると考えている人さえいる．

(b) 生徒が外国語を理解しているかどうかを試験する方法として翻訳をさせることは，ほどほどによい方法であるが，常に信頼できるので

はなく，多くの場合，最後の手段であるべきである．

(c) 自国語を外国語へ翻訳させることは，これまで一般に無視されてきた他の多くの方法と比べても，少なくとも初学者に対しては，極めて劣悪な手段である．他の多くの方法とは，教師が生徒に外国語で何か言わせたり（あるいは書かせたり）する方法である．

(d) 生徒が外国語で自分の意見を述べることができるかどうかの試験として，口頭あるいは筆記による翻訳を課すことは，我々の期待を欺くものである（illusory）か，最も進んだ段階の生徒にのみ用いることができる方法である．

　これらの主張は，翻訳に代わる他の手段が提案されて初めて立証できるものである．以後，これら4つの区分を厳密に区別することはしないで論を進めて行くことにする．

　それでは，外国語の単語や文を生徒に理解させることができる他の方法があるだろうか．第一に，直接観察（direct observation）（直接認知）による方法がある．この方法は，教室にある物品を表す名詞に用いることができる．例えば，window, door, bench, table, chair, book, pencil, crayon, pupil, teacher など［原文ではフランス語の単語が用いられているが，ここでは前田の訳本を参考にして英語の単語を用いる，以下同様］．そうすると，This is (There is) a piece of chalk. We call this a black table. のような文を用いて，物品を指し示すだけでよく，生徒がその語の意味を誤ることはない．この方法は身体の部分を指す必須語を教える最良の方法である．head, hair, nose, eye, mouth, lip, beard, cheek, ear, arm, hand, finger など．しかし多くの名詞に加えて，この方法によって教えることができる他の品詞の語もたくさんある．There is a window; There is *another* window. Pater is a student; Paul is *another* student. や here, there など．あるいは，動作を表す語も同様である．I write; Henry writes. I take the chalk; James takes the chalk. I rise up; William rises up. 教師あるいは生徒がこれらの文を言うと同時に，教師が動作をするのである．このようにして，入門の第一歩から，生徒が英語の単語を操れるようになる前から，自国語を用いることなしに多くの単語や文を学ぶことができるのである．動詞のいろいろな時制でさえもこの方法によって説明できる．例えば，読んでいる途中に，生徒が he took という語句に出会って，その意味が分からないとすると，まず白墨を取って I take the chalk と言い，次に本を取って I take the book. と言い，それから手を取って I take his hand.

と言い，次に一括して At first I took a piece of chalk, and then I took the book, and finally I took his hand. と言う（ただしこの方法は最初期には用いることができない）．少しばかりの工夫で，これだけの効果を上げることができるのである．このような方法では，教師が言うことを生徒に反復させるべきかどうか，するとすればどのように反復させるべきかという問題と，生徒が実際にはこれらの語を自国語で理解しているのではないかという反論に対しては後で立ち戻ることにする．ここではこの種の材料を立て続けに用い過ぎないように注意するに留める．この方法は，他のやり方の間に挟み込んで使用すると，最も効果的であると思う．

　第二に，単語の意味を仲介による間接認知（mediate perception）によって伝えることもできる．これは Goldschmidt 女史の発案になる「絵単語」（picture-word）やそれに類するものを使用する方法である．概念上同一の類に属するものを集めたもの，それらが結びついて一つの場面（scene）を形成しているもの，時には材料がそれぞれ独立していて，相互に関連のないものもある．例えば，冬の絵では，冬に関する最も重要な事物が集めてあり，教師はこれらの絵の中のものを指して，それを学習中の外国語で説明するのである．この方法は説話的な教材や叙景的な教材を教えるときにも用いることができる．

　この認知方式（perception-method）［直接認知と間接認知］に対しては，これまでにいくつかの反論があった．例えば，スウィートはこの方式では概念が翻訳のときほど明確には表されていないと言う（V. の p. 246 を参照）．例えば，シルクハットの絵の脇に hat と書いてあるのを見ると，我々にはそれが単にその種類の hat だけを指すのか他の種類の帽子も指すのか分からない．hat を翻訳して「縁有り帽子」とすると，この方が正しい概念を与えるのにもっと適切な方法であるというのである．また，教師が口を指しているのに，生徒は唇を指していると思うかも知れない，等々である．

　ところが，この反対説は実際の授業を見たことがない空論家によって主張されているものであり，外国語を独力でしかも絵だけから学ぼうとする人を別にすれば，ほとんど危険はないのである．口授（oral instruction）においては，上記のような誤りはほとんど生じないので，そのことに言及する必要もないであろう．しかし教師がこのような誤りが生じうる可能性を認識しておくのはよいことである．子どもが母語を習得する際にも，このような誤りは時々起こることであり，母語の習得は概ね同じような誤りの道筋を辿るのである．教師が自分の仕事をよく理解していれば，このような過ちは決して起こらないし，もし起こったとしても，すぐに訂正される．というのは，教師は単に実物を示し

て単語を言うだけでなく，意味が完全に明確になるような文や文脈の中でその語を直ちに用いて見せるからである．例えば，教師が You have a mouth and two lips. と言うか，あるいは唇を指して，How many lips have you? と質問すれば，そのような誤りを生じる危険はない．実際，一般にはそのような誤りが生じる危険は始めから取り除かれている．hat の場合のような誤解は明らかに希有であるが，いずれにしても，教師は自分の帽子（hat）や生徒の帽子（cap）について話すことによって，その誤解を避けることができる．

　認知方式に対する第二の反論は，教師が外国語で話ながら，立ったり，座ったり，ドアを開けたり，鼻をかんだり，靴を脱いだり履いたりするのは，騒々しいというものである．

　第三の反論は，教師が glove という語を教えようとしてポケットから手袋を出すと，生徒がそれについていろいろ思ったり，言ったりすることがよくないと非難する．生徒が「かなりの安物だなー」とか「今日教室で使うので最もよいのをもってきたんだ」とか思ったり，言ったりするのである．この方式が漫画的になる可能性はもちろんあるし，教師が絶えず落ち着きなく動いていると，授業がだらけてしまう可能性ももちろんあるが，しかしこの方式は，この方式によらない英語の他の時間や他の教科における騒々しさと違った，あるいはそれよりも騒々しい動作を必要するのではない．せいぜい黒板やドアの所に行くとか窓を開けるとかするだけである．したがって，もし授業に精神がこもっていれば，生徒が他の教科の授業以上に，無関係な余談に浸るようなことはないのである．

　認知方式によると外国語が概念に直結するというが，それは皮相的な見方であるという反論がある．この反論はこれまでの反論よりも重みがあるように思われる．実物の帽子でも帽子の絵でも，生徒には母国語の「帽子」を思い出させるのであるから，結局のところ，我々が望んでいるのと異なって，母国語を介した回りくどい学習法を避けることができないというのである．この認知方法によれば，子どもの意識に母国語の語が現れることを完全に阻止することができると言うのであれば，それは詭弁である．もしそれほど高望みをしないで，単にできるだけ外国語が前景に出るようにし，母国語が背景に退くようにしたいと考えるならば，教師も生徒も母国語を話す必要がないときには，認知方式がこの目的に役立つことは否定できない．そして教師も生徒もこの教授法に慣れるにしたがって，新語と結び付けられる既習語の数が多くなり，教師が全体に変化をもたせることがうまくなるにしたがって，生徒の意識の中に母国語が生じる頻度は少なくなるのである．

少なくとも最初期段階の授業が終了すれば，絵を基にして，外国語によって談話（talk）をしてもよいし，そうすべきである．その時には，自国語に依存する必要はほとんどなく，外国語で聞いたり話したりすることに時間をほぼ集中することができる．ただしこれを最も効果的に行うためには，絵が単に単語を示すばかりではなく，内容の豊かなものである必要がある．例えば，風景画を用いて，その絵が暗示する全説話を紡ぎ出す機会を与えるのである．また，私が初学者向けに書いたある教科書で行ったように，説話（あるいは抽出文）に絵を添えたものはさらによいと思う．そこでは，テキストの内容を利用していろいろな会話活動を行うことができ，しかもその会話は基本的には本文中の語彙と同じものを用いて行うことができるからである．

　絵はその使用範囲を過大視してはいけないし，唯一の説明法として用いてもいけないが（一方に偏った考え方は有害である），外国語教授においては効果的であることは明らかである．しかし絵は外国の風景や人々の特徴を表しているものでなければならない．初学の段階を過ぎてから使用されるものは，特にそうである．Goldschmidt 女史を批判したのは私が最初ではないが，彼女が提示している絵はデンマークの居間や郵便配達人などであり，それを3つの外国語の教授に使うのであるから，興味を引き起こすものでもなく，かなり単調でもあることが批判の理由である．一方，我々がなすべきことは，さまざまな国民間に多様な特徴的な相違が存在することについて，生徒の目を開かせることである．学校では壁に絵を掛けたり，フランスやドイツの生活，自然の風景，建物，芸術，施設についての啓発に役立つ図解を備えておくべきである．外国の絵入り雑誌は多くの役立つ材料を含んでいるので，教師は5-10分を使って外国語でその絵について生徒と議論するのがよい．これは教科書に基づく教授を補足するための優れた方法であろう．

　外国語の教授に用いることができるのは既成の絵ばかりではない．教師は黒板に大まかな絵を描いて，教科書で読んでいる種々の事柄を図解し，それに基づいて外国語で説明を行うこともできる．私は数度このやり方を試したが，生徒は直ちに興味を示した．幸いにして今日では，第一に，すべての教科の教師にとって教授の補助として有効であること，第二には，生徒にとってはいま学んでいることを理解し，それを絵で再現することが教育的見地から見てよいという理由から，人々はこの方面の重要性に気づいている．

　ここで1900年に出されたある報告書の内容を紹介しておこう．授業の始まる前に，各生徒に一つの主題を与えておいて，それを絵によって説明させるのである．生徒は外国語で説明できるものだけをその絵に描くように指示されて

いる．もちろんできるだけ多くのことを描くことが意図されているので，例えば，馬車が主題であるとすると，生徒は当然，車輪，座席，鞭を持った御者，馬，馬具などを描くであろう．生徒はクラスに対してその絵を説明しなければならないので，その結果，生徒はそれらが外国語でどのように呼ばれているかに興味をもち，教師の説明にも注意を向けるようになるのである．これまで絵の効用について述べてきたが，（翻訳は別として）生徒に外国語の単語の意味を教える方法からは少し脇道にそれてしまった．

　生徒よりも遙かに学力が進んでいる我々は，外国語の書物を読むときに未知の語に出会っても，その意味が文脈から完全に明瞭であるときには，辞書を見ないことがよくある．自国語を学ぶときにも同様の方法で学んできたのである．それならば，なぜこの経験を外国語の教授にも使用しないのかと問うと，そんなことをすると，当てずっぽうになるし，学習が不注意になるし，理解がほどほどで不正確になるというのが答えである．なるほど，そういう場合もある．語の意味を文脈から「嗅ぐ」ことができる場合や，良心的な教師にとっては，生徒がその語を本当に理解していることを示す証拠がないと満足できないような場合がたくさんある．しかし文脈を手がかりにして未知の語の意味を知る能力は役に立つものであり，無視されるべきものではなく，一定の制限の中で，むしろ，養うべきものである．要は，未知の語の意味を，間違いなく確実に推測なしに理解できるような自明の文 (self-interpreting sentence) を用いれば，危険はないのである．There are *twelve months* in a *year*. では，生徒がこれら斜体の語のいずれか二つを知っていれば，未知の第三の語の意味は正確に推論することができるであろう．丁度 a＋b＝c の式で二つが分かれば，残りの一つがわかるのと同じである．同様のことが次のような文にも当てはまる：A day is divided into twenty-four hours; An hour is divided into sixty minutes. 等々．このような場合には，生徒は教師の翻訳を待つまでもなく，単語の意味を推測できるので，生徒に翻訳させることは時間の無駄であって，このような文はよどみなく言えるように繰り返えさせたうえで，How many minutes are there in an hour? How many months are there in a year? のような問答をするのがよい．このようにして，教師はまったく自国語を使用することなく，外国語をあまり知らない生徒を引っ張ることができるのである．

　もちろんこのような自明の文によって語ることのできる題目は少ししかない．しかし文脈から未知の語の意味を推測する能力の方が，自国語と外国語の類似から意味を推し量る傾向よりもむしろ望ましい．というのは，自国語との類似によって学習すると，類似に信頼を置き過ぎて，（語源的に同じ語の場合で

さえも）誤った方向に行き着くことがあるからである（英語の send とドイツ語の senden ［送る，放送する］，英語の ruin とフランス語の ruine ［破壊，衰亡］など）．

　なお，新語は習っている外国語で説明してやるのがよい．このことは，教師が自明の文の中に新語を入れることを意味するから，上で述べた事柄の一部に過ぎない．英英辞典を使用したことがある人なら，未知の語が英語で十分に説明されているのを知っている．そうであれば，なぜこの方法を外国語教授に用いないのか．例えば，widow と widower は，A widower is a man whose wife is dead. A widow is a woman whose husband is dead. となっている．この説明は，確かに，自国語の翻訳である「寡夫」「寡婦」によって示される以上の情報を与えるものではない．しかし翻訳よりも詳しい情報が得られる場合もある．例えば，primage ［（海事）割増運賃］や dentil ［（建築）歯飾り］のような単語は英英辞典の説明の方が翻訳よりもわかりやすい．しかしこのような専門語は教室では縁のない語である．一方，翻訳では英英辞典の説明のような正確な概念を与えられないこともある．例えば，storey は翻訳の「階」の意味であると理解していると，floor としなければならないところで storey を用いるような危険を犯すことがある．しかし storey を space between floor and floor in a house と説明すれば，誤解の危険は生じない．

　これに対して，自国語の翻訳の方が，外国語による長々とした説明よりも，もっと速やかにそして明解に必要な情報を与えることができる語がたくさんあることも，もちろん認めなければならない．教師はそれぞれの語の場合に，この二つのいずれの方法が生徒にとってよいかを考えなければならない．教師は自分にとって最も容易である翻訳方式に堕するようなことをしてはならない．教師が外国語で説明すれば，生徒は新しい語を聞くのに加えて，すでに知っている多くの語を，いわば，復習することになり，その間はともかく外国語に全面的に浸っているという大きな利点がある．その上，これらの説明は生徒を喜ばせる．というのも，生徒は無償で得られる翻訳からよりも，このような説明からもっと多くの知的な訓練を受けることになるからである．

　しかしながら，このような説明を教科書の語彙解説（glossary）で用いすぎるのはよくない．特に初学者に対してはよくなくて，その場合には説明を本文の中に組み込むのが最もよい．第一に，そのような語彙解説では，説明が当然無味乾燥で必要以上に定義のようになってしまう．第二に，生徒は説明文の数行を読もうとするよりも，仲間や親や兄弟にその語の意味を聞いてすまそうという気になってしまう．つまり，翻訳ですまそうとするのである．これに対抗

して，生徒にその説明を常に暗記するように求めるのは得策ではない．というのは，これは容易に思慮のない暗記作業に陥ってしまうからである．初学者に対する教授では，語彙解説は，物覚えの悪い生徒が，家庭で予習する際に，忘れた単語の意味や発音を調べるときの助けになる以上の役割はもっていないのである．そして，このような場合には躊躇することなく翻訳を用いるのがよい．

外国語で説明するのが特に適しているのは，教師がある課を口授する（orally）ときである．口授は，注意深く，これから読む新しい課の内容について，全体にわたる十分な理解を生徒に与えるようになされねばならない．できるだけ生き生きと，できるだけ自国語の単語や文を用いないで行わなければならない．多くのことがその教材を読む教師の読み方にかかっている．すなわち，生徒が教材を理解せずにはおれないように，強勢をはっきり置く，対照をはっきり示す，声の変化をつけるなどの工夫をして読まなければならない．そして，その際にいろいろな物が出てきたら，説明の手段としてそれを指し示すのもよい．例えば，window という語が出てくれば，それが以前に一度出てきた語であっても，窓を指し示しても害はない．身振りで意味を明解に示すことができる語はたくさんある．saw, cut, drink, sing, climb, cry, sleep なども身振りで意味を表すことができる語である．一般にちょっとした暗示だけで生徒が直ちに意味を理解できる語はたくさんある．

最後に，辞書にあるような直截的な定義によるのではなくて，他の方法を用いて遠回しに説明する迂言的方法（circumlocution）がある．これは生徒の思考を正しい方向に導くのに必要な方法である．例えば，capital という語に出会うと，教師は London is the capital of England, Paris is the capital of France, and Berlin is the capital of Germany. と言い，そして生徒の一人に Do you know the meaning of the word capital? と尋ねる．すると，生徒は「首都」と答えるであろう．今度は教師が，All right, can you explain that word in English? と言う．生徒は，Yes, it is the greatest city in a country. と答える．教師は，Very well, it is the greatest city, the most important city in a country. と言い，付け加えて，Can you mention any other capital in Europe? と問う．生徒がいくつかの都市をあげると，教師は Well, that will do. と言って次に進む．この時たくさんの語を使用するが，これらは外国語であるので決して余分なものとはならない．このような会話は数分であっても，一頁全体を読むのと同じくらい有効である．そして生徒は，capital の意味を，教師が単に翻訳によって与えただけで読み進むよりももっとはっきりと，それ以

降ずっと記憶に留めていることであろう．教師は，それぞれの場合に応じて，生徒が理解していないことが残っていないか，さらに説明を加える必要があるか，それは余分とはならないか，生徒を退屈させるものにならないか，などについて考え，適切な方法を見つけ出さなければならない．このことが，教科書に書き込んでしまうよりも，この迂言的方法を教師の裁量として残して置く方がよいと考える理由の一つとなっている．

　もちろん，この迂言的説明を，自然に上手にしかも生徒の必要と立場に適したように行うためには，訓練とかなりの手腕が必要である．教師は，生徒がどのような語を既に知っているか，したがって説明の際に確実に使える語や表現にはどのようなものがあるかをよく承知している必要がある．この説明で用いる語は簡単で口語的あればあるほどよく，説明は具体的であればあるほどよい．そして説明の内容は少なすぎるよりも多すぎる方がよい．どのような説明が生徒にとって最も大きな言語的利益があるかを知ることは，教師にとって有益なことである．理解できないことがあるときにはすぐに質問するように生徒を訓練することは容易であるが，生徒が理解しているかどうかを生徒に直接質問することなく（この労を省いてはいけないが），教師が感じ取ることも困難ではなくなるのである．（ただし，答えが単に Yes になるような Do you understand? の類の問いは無意味である．）要は，教師は常に質問を歓迎し喜んで答えてくれるし，質問をしても，決して笑われるようなことはないと生徒に確信させるようにしなければならない．

　授業の初めに，生徒も教師も最も力がみなぎっていて，しかも時間に余裕があるときに，次回に行う課に眼を通しておくことはよいことである．授業時間の終わる頃では，教師は終業のベルが鳴る前に適切な量のところまで終わろうとして，とても急いだり神経質になるからである．この作業を行うときに，教師は生徒に教科書を見させるかあるいは閉じさせておくか，いずれの方法を取ってもよい．後者の方法で行うと，生徒はより教師に注意を向けるので，この方が好ましい．というのも，生徒は教師の言葉に聞き入って，そのわずかな動作も注視しなければならなくなるからである．この際，教師は，説明をしながら新語を黒板に書き記すのが最もよい方法である．そして，すべての説明が終わったら，その教材を（説明などを途中で差し挟むことなく）音読するか，あるいは生徒に音読させることである．ただし，いつも同じ方法で行うのはよいやり方ではなくて，内容が簡単で新語が少なければ，すぐに生徒に（ゆっくりと無理のない調子で）音読をさせ，生徒が理解できないところがあれば，読むのを止めて質問をするという方法を取るのもよい．もし一つの文中に二三個の新語

があったり，その他に質問を引き起こしそうなむずかしい点があれば，その文の切れ目まで到ったら直ちにもとに帰って読み返させなければならない．最後に教師は，さらに確認の必要があれば，生徒の一人に自国語でその内容を自由に述べさせるのもよい．この作業は，クラス全体がこの方法で課に眼を通すことに慣れるまでの一種の統制手段 (control) である．

(**解説**) 翻訳 (translation) は，前章で述べたような問題点はあるけれども，依然として言語教授において有益で欠くべからざる手段であること，翻訳に依らないで語や文の意味を教授する効果的な方法があれば，まずそれを試し，然る後に翻訳方式を用いよ，というのが主旨である．

翻訳方式に反対する人は，次のように主張する．

(a) 生徒に外国語の表現の意味を理解させるのに，翻訳以外のもっとよい方法がある．
(b) 生徒が外国語を理解しているかどうかを試験する方法として，翻訳させることは，多くの場合最後の手段であるべきである．
(c) 自国語を外国語に翻訳させることは，少なくとも初学者に対しては，極めて劣悪な手段である．
(d) 生徒の外国語による表現力を試験する手段として，自国語を外国語に翻訳させることは，最も進んだ段階の生徒にのみ用いることができる方法である．

これらの主張は，翻訳に代わる他の手段が提案されてはじめて意味をもつので，代案となる手段のいくつかについて論じている．ただし，議論は (a) の問題に限定されている．

語や文の意味を翻訳によらないで教授する方法として，直接認知の方法，間接認知の方法，文脈から推測する方法，迂言的方法をあげて，教師は，単語ごとにどの説明方式がよいか的確に判断し，その最も効果的な提示方法を工夫し，授業に変化をもたせることが必要であると指摘する．このような工夫はもっと積極的に現場に取り入れられてよいと思う．

ただし，絵や図解を用いる方法は視覚に訴えるので正確な理解が得られると考えるのは，少し楽観的である．例えば，本文にあげられている head という語が表す部位を，実物によるにせよ，絵を用いるにせよ，単にそれを示すだけで正確に理解させるのはかなり困難である．というのは，教師が自分の頭を指して head と言えば，生徒は head＝頭と理解する．この意味ももちろんある

が，英語の head は首から上の部分を指すので（cut off one' head（首を切り落とす）），どうしてもその点を説明する必要がある．同様に hip＝お尻ではない．スウィートの指摘はかなり重要で，基本語であっても，日英語の相違に対する説明を必要とする場合が少なからずあることを心に留めておかなければならない．そのような例として，例えば，shore と coast，tall と high など多数の例をあげることができる．この問題は，教師が日英語の違いを適宜説明できるように，日英語比較の知識を持っている必要があることを示している．

　自国語を外国語に翻訳させることは，少なくとも初学者に対しては，極めて劣悪な手段であり，最も進んだ段階の生徒にのみ用いることができる方法であるとしているが，それは内容によるのであって，初学者に適した内容であれば害はないと思う．明治時代に出版された齋藤秀三郎の中学校文部省検定教科書『英会話文法』（*English Conversation-Grammar*）の練習問題はすべて和文英訳である．活用できる段階になるまでに，学んだ内容に習熟しているかどうかを見るのには，和文英訳はよいと思う．劣悪であるとして非難されるような翻訳は，日本語に特有な表現を英語で表すことを求めるような類の問題である．

　本章の最後の所で，時間に余裕があるときに，次回に行う課に眼を通しておくことはよいことであると指摘し，教師は説明をしながら新語を黒板に書き出し，説明が終わったら，その教材を音読するか，生徒に音読させ，最後に教師は，さらに確認のために必要であれば，生徒に自国語でその内容を述べさせるのもよいと述べている．これは理解に苦しむ内容であって，これだけの内容を，ある課を始める前に次回の予習として行うのは不可能であると思う．

　ただし，この指摘は次のような利点を示唆している．ある課を教えるときに，単元ごとに区切って順次初めから教授するのが通例の方法であろうが，その課のはじめに課全体をざっと読んでその内容の概略を理解させるのである．その際新語の扱い方が問題であるが，初歩の段階では，認知方式がよいであろうし，進んだ段階では翻訳方式が適切である．いずれにしても，新しい課を始めるに当たって，その課の内容全体を把握する作業をするのである．そうすると，生徒は細切れの話を授業時間ごとに隔てて聞くのではなく，話全体をまとまった内容として聞くことができ，内容に対する興味も湧き，理解も深まると思う．Ⅵ.「独自の教授法をもつこと：あとがきに代えて」を参照．

第6章　翻訳，音読，書き取り

　外国語を生徒に説明する手段として翻訳を用いる方法について，我々は次の

結論に至り着いた．翻訳は唯一最良の方法ではないこと，控えめに用いるべきこと，関連する部分全体を翻訳する必要はなく，単語だけを，あるいはせいぜい一文を時おり翻訳するだけでよいこと，などである．しかしこの考察は，次の問題，すなわち生徒が外国語を理解しているかどうかを試験する手段としての翻訳ということに，すでにいくぶんの光を投じている（前章の問題 (b)）．

生徒が外国語を理解しているかどうかを試験する場合でも，翻訳方式に代えて認知方式（観察）を用いることができる．教師が Show me the window. と言うのに対して，生徒が窓を指せば，window の意味は何かの問いに「窓」と答えるのと同じように，window という語の意味を理解している．同様に，教師が生徒に絵を見せて Where is the hat of the child? Where are his shoes? Do you see the roof of the house? と問い，生徒が正しい物を指したとき，Take the chalk. Stand up. Sid down. Give me your book. などの命令を実行できたとき，This is the window. This is the hat of the child. This is the chalk. I stand up. のように正しく表現できたとき，生徒はその語を理解していると言ってよい．また，教師の質問に外国語で正しく答えることができたときや，ある物語を聞いて，それを母国語で（外国語ならさらによいが）再び語ることができれば，生徒は教師が話した，あるいは読んで聞かせた物語の内容を理解していると言える．

教師は，家庭学習のために生徒に与えた新教材を生徒が理解しているかどうか知るために，生徒に翻訳をさせたい誘惑にかられるものである．しかしこの場合でも，教師が（上で述べたように）詳細に生き生きと，絶えず質問をするようなやり方で教え，授業が教師の独白で終わるようなことがなければ，翻訳を用いて試験する必要はない．教師が教材をまったく教えなかったり，急いで翻訳しただけで済ませた時ほどには，翻訳の試験は必要とされない．その教材のいくつかの点について，時おり質問するだけで十分である．教材が，生徒が内容を理解しているかどうかを直接間接に問う練習問題として用いられているときには，特にそうである．

しかしながら，教師がなお教材の翻訳を主張するものとしよう．もちろんこれは変化を与えるために，ときたま用いる方法としてはよいかもしれない．教員が新しい方式を消化吸収していないときには特にそうである．そして，その時に取るべき最良の方法は，生徒に文章を音読させることなく直ちに翻訳させることである．これが生徒が教材を本当に分かったかどうかを試験する最も信頼のおける方法である．というのは，生徒に音読をさせないと，音読の間にどのように翻訳しようかと考える機会を与えないし，外国語で直ちに読む（read）

ことになると，母国語による無関係な思考に煩わされることもないからである．さらに，教師はこの翻訳を授業の最重要な部分と考えてはいけない．翻訳にはできるだけ時間を使わないようにしなければならない．生徒には翻訳を迅速に行うように要求し，訳語を学者的な正確さで批評しないことも肝心である．生徒が完全に理解していることが明らかであれば，あまり適切でない訳語に対しては，その都度教師が適切な訳語を教えればよく，生徒自身にそれを見つけ出させようとして時間を浪費しないことである．

　言い回し，単語の形式，あるいは語順が多少違っていて母国語らしくなくても，看過するのがよい．これらの多少の不自然さに注意を払わない方が，翻訳が唯一の方法であるように扱われている（そしてあれこれ母国語の誤りを注意される）ときよりも，生徒の母国語に与える害は少ないのである．生徒があまりにも下手な表現を用いたときには，教師は次のように言うのがよいであろう．「さて，それはとてもよい言い方と言えないけど，意味は十分にわかります．ここで知りたいのは，君が外国語（英語）がわかっているかどうかで，その点は問題ないですね．でも母国語（日本語）で真面目に話したり書いたりするときには，決してそんな言い方はしないよね．」口頭による翻訳では，母国語にこれ以上の注意を払ってはいけない．外国語の教授では，母国語に対して払う注意が少なければそれだけ，それから受ける母国語に対する害は少なくなる．よい母国語は外国語の教授の際に学ぶべきものではない［外国語の教授は母国語の学習には役立たない］．下手で妙な母国語は，教師自身も生徒もできるだけそれを使用する機会が少なくなるように務めなければならない．

　学力の進んだ生徒に時おり翻訳の練習問題を与えて，楽しみや利益を得させる場合は事情が異なる．このような場合には，教材は外国語と母国語の間にかなりの隔たりがあるものを選ばなければならない．しかしこのことは，選択する外国語の教材が理解できない難解なものである必要があると言っているのではない．日頃生徒が翻訳を行うことがなく，自由に外国語を読んでいるような場合には，外国語に対する最良最適な母国語の表現を見つけ出す競争は，変化を付けるためのよい気晴らしになるであろう．ここで私が考えている翻訳の練習は，次のように行われるべきものである．第一に，教材をクラス全体に対して音読すること，第二に，未知の単語があるときには，上で述べた方法で説明するか，もしくはそれらを翻訳するならば，（辞書にあるように）5つか6つの訳語を提示して，その中から選択するようにすべきであること，第三に，然る後に，生徒に（教師の監視の下で）翻訳を書かせること，第四に，それを教師が音読して比較し，生徒自身も誰の翻訳が原文に最も近いか，原文の細部を考慮

しているか，少し間延びしていないか，核心を捉えていて音調がよいという点では原文と遜色ないけれども細部までは厳密に訳されていないとか，等々の点について判断を下すのである．つまり，この練習は生徒の外国語の知識を試験するためではなくて，翻訳の技術（art of translation）はむずかしいものであるという考えを生徒に与えることにあるのである．

　教師と生徒が一緒に注意深く行う芸術的翻訳の練習は，ずっと進んだ生徒に，人間の思考表現としての言語に見られる非常に微妙な変化の彩（あや）を，鮮やかに認識させるのは役立つであろう．しかし日々の言語の教授においては，この種の練習は推奨されるべきものではなく，初学者に対しては特にそうである．

　日々の教授においては，生徒に翻訳をさせることがまったく不必要である場合が多々ある．もし読本が望ましいほどに平易なものならば，どの課にも語彙も構文も少しもむずかしくない文があるだろう．それ以外の文でも，むずかしいのは新語くらいのもので，新語を指導するのには数分を当てれば済むことであるから，その文を翻訳させる必要はないのである．周知の通り，支障なく理解できるが，翻訳は困難であるような文がたくさんある．もし生徒が writer, physician の意味を知っていれば，He is more of a writer than a physician. の意味は直ちに理解できるが，その副詞をうまく翻訳することはそれほど容易ではないであろうし，そんなことに時間を浪費するのは無駄である．

　それから，最後に本当にむずかしい文が一つ二つ残ることになるが，もし教師が時間の節約のために自分で全体を翻訳するのでなければ，それらは他の文から切り離して生徒に翻訳させるのがよい．生徒がある語を理解しているかどうかを試験するために，学習している外国語で説明させることは，ある限られた場合以外は実際的とは言えない．できのよい学力の進んだ学生を扱うときには，必ずしも定義を丸暗記するような劣悪なことにはならないから［生徒が自分の言葉で新語の意味を理解し説明できるから］，そういう場合には有効かもしれない．したがって，この方法は学校よりも大学の教授において用いる方が適切である．

　この方法では，生徒が読んだものを理解しているかどうかを試す手段として翻訳を使用することを最小限に留めていて，多くの教材でほとんど翻訳しないで済ます部分があることから，教材全体を何度も翻訳する旧方法よりもはるかに不満足なものであり，教師は生徒が何を理解し何を理解していないかを判断できないと言う人がいる．その人に対しては，私は次のように答えたい．第一に，古い翻訳方法によって何度も翻訳をした時でも，教材に対する生徒の理解

が非常に覚束（おぼつ）ない場合がたくさんあり，繰り返し行われる翻訳の陰には信じがたいほどの不注意が蔓延（はびこ）っている可能性がある．第二に，これがさらに重要であるが，新しい方法は，これを正しく用いれば，生徒に探りを入れて生徒が読んだ外国語とその内容をどの程度深く理解しているかを試験する多様な手段を提供し，それによって教師は容易に要点を突き止めることができる．この意味は，次に述べる，課業を実際に行う方法の説明から十分に明らかになるであろう．

　教材は音読しなければならない．音読はとにかく規則として行うべきであり，最初は教師が行うべきである．もちろん，教師は前回音読をしているが，その時にはゆっくりと説明を挟みながらであった．というのも，生徒にとっては新しい教材であり，意味を理解させる必要があったからである．しかし今回は教師は早く流暢に生き生きと自然な読み方で読んでよい．そして次に生徒が読む．初歩の段階では，教師が一文ずつ読んで，教師の発音がまだ生徒の頭に残っている間にそれを繰り返して読ませる．もっと後になれば，もっと長い部分を取りだして，あまり小さすぎない程度に分割して生徒に読ませるのもよい．そして読み方にはいくら注意しても，注意しすぎることはない．緊密な関係にある語の間に切れ目を入れたり，自然で必要な休止を無視するようなことは決して許容してはならない．初学者に対してですら，各文を自然な言い回しで読むように求めるべきである．これらを達成するために音読をいくども繰り返すことが必要だったとしても，教師はこの作業にかけた骨折りを後になって後悔することはないであろう．最初の数ヶ月の間この作業に注意を集中して行えば行うほど，後になって，生徒にうまく読むこと，つまり人にわかり易いように自分に理解できるように読むことを指導するのが容易になるのである．

　音読は，発音の練習のほかに，教授の他の目的にとってもいくつかの利点をもっている．ミルトン（Milton）はすでに，読み方を聞くだけで，読み手が理解しているかどうかは容易にわかると言っている．本当によい読み手は，極めて精錬された方法で自分の鑑賞力を表に現すものであり，教師は読むのをちょっと聞いただけで，生徒の不正確さや間違った強調から，生徒が理解していないところをわかるようになるのもむずかしいことではない．そして生徒に注意を与えて，彼の知識に欠けているところを認識させることができる．この欠点が補充されると，生徒は最初よりもうまく読めるようになる．会話体の音読は，クラスの生徒にそれぞれの役を配分して行うと，興味も湧き，自然な強調や音調を学習促進する容易な方法として用いることができる．

　それから斉読（reading in unison）も無視してはいけない．これは一度にク

ラス全体の注意を引く利点があり，生徒が独りで読むときよりも外国語の発音練習を多くすることができる．教師はもちろん一人の生徒に読ませている時ほどに制御することはできないが，それでも決して制御できないというのではない．訓練によって，教師は全体のコーラスの中から一つの間違いを見つけ出すことができるようなり，その間違いがどの辺りから聞こえてくるのかもほぼわかるようになる．そして，疑わしい生徒に独りでそのむずかしいところを読ませることができるようになる．同様な性質をもつ補助手段として唱歌(singing)がある．クラスによる合唱は，有益であると同時に授業を生き生きとさせる効果をもたらし，単語を記憶することがより容易になり，発音も改善する．

　生徒が何度も音読すればするほど，単語や特に語結合が記憶により深く刻まれる．教授組織全体をこの経験に基づいて行った試みがある．プァイル(Pfeil)氏の方法がそれで，その方法は単純なもので，文法も必要としなければ，母国語からの翻訳もない．一度に一言語のみを扱い（原則として，週に 6 時間以上）全速力で行う．そして，まさに最初からある作家の作品を取り上げる．まず初めに教師が数行を音読し，ついで生徒が音読する．必要ならば数回音読する．然る後に，教師が一語一語を翻訳する（この時母国語の文構造は無視し，表現上の細かい言い回しなども翻訳しない）．そして，生徒が同じ方法で翻訳し，その後に同じ時間内にもう二度音読し，次の時間の冒頭にももう一度同じところを音読する．そして，月曜日ごとに生徒はその前の週に習ったところすべてを音読する．これに留まらず，このような方法で分割して学習した後に，本全体あるいは本の多くの節を音読させるのである．翻訳は，誤解の恐れがないときには省略する．簡単な文の場合には翻訳なしですませ，前に述べた回数音読をさせる．このようして外国語の文を繰り返し音読する間（生徒は意味を理解してから，少なくとも 4 回音読する），母国語はいわば自然に背景に退き，外国語の慣用表現が記憶に深く刻まれるのである．プァイル氏によれば，この教授法によって，短期間でよい結果を得たとのことであるが，この方法は私的教授においてのみ用いられ，クラスの授業で試されることはなかった．

　この方法は，しかしながら，まったく生気のない機械的な方法だと言う人もいるであろう．そうではあるけれども，何か意味があるものを何度も音読することが，意味のないものを何度も翻訳するよりも本当に生気のないものだと言えるであろうか．ただし，この方法はあまりにも単調すぎて，学校における教授には向いていない．しかしこの教授法にもっと多様性をもたせることができるならば，同等のあるいはそれ以上の効果をあげることができるであろう．す

でに述べたことからわかるように，プァイル氏の方法は私の案からはいくつかの点で逸脱している．そこで，彼の案から学ぶべき二三の点について注意を向けておくことにしよう．第一は，不必要なときにはできるだけ速やかに翻訳を廃棄すべきであること，第二は，最重要の目的，すなわち，生徒に外国語の表現が使用できるように教え込むためには，多くの反復練習以外に方法がないということである．

　初歩の段階では，生徒が音を聞き取って模倣することが非常に重要であるので，発音の反復練習は生徒にとって文を記憶する助けとなる．教師は生徒に発音練習をさせる前に，生徒が各文の意味を理解していることを確認し，そして生徒がそれを忘れていないことを確認しておかなければならない．そうでないと，ことばが意味のない単なる音（sound）になってしまうからである．

　もちろん後になれば，発音訓練のためだけの反復練習はそれほど多くは必要でなくなる．その時には，テキストを暗唱させるようにしてもよい．ただし，これには危険が伴い，生徒が意味に顧慮せずに，テキストを生命のない単なる語の連続として暗記することがある．特に教師が日常お決まりのこととして暗唱させるとそうなってしまう．しかし半年に一回あるいはもう少し頻繁に，各生徒に文章を割り当てて暗唱させるのは有益である．生徒が読んだところから自分で暗唱する部分を選ばせてもよい．生徒にはそれを立派な発音と正確な表現で復唱するように求める．オウム返しのようではいけない．主要な点は，生徒が意味を見失うことなく十分にテキストに注意を集中し，それによってテキストに精通し，最後には，直接暗記するように命じられなくても，ほとんど完全に暗記している状態になることである．この訓練は同時に次のような方法で行うこともできる．つまり，テキストの内容をなぞるようにではなく，内容についてたくさんの事柄を生徒に言わせるようにして，その結果いつの間にか自発的に外国語を使って話す力がついているようにするのである．

　教師はその日の課を一文ごとに発音し，生徒に反復させるのがよい．その時，生徒は本を閉じていて，教師がある文を読むとき，生徒の誰が反復させられるかはわからない．この方法では，いつも自分の番になる可能性があるので，次は自分の順番ではないと生徒が安心して，注意が散漫になってしまうのを防ぐことができる．例えば，次のようになる．

　　教師：　Man is mortal. Kato, repeat it.
　　加藤：　Man is mortal.
　　教師：　Ito, you repeat it.

伊藤：　Man is mortal.

　変化をもたせるために，教師が最初に指名した生徒が，次の生徒を指名するようにさせるのもよい．

　さらに次のような方法がある．教師がある文を音読し，ある生徒に Translate it. と指示する．そして，その生徒が翻訳し終わると，別の生徒に Repeat it in English. と指示する．これは同じ生徒に翻訳と復唱の両方を行わせるよりもよい方法である．というのは，別々の生徒に行わせると，同一の生徒が行う場合と異なって，生徒が日本語の発音方式から英語の発音方式に急激に変える必要がないからである．あるいは，文章全体を音読してから，教師が一文ずつ翻訳し，それを生徒に英語で言わせるようにする方法もある．これはこれらの方法の中で最もむずかしいものであるので，注意して用いるべある．というのは，生徒は，与えられている英語を思い起こさずに，安易に翻訳する（日本語の型にならって英語を構築しようとする）誘惑に駆られる傾向があって，その結果，母国語から外国語に翻訳するという旧式の方法がもつ危険性のすべてを犯すことになるからである．したがって，この種の練習は時おり用いるに留めて，生徒が教材をほとんど英語の形式で憶えているときにだけ使用するのが最上の策である．これらの訓練の一つの変化形として，生徒一人一人が行うのではなくて，クラス全体が文を一斉に反復する方法もある．

　これまで，口頭で発せられたことを生徒が口頭で繰り返すことを仮定してきた．もしその繰り返しの文を書き取らせると，それは書き取り（dictation）である．これは決して無視してはいけない練習であって，これまで述べた方法とある程度並行して，様々な方法で実行することができる．教師がある一つの文を音読してもよいし，生徒が音読してもよい．音読は一度で十分かもしれないが，時には教師が二回音読してもよいし，また教師が一度読んで，次に生徒がそれを繰り返してもよい．その後に書き取らせる．書き取らせる文は，初級では読本から引いたもの，中級では読本から引いた文に少し変化を加えたもの，学力の進歩した生徒にはまったく新しい文を用いる．（この場合でも，量は少なくするのがよい．というのは，書き取りはそれによって新しく何かを学ぶ作業ではなく，それまでに学んだことを確認する試験にすぎないからである．そして，我々が経験から知っているように，生徒が書き取りのときに犯す誤りは，生徒が書いたのであるから疑いもなく生徒の記憶に根ざしていて，教師の訂正によっても容易に消し去ることができないものである．）書き取りは黒板に書いてもよいし，ノートに書いてもよい．一人の生徒が黒板に書き，他の生徒がノートに書いてもよい．時にはクラス全

体で訂正をしてもよい．書き取りは，音声表記で書いても，普通の綴り字で書いてもよく，後で両方を比較するのもよい．

　最後に，書き取りは後で述べるいろいろな練習と組み合わせて用いてもよい．ある問いを出して，生徒にはその問いと答えの両方を書き取らせる．あるいは，ある一人称の文を生徒に書き取らせ，次にその人称を他のすべての人称に変化させるのものよい．書き取りの利点は，第一に，話し言葉を素速く鋭敏に理解する訓練となること，第二に，生徒が理解していることを確かめる効果的な方法を教師に提供すること，第三に，一般に生徒は自分が一度書いたことはかなりよく記憶すること，などである．一方，書き取りの不都合な点は，書く作業すべてがそうであるように，口頭訓練に比べて時間がかかることである．「引っかけ」(catches) を伴うような書き取りは，教師の品位を汚すものであることは言うまでもない．

（解説）　本章では，翻訳，音読，書き取りの三つの項目について，それぞれの意義と指導法について述べている．翻訳については，できるだけこれを避けて，理解しているかどうかを確かめるためには，翻訳以外の方法を用いるのがよい．どうしても翻訳をさせたいときには，生徒に文章を音読させることなく，直ちに翻訳させることが最善の方法であり，内容の理解を確かめる最も信頼のおける方法である．翻訳の際に内容が理解されていることが明らかであれば，母国語の不自然さはあまり問わないのがよい．そして，精密な翻訳は特別な技術として別に教える必要があり，一般の英語教授においては翻訳はできるだけ避けるべきである．

　音読は，規則として，繰り返し練習させることが必要であるとして，その重要性を強調する．音読の際には，生徒が文の意味を理解していることが重要であり，この確認を怠ると，音読が意味のない単なる発声練習になってしまう．音読は，発音練習のほかに，単語や語結合を深く記憶するのに役立つ．

　書き取りには，話し言葉を素速く鋭敏に理解する訓練となること，生徒が理解していることを確かめる効果的な方法となることなどの効用があるとして，その重要性を指摘する．

　ここでは音読の重要性に注目しよう．日本の英語教育では音読はあまり重要視されていない印象を受ける．音読の重要性は，国弘正雄の『英語の話しかた』や『ぜったい音読』のシリーズで繰り返し強調されているが，日本の英語教育では音読についての関心は高くないように思われる．音読は発音練習と考えられがちであるが，これだけに留まらず，もっと大きな効用をもっている．

まず，発音練習の視点から見ると，発音は脳からの指令によって口や舌や声帯の筋肉が動く運動である．ダンベルを持ち上げるときに使う筋肉とジャンプをするときに使う筋肉は異なるが，これと類似のことが日本語と英語の発音の違いにも当てはまる．本文中に「反復練習を別々の生徒に行わせると，生徒が日本語の発音方式から英語の発音方式に急激に変える必要がない」という記述があるが，日本語と英語の発音方式には，筋肉運動にかなりの違いがある（III. 岡倉第13章の解説（p. 80）も参照）．したがって，日本人が英語の発音をするためには，英語発音用の神経回路を新たに確立する必要があり，そのためには発音の反復練習が不可欠なのである．

　さらに，音読には語や句や文を暗唱しようとする努力なしに暗唱した状態に導く効用がある．意味や文構造に十分な注意を払いながら音読を何度も繰り返し行うと，あたかも，反復練習によって運動能力が身体の一部に刻み込まれるように，語や語連結が頭脳に深く刻まれて運用の中核をなす知識を形成する．反復音読の結果として記憶したものは，意図的にあるいは強要されて暗唱した場合と異なり，身体の一部となって残り，容易に忘れない．音読の反復回数は5回や6回では極めて少ない．10回とか20回が当たり前であると考えて，家庭学習の課題として課すとよい．音読は，語学教育においてもっと重視されてよい活動である．特に中学校のレベルではそうである．なお，教師が音声学の全体的知識を得ておくことが必要であることは言うまでもない．そのためには，小振りな音声学の本を一冊読めば十分であるので，是非一読されることを勧めたい．

第7章　語法教授上の要点（その一：数字の指導，文の変換）

　この章では，生徒がそれまで書物では読んだことがなく，ちょっと前までは聞いたこともない事柄を外国語で言わなければならないような様々な練習について見ることにしよう．そのような練習の中で最初の最も簡潔なものは数の練習である．数年間英語を習っても，英語の数詞をまったく習得していない生徒を見ることはまれではない．彼らは日付について大いに困難を感じている．その原因は何であろうか．その理由は簡単である．学校では英語の数詞を翻訳したり，それを読む練習がほとんど行われていないのである．この種の語に関しては，最も拙劣な翻訳法が用いられ，それによれば，生徒は一定の規則に従って英語で書くことを要求されているだけで，外国人がそのような場合にどのように表現するかを見聞する十分な機会を与えられていないのである．家庭での

予習で，1793をどのように読むべきかをわざわざ調べるような学生はよほど真面目な学生だけであろう．

　これは改革を必要とする問題で，しかもその改革は極めて簡単である．初級向けの教科書では，アラビア数字をなくして，すべてフルスペリングで表すのである．そして，後述するような方法で数字の練習をたくさん行えば，生徒が教科書を卒業して，文学作品を読むほどに進歩したときに，文中で出会う数詞のすべてを流暢に正確に読むことができるようになっているであろう．

　数の練習には英語を十分に知っている必要はないので，最初期の段階で一二ヶ月もすればその練習を始めることができる．その練習では教師は数詞だけの練習に留まらず，単語や発音の練習もさせるのがよい．質問はクラス全体に対して行い，教師が答えるべき学生を指名する．答えは問いの部分も含んでいるような答え方にさせるのがよい．例えば，

　　教師：　Three and six are, Hosokawa?
　　細川：　Three and six are nine.
　　教師：　Repeat it, Yamazaki!
　　山崎：　Three and six are nine.
　　教師：　Three and nine are, Kusaka?
　　日下：　Three and nine are eleven.
　　教師：　You are mistaken. Is it right, Sato?
　　佐藤：　No, three and nine are twelve.

のような会話を行うのである．この他に教師は計算問題を与えるのもよいし，外国通貨に慣れ親しませるのもよいであろう．教師はこのような練習に数時間当てることを恐れてはならない．その後では時々練習のために数分割くのがよい．もちろん算数を教えているのではないから，簡単な加法とか乗法で十分である．時には変化をもたせるために，生徒間で問答させるのもよい．

　語彙の復習の時にも，数詞を入れるとよい．その際，生徒に一定の順番で実数を数えさせ，その課でそれまでに用いられていない数字を順番に思い出させるのである．生徒がお互いに負けないように争う様子はしばしば滑稽なほどである．ある生徒がそれまで言及されなかった単語の一つを言うと，以前にはできませんと言った生徒が，突然に一連の単語を思い出すようなことがしばしば起こる．一つの思想がそれと関連するもう一つの思想を呼び起こすのである．最も重要な練習の一つは，読んだ文を疑問文に変換し，それに答える練習である．この練習はかなり初期から始めることができるが，教師は生徒に完全な文

の形式で答えることを常に厳格に要求しなければならない．生徒が Yes とか No とか，あるいはそれに類する答えで立派にやっていけるようなみっともない活動は不要である．最初の段階で特に重要なのは，生徒が練習に慣れて巧みに流暢に参加できるように，教師は生徒にできるだけ多くの質問をすることである（簡単な文からでもたくさんの疑問文を作ることができる）．初学者を対象とするときには，教科書の原文からできるだけ離れない疑問文を作ることが最もよい方法である．そうすれば，生徒はほとんどあるいはまったく変更を加えることなく答えることができる．この練習では，生徒が文を暗唱していると仮定されていないが，練習を通して，生徒はその文を完全に自分のものにしてしまうであろう．生徒に自信を持たせ，最初から負担がかかりすぎないようにするために，最初の数課は教科書を開いたままにさせておいて，生徒が疑問文に対する答えを憶えていないときには，それを教科書中に探し求めることができるようにするのもよい．次に教科書を閉じて，同じあるいはほとんど同じ質問に答えさせるのがよい．もちろん，最初の数回の練習では，教師が同じ質問を数名の生徒に順次当てるのもよい．まったく最初の時には，練習がどのように進むのかを生徒に示すために，教師が疑問文とその答えを板書するのもよい．

　練習の間に生徒が文を暗記したからといって，教師の質問に対する答えが機械的になるということはない．というのは，生徒は疑問文の形式を考え，答えるべき部分をよく考え，語をどのように配置し，構造をどのようにするかを考える必要があるからである．もちろん，生徒が自発的に原文の語を少し変えたり，名詞を代名詞に変えたりすると，教師は満足するであろうが，原文からあまりに離れた答えをするようには奨励しないほうがよい．しかし時が経つにつれて，教師は生徒に個人的事柄についての質問や興味をもっていることについて質問するのがよい．そのような質問に，生徒は，一つには外国語がわかったという嬉しさと，もう一つには外国語を使う機会が与えられたという喜びで，答えるはずである．もし文章中に king という単語や国の名前が出ていれば，教師は Who is the king of England? などと質問するのもよい．

　初めのうちは，質問するのは教師だけであるが，しばらくしたら生徒同士で質問をさせるのも変化があってよい．それによって生徒は疑問文を作ることを学び，実際に言語を運用するときには，問いを発することが問いに答えることと同じように重要であることを理解する．ドイツの学校では，この案に基づいて文法範疇と関連する組織的な練習を行っている．教科書中のある文について，生徒はまず主語の疑問文を作り，次に動詞の疑問文を作り，次に目的語の疑問文を作る，等々である．例えば，The mother of John broke her kitchen-

IV. オットー・イェスペルセン著『外国語教授法』

pot. という文で,教師が主語の疑問文を要求すると,生徒 A は生徒 B に Who broke her kitchen-pot? という質問をし,動詞の疑問文なら What did the mother of John do? の質問をし,目的語なら What did the mother of John break? と質問する.初学者の文法上の困難点を補うために,いくつかの文を板書して,必要な語に下線を施すのもよい.後になれば,教師は生徒の一人に読んだ文章中のすべての文を,もちろん変換できるものに限られるが,例えば目的語の疑問文に変えるように指示することもできる.その各質問に対して,教師は別の生徒に指名して答えさせる.次に別の生徒に同じ文章を(あるいは次のパラグラフの中の文を)主語の疑問文に変えさせる,等々.もちろん,教師は単に文の機械的な変換を許しておくのではなくて,生徒には常識を働かせて,自然な会話では起こりそうもない疑問文は作らないように求めるべきである.

生徒自身が質問をするときには,教科書に書いてあることに従う以外に方法がないのは自然なことである.したがって,いつも生徒に質問させておくのはよくない.教師はマンネリにならないように注意することが必要であり,小さな点の質問や文章の要点を含む包括的な質問など,教師の方がむしろ頻繁に質問するのがよい.ただし,質問があまりにも包括的であると,生徒の負担になったり,まったく空虚で無意味なものとなってしまう.さらに,質問が包括的すぎると,練習自体が萎縮してほとんど無意味になってしまう.というのは,一頁全体に対して二三の質問に留まることになり,教材自体がもっている力強く詳細な印象を失ってしまうからである.質問はとりわけできるだけ自然になされなければならない.

この問答練習を用いて,生き生きと臨機応変に,生徒の視点を考慮した正しい方法であらゆる可能な問答が尽くされると,教師は外国語で生徒に対して話かけるばかりでなく,外国語で生徒と会話をする機会をたくさんもつことができるのである.この問答練習では「生徒のいまだ理解していない言語で生徒に話しかける」(これは学習初期の段階で会話練習を奨励することに対して懸念をもつ人々からしばしば表明される心配である)ことはなく,最初の段階から,生徒が理解できないことや適切な答えが出せないようなことは何も話されていないことに注意して欲しい.

この練習をしていると,教師はいつの間にか教材を繰り返して語ることになる (renarration).この練習では,質問は単文で答えることはできなくて,答えに少なくとも内容のある数行の文を要するように作られている.したがって,答えに徐々に長い文を繰り返すことが要求される.もっとも,初期の間

は，既習の文や問答によって詳細に練習された文だけを繰り返すことになるが，後になってくると，それまでに練習したことのない文章を用いることもできる．教師が（あるいは生徒の一人が）まず音読し，必要とあれば数回繰り返し音読し，その後，口頭あるいは筆記で，あるいは最初は口頭で，次に筆記で，できるだけ多くの部分を繰り返させるのである．あるいは，生徒に十分か二十分の猶予を与えて黙読させ，残りの時間でその中で憶えていることを書かせる方法もある．このような練習は母国語の教授で広く用いられていて，非常に有益であることが認められている．というのも，このような練習は，理解力を鋭敏にし，特に本質的なものとそうでないものを見極める能力を養うともに，言語的技術，つまり表現手段の形式的運用能力［文法などに係わる能力］を養うからである．その理由は，原本で用いられている言葉の多くが，それを繰り返すうちに知らず知らずに頭に入り込んでいて，ついには繰り返している人の所有となるからである．生徒の学力がはるかに進んだ場合にも，この方法が有益であって，読んだものの報告書を書かせるとか，単に小説や歴史の一部を簡単に繰り返すだけでなくて，哲学的論評や批評における思想傾向をまとめさせるのもよい．［これは大学か大学院レベルの学生が対象である．］

多くの教材はいろいろな方法で作り変えること（reshaping）ができ，それによって文法関係を学習し，同時に単語や文構造を復習することができる．例えば，単数形をすべて，複数形にして意味が通る場合には，複数形に変える．それが終わったら，生徒はその教材を音読するが，その際各語について，複数にできるかどうか，複数にしたらどうなるかを思い出しながら読むのである．文脈によっては，名詞，形容詞，代名詞，動詞も変える必要がある．時を now から yesterday へ，today から in a week へ変更すると，動詞には多くの変更をもたらすであろうが，副詞に変更があることはほとんどない．人称を変えることもできる．例えば，主人公の Peter の代わりに生徒が主人公になると，he は I に入れ替わる．第一人称から第三人称への変更は，直接話法から間接話法へ変換する際の時制の変更と容易に結びつけることができる［話法の変更には時制と人称の変更が伴う］．例えば，"Well, Mr. Honda," said Tanaka, "what are you going to do tomorrow?" "I don't know," said Honda. の文は，Tanaka asked Honda what he was going to do the following day and Honda answered that he did not know. に変更することができる．ドイツ語ではこの種の変更は人称，法，語順などの複雑な変更を伴うので，英語の場合よりも後の段階で練習するのがよいが，間接話法から直接話法への変更はそれほどむずかしいものではない．

能動態から受動態への変更は注意して行う必要がある．というのは，意味の変更なくして変更できる場合は比較的少ないからであり（その理由は簡単には説明できないが），また，受動態にできない文も多くあるからである．同様に，否定文を肯定文に，あるいはその逆の変更が可能であって，しかも無意味とならないような文を含む一節はそんなにあるものではない．したがって，態の変更や否定・肯定の変更は，一般に教師がその教材から選んだ単文を用いて行うのがよい．このように注意して文を選択すれば，この練習方法は大変有益である．

　従属節（例えば関係節，副詞節など）を独立節に書き換えるとか，あるいはこの逆の書き換えもできるし，その節の思想を様々な異なる方法で結びつけるような，さらにもっと複雑な書き換えもできる．

　もちろん，この種の練習を組み合わせて行うことも可能である．例えば，ある生徒に音読させて，文の終わりで，その文をどのように変更するかを指示し，答えるべき生徒（本を閉じている）を指名するのである．教師はこれらの練習が一定の決まった方式に従って行われる単なる機械的な操作にならないように注意すべきである．新しく作られた文が意味のある文かどうかを絶えず考えるように生徒を訓練する必要がある．それによって，生徒の言語感覚と論理的力の両方が同時に磨かれるのである．

（**解説**）　本章では，数字と文変換の練習について述べている．数字については，簡単な足し算や引き算を用いて数詞に親しむ指導を紹介し，日付や年号に関する指導の必要性に言及している．文の変換には，内容の理解を確実なものとし，文法関係を学習し，同時に単語や文構造の復習ができるという効果があると指摘する．文変換の例として，疑問文形成とそれに基づく問答の訓練，否定文の形成，人称の変更，話法の変更，態の変更，従属節を独立節に書き換えることなどをあげる．この中で疑問文形成とそれに基づく問答練習について詳述し，この問答訓練によって，その文の運用ができるようになるばかりではなくて，教師と生徒，生徒と生徒で会話をする機会を多くもつことができて，自然に運用能力を訓練できると述べる．

　数字に関しては，年号，日時，住所番号，ホテルの部屋番号，電話番号などの身近な数字の読み方については，初級の段階で指導しておくのがよい．私が中学生だった頃には，時刻は It is half past ten. とか It is a quarter to eleven. という表現で教わり，half や quarter の綴り字を憶えるのに苦労した記憶がある．現在では It is ten thirty という簡潔な表現となっていて，数字指導のよい

材料となる．アメリカにいるときに，住所表示の Sycamore Street 1010 を Sycamore Street ten ten と言われてびっくりしたことがある．基本となる読み方以外にいろいろな読み方がある．

　教科書中の文を疑問文に変え，それを基に問答をすることは，内容理解を促進し，文構造を学習し，さらに会話の練習にもなる点でよい訓練方法である．人称の変更による言い換えの練習は，代名詞の指導の時には役に立つ方法である．しかしながら，話法の転換は意味のある練習とは思われない．練習問題として参考書に上がっているが，現実世界において，話法の転換は試験問題以外では起こりえない．それは文法規則ではないからである．文は初めからそれぞれの話法で作られるに過ぎない．江川泰一郎は『話法』（研究社）において，話法の変換は文法の問題ではなくて英作文の問題であると述べているが，その通りである．直接話法で tomorrow を用いうるところを，間接話法では the following day を用いるのは原文がそのようになっているからにすぎない．話法の変換を教えることは生徒に無駄な負担を強いているに過ぎない．

　これに対して，疑問文や否定文の形成，態の変換は文法規則であるので，この変換は教えなければならない．これらは基本となる肯定文から形成されるものであり，もともとそのままの形で存在するのではない．例えば，受動文には必ずその基になる能動文が存在し，能動文から変換によって受動文が得られる．ただし，その逆に能動文があればそれに対応する受動文が常に存在するとは限らない．受動文と能動文は基本的に意味は同じであるが，そのどちらを使うのかは環境によって決まってくる．能動文ではなくて受動文が用いられる機能上の理由を説明することが大切で，それによって生徒は情報の流れ（文脈の流れ）について理解し，受動文の理解がさらに深まる．（拙著『実例解説英文法』（開拓社）第 15 章を参照）

　関係節や副詞節などの従属節を独立節に書き換えることは文の解釈と構造理解には役に立つ．ただし，分詞構文を副詞節に変換して説明することには問題がある．そもそも，分詞構文は副詞節でうまく表せない意味を表す場合に用いられるのが基本であるので，分詞構文を接続詞をもつ副詞節に変換して教えることには基本的に問題があるのである．むしろ，分詞構文は，（表面上主語がなくても意味上の主語があるとみなして）主語と述語をもつ文であると説明し，その意味は主節の意味と分詞節の意味の関係から文脈によって決定されると説明するのがよい．さらに，動名詞節，不定詞節，分詞節（分詞構文）はすべて主部と述部を備えた文であって，that 節と異なるのは，時制の有無と意味上の主語を許すかどうかの点だけであると教えるのがよい．（拙著『実例解説英文法』（開

拓社）第 8 章「不定詞節」，第 9 章「動名詞節」，第 10 章「分詞節」を参照）

　文変換の練習には様々な利点があるが，単に機械的な変換操作に陥ってしまうことがないように，新しく作られた文の意味を生徒に絶えず確認させることが是非とも必要である．

第 8 章　語法教授上の要点（その二：機械的暗記の弊害，活用形や形式の練習法，和文英訳）

　これまで外国語の文法を生徒に訓練するときに用いる方法についてかなり論じてきた．次に，まずピーターセン（N. M. Petersen）の『北方言語学』から引用して，この主題に関する私の議論を紹介したい．

　「方法に関しては，人工的なものは捨て去って，自然なものを採用しなければならない．人工的方法によると，まず行うべきことは，生徒に文法を教えることで，文法は断片的になっているので，それを少しずつ詰め込むのである．そうすると，生徒の頭には，お互いに関連のない，この世に関係するものを何ももたない文法の表（paradigm）と単語が詰め込まれる．そして，そのような単語の中で，読書中に時おり目にするのは，その中の半分しかなく，いくつかは決して出会わないものである．このような堕落した方法に対して不満が寄せられてから久しく，いくたの嘆息がもらされたことであろうか，いかに多くの見苦しい結果が生まれたことであろうか．一方，外国語学習の自然な方法とは練習によるのである．これは母国語を習得する方法と同じである．生徒はその要素（elements）に親しみ，いわば，それらをまるごと頭の中に吸収する．その後で意識的に一つ一つの部分に分解し，その部分と部分の間の特別な関係を説明するのである．生徒はどれが主語か目的語かを知らずに文全体を作りあげ，時制や格について何も知らないままで，文の各要素に正しい語尾を付けることを徐々に見つけ出すのである．このことから得られる論理的帰結は，一般に十歳から十二歳の子どもに外国語を教えるときには文法から始めてはいけないということである．学校における初めの数年間は，生徒に単に材料を与えるだけでよい．生徒は経験を積むべきであって（これは子どもの最大の楽しみである），それについて思索すべきではない．」

　ピーターセンがこの金言を吐いてからすでに半世紀が経過しているが，旧態依然の文法教授法は，くだらない手続きと規則と例外と共にいまだに生き残り，繁栄している．これをスペンサーは「子どもに文法を教えるというあの馬鹿げた慣行」と呼んだ．数年間我々の学校でドイツ語を学んだ生徒の中で，躊

踏なしに um を正しい格と結びつけることができる生徒はほんのわずかであるのに対して，durch für gegen ohne や wider のような語をオウムのように繰り返すことのできない生徒はさらに少ないのである［役に立たない表現をよく憶えていること］．しかし奇妙なことに，このような事実が現前にあるにもかかわらず，これらのくだらない文法上の手続きが，子どもが数え遊びの時に使う eeny meeny miny mo ということばと同様に，ほとんど価値がないという事実が，一般には認識されていないのである．文法の中で，このような機械的暗唱によって学ぶことができるのは数詞だけである．

　もちろん，機械的暗記によって習得した変化形 (paradigms) も，くだらない範疇に属するものである．「変化形は必ず学ぶ必要があるが，くだらない方法によって機械的に暗唱して学んではいけない」(ピーターセン)．つまり，単語相互の関係や文中における関係を考えないで，単語を単に単語として何度も繰り返すのは不注意で愚かな方法である．多数の少年少女が，mourir, mourant, mort (die のフランス語の活用)，je merus (I die)，je mourus (I died) と朗唱しているが，その中のどれだけの生徒が，あるいは教師さえも，je mourus (I died) の形式が（実生活の会話で）実際に使われることがあるかどうか考えてみたことがあるだろうか．恐らく少ないことであろう．もちろん je mourus (I died) のような形式を排除するのが目的ではない．間違っているのは，その組織である．vivre (=live)，vivant，vécu，je vis，je vécus の形式にはそれぞれ意味があるが，これらに対しても，私は je mourus (I died) の形式と同様に反対する．このような外国語の教授法に反対する理由は，この方法が我々を望ましい目標に導くことがないし，またできないからである．我々が戦おうとしている主たる不条理は，文法を教えるために関連のない単語の集合を使用することであり，それが教科書に蔓延しているのである．

　（言語学には素人の）大人が学校の外国語の授業で受けた内容をどの位憶えているかを調査すると，面白い結果が得られることが度々ある．極めて普通に見られることは，例えば前置詞がどの格を支配するかはほとんど憶えていないが，授業で教えられたくだらないことは一般によく憶えている．彼らは，der buchstab (=character)，der friede (=peace)，der funke (=fire) や das bad (=bath)，das bild (=picture)，das blatt (=leave) などの断片はたくさん知っているが，どうしてこんなことを学んだのかとか，それが何の役にたつと思うかを尋ねても，答えることができない．これらのくだらないことは，実際何の役にも立たないのである．

　このような文法上のくだらないことは，どのように改良されても，ほとんど

価値のないものであり，物事を考えないで機械的に学んだり言ったりする習慣をつけるだけである．これらは旧式の教育学の残骸であって，そのような教育学では，どんな科目でも生徒が教科書の言葉を暗唱していれば，教師は満足し，理解とかそのような近代の発明品［新しい概念］については誰も考えが及ばなかったのである．

「生きている」とか「死んだ」という表現がしばしば言語や語について用いられるが，これらの表現を使う人も，それがどのような意味であるかをいつも考えているのではない．言語は人の精神（頭脳）の中でのみ生き，また生きることができる．そして，精神の中で生きているとは，言語の構成部分がある概念と結びついていることである．ある概念と結びついているとは，その語を聞くとその概念が想起され，一方，その概念を表わしたい，あるいは自分だけで考えているときでも，その概念に対応する語が想起されるということである．ところが，概念は互いに結合した状態でなければ存在できない．まったく孤立した概念は無と同じである．語に関しても同様で，語がその自然な環境から引き離されてしまうと，それは衰弱し，ついには語としての通常の機能を果たさなくなる，つまり概念を呼び起こさなくなる．したがって，くだらない変化表の中にある孤立した語は，語の幽霊か屍である．jewel, stone, cabbage, knee, owl, toys, louse のような語を一団と見て，頭の中に何か完全な絵ができるだろうか．それは，ラテン語の amo, amas, amat, amamus, amatis, amant やその他すべてのこのような型［語の列挙］と同様に，言語の生命に関する根本的心理法則［言語は要素と概念の結びつきであるという法則］が働いて，単に空虚な音の反復としか見られない［上記の jewel 以下の単語の間に相互の関連がなく，まとまった概念が想起されないので，単に音の反復としか見られない］．今や我々は，分別のある人がその著書に We are not here. のような文をあげる心理的理由を理解するのである．精神が語を文法的現象として捉えることに占有されてしまっていると，語が概念を呼び起こす通例の力はかなりの程度減じられるのである．［here という語を単に場所の副詞という文法事項として捉えていると，それがどのような概念と結びついているかの理解が希薄になり，We are not here. のように文法的には正しいが意味をなさない文を作ってしまう．］

さらに，文法上の目的のために単語を他の要素と切り離して扱うと，生徒を明白な誤りに導いてしまうことさえある．生徒は，文法でフランスでは nobody は ne personne であり，never は ne jamais であると注意深く教えられ，後で ne personne partait (nobody spoke) とか il ne jamais parle (he never speaks) とか書くと，これは重大な誤りであるとして訂正される．このような

誤りは，間違った形式を教えられることがなければ，起こらない間違いである．現代のフランス語では，nobody は personne, never は jamais, not は pas である．ne は動詞と関連してのみ存在し，上記のように，動詞と切り離してそれだけを生徒に見せることも，教えることも，間違っているのである．語法上結合しているものを，文法が切り離すようなことは決してしてはならない．

　一方，単語が自然な結合状態にあると，正しい概念を構成するばかりでなく，他の方法でその活力を示すことがある．その活力とは，古い結合の型を基にして，新しい結合を生み出す力である．この力は単語が孤立していたのでは得られない．もし私が一定のタイプの語形成や文構造をいくども使用したとすると，それは私の心理メカニズムの一部となっていて，必要なときにはいつでも，同一の型に従って，つまり私が知っているものの類推（analogy）によって，新しいもの（新語の形成，新しい文の形成）を無意識に作り出すのである．これは丁度 hardest, cleanest, highest などの最上級をしばしば聞いたことのある英国人の子どもが，自発的に purest, ugliest, dirtiest の形式を，それを形成する規則を必要とすることなく，作り出すことができるのと同じである．英国人は give the man your hand とか I gave the boy a whipping. とか He gave his sister an apple. のような文を繰り返し聞いたり話したりして，無意識に間接目的語が常に直接目的語に先行するという規則に従って文を構成する．その際，文法上の名称［二重目的語構文］がなくても規則がなくても，例えば Will you give your father the money? の文をごく自然に言うのである．フランス人も同様に，Veux-tu donner cet argent à ton père?（＝Will you give this money to your father?）というが，これは彼が経験したすべての文で，直接目的語の後で与格が à によって示されているのを聞いているからである．［同じ意味を表すのに，英語では give A B（give B to A の形もある）を用い，フランス語では give B to A の形を用いるが，それは無自覚にこれらの規則を「知っている」からである．］

　この事は犯しがたい心理法則によって生じているので，母国語だけでなく，後に学習する外国語にも当てはまる．それ故に，我々が外国語を使用するときに，これらの典型的な形式を作り出す条件がいつでも使える状態になるとすぐに，これらの形式や型を無意識に作り出すことを避けることができなくなるのである．もしデンマーク人が，英語を学習しているときに，しばしば up here, in here, in there, out there のような結合を聞いたり読んだり，特に使ったりしていたならば，まったく自然に down there のように言って，自分

の言いたい概念を表現するだろう．here と there は他の場所副詞と結合してその後に置かれるという規則を前もって学習している必要は，まったくないのである．事実，我々が外国語を話したり書いたりするときに，それまでに見たこともない多くの規則や，さらには，それまでに文法家によって意識的に定式化されたことが一度もない規則さえも使っているのである．我々が，外国語のあらゆる部門において，母国語と同程度の自信を持つことができない理由は，一つには，置かれている状況がそれほど都合のよいものではないこと，また，一つには，母国語があらゆる機会に出しゃばって，母国語の型に従って文を形成するように我々を導く傾向があって，それが妨げになるからである．

しかし生徒が置かれている状況がこの無自覚の心的活動（心理法則）にとって好ましい状態になるにしたがって，我々はどのようにすれば外国語の各文が生徒に対して十分な効果を発揮し，生徒が言語を自分のものにできるかが分かるようになり，母国語を背景に押しやることができるようになる．もっとも，母国語を学んでいる幼児と同じような頻度で生徒が外国語の形式に接するような状況を作り出すことは，近似の頻度までだとしても不可能であるけれども，教授上のよりよい体系を用いることによって，かなりの程度までこれを補うことができる．生徒が言語の学習において言語の形式に接する機会は，幼児が話すのを学ぶ時に接する機会ほどには多くはないけれども，生徒が幼児に比べて年かさであり心的にも発達していることや，書き物や印刷物からの助けを受けることができることは有利な点である．

前章で述べた練習の多くは，基本的には文法のことであるが，我々は体系的方法を工夫して，型や形式の学習に自然に向かうような練習法をさらにもっと多く考えつくことは容易にできる．例えば，動詞の変化形をそれを憶えるためだけに練習することはまったく退屈な作業であるが，それを文中に取り込んで文全体として扱うと，直ちに興味ある有益な練習に変化する．一例をあげると，教師が黒板に I give one thousand yen to Alfred. という文を書き，生徒にすべての人称を使って活用させる．初めのうちは，動詞の変化形のすべてを一つ一つ書き出しておいてもよいであろう．それは生徒に記憶させるためではなくて，その配列を整えるためだけのものであり，生徒は正しい代名詞を前に置いて，その後に動詞を置き，one thousand yen to Alfred と続けるだけである．次の段階では，生徒に one thousand yen と Alfred の代わりに他の語を入れて，I gave one hundred yen to Tom. とか You give two hundred yen to Jim. とか He gave a book to John. とか We give pears to the grocer. のような文を作らせる．実際に生徒が行っている作業は，（意味をなすように）挿入す

る新しい単語を思いつくことであり，その結果，語彙を復習する一種のゲームになると同時に，動詞の変化形の練習になっているのである．もし生徒がたまたま There was not any man to talk with me. という文を言ったとすると，教師は not any を no に訂正してから一度読んで，それから生徒に何度も繰り返させるようにする．生徒を叱ってはいけないし，なぜこの場合に not any ではなく no を用いるかについて長々と説明する必要もない．この種の練習はもちろん種々の形に変えることもできる．My father gives me one thousand yen. の文を書いて，生徒にすべての人称に変化させる．この場合にはただ my と me を変化させるだけであるが，時制あるいはその他の部分を変化させることもできる．もっと複雑な文を用いて，代名詞と動詞の形を変えることによって，あるいは他の語を入れ替えることによって，動詞の活用を練習する方法もある．例えば，I have walked in company with my father. など．また，I am called … のような文では，生徒の実名，友人の名前，You are called … ならば教師の名前などを入れる．I asked my father to give me some bread. You asked your father to give you some money. He asked his father to give him some paper. They asked their father to give them some cake. のような例もある．もちろん，同様の方法で書いて練習する方法もある．例えば，*The father of Mr. Ogawa went to his sister's.* のような文の斜体部の語句を入れ替えて，5つの文を作るなどの練習をする．ただし，いずれの場合にも，用いる文は教科書にある文から連想できるものか，関連のある文であるのが最もよい．

　さて，この方法は，これまで私が反対してきた文法的に孤立した文を用いるもう一つ別の方法にすぎないのではないかと反論する人がいるであろう．旧式の練習問題に似たものを作れば作るほど，それらは目的に沿わないものになるであろうし，それらの練習問題があまりにも多く用いられると，それらは恐らく退屈な機械的な作業に堕してしまうということは私も認めるところであり，その限りにおいて，これらの人々の言っていることは正しい．しかしながら，節度を守って使用すれば，これらの練習は有益であり，単一の文を用いる旧方式とは異なる特徴をもっている．まず，使用されている文が教科書で読んだ文と関連しているので，意味上まったく孤立しているのではない［旧方式のように脈略のない単文の集合とは異なる］．翻訳は使用されないし，その必要もない．翻訳をしないので，練習全体が迅速に進む．文を作るのは生徒自身であるので，生徒は常に文の形式と内容に注意を払う必要がある．最後に，その結果として，練習が生徒にとって興味をそそる楽しいものとなる．さらに，このような練習は生徒に自発的に何かを言いたい気持ちを起こさせ，それによって，知識

を拡張したいという気持ちを抱かせる．生徒は文を書くときに必要なこの語あの語を，英語では何というか尋ねるであろうが，教師は常にそれに答えてやらねばならない．そして，（生徒がうわべだけで不注意に「単なるお遊びで」質問するという習慣に陥らないようにするために）生徒にその教えた語を憶えるように常に要求する必要がある．最後に，このような作業を通じて，生徒は文法を学ぶ利点を正しく理解するようになる．つまり，彼らの文法知識が単なる理論ではなく，絶えず有効な力に変換されること，そしてそれによって，文法知識を記憶することがより容易になることを正しく理解するのである．というのは，「学問において最後に我々が覚えているのは，我々が実際の利用法を見つけることができたものだけである」というゲーテの言葉は正しいからである．

　本書で推奨している練習において，生徒が作る文に誤りがあることはもちろんあるかもしれないが，その誤りがかなりひどいものであれば訂正する必要があるが，それが今練習しているもの，あるいは今しがた練習したばかりのものと関係がないのであれば，できるだけ細部には立ち入らず，理屈も言わないようにするのがよい．生徒がほとんど誤りをしないような多くの練習問題をつくることもできるし，それは価値のないことではない．それどころか，最上の練習問題となるのである．というのも，生徒が正しく作ったり言ったりする文はすべて，言語のよい習慣を確立するのに役立つからである．しかし「予防は治療に優る」という格言がいかに好ましいとしても，誤りを阻止するのに躍起になりすぎるのはよくない．ドイツの最も有能な改革者の一人である Wendt は「生徒にとっては正しく話すことよりも，とにかく話すことの方が大切である」と言っている．

　このような方法は，完璧主義の人には心配であると感じざるを得ないであろうが，そのような人々を安心させるために，一つの報告を紹介しておこう．Klinghardt は改革派に改宗した人であるが，その理由は，長年にわたる精力的な努力にもかかわらず，翻訳方式で指導しても大多数の生徒に文法上の正しさを身に付けさせることができなかったからであると告白している．そして，彼が翻訳方式を放棄した後には，全生徒が，できの悪い生徒も含めて，文法上の正確さに達したということである．Wendt も，翻訳方式の練習で，文法上の正確さに関して得るところは何もないと断言している．

　生徒に母語の文を与えて外国語に翻訳させることは，人為的に面倒なことを作り出していることになる．生徒は母語に対して，少なくとも深く根ざした習慣 (habit) を習得しているので，ひどい陥穽（かんけい）には陥ることはないはずであるが，それでも外国語を母語に翻訳することがむずかしいとした

ら，母国語をいまだ精通していない外国語に翻訳することはさらにもっとむずかしいか，実際不可能であるに違いない．我々は生徒に誤りをさせるように導いておきながら，うんざりするほどたくさんの誤りをしないようにできるだけ努力をしているわけである．そのために，翻訳の手助けとなる理論的規則を立てて補足したりするが，その規則が実際に使うのがいかにむずかしいかについては少しも考えないのである．また，翻訳しない語には括弧をつけたり，正しい日本語と並べて，あるいはその下に，とても奇妙な日本語を添えて，逐語訳の参考になるようにしたりする．そして，このような尽力の結果はどうかと言えば，この方法に従って長年学習した末に提出される外国語の練習問題の解答が，常に立派なものではないことは周知の事実である．この方法が我々の目的を達成する手段でないことは，経験が明らかにしている．Storm が「現在の学校教育で最悪の最も無益な苦しみは，外国語教育で筆答練習［和文英訳］を過度に使用することである」と言っているのは正しい．

　この構成的（constructive）方法と明らかな対象をなすものとして，模倣的（imitative）方法がある．模倣的と呼ばれるのは，一つには，この方法が，幼児が母国語を習得する方法を真似ているからであり，一つには，生徒の自然な模倣的本能という極めて貴重な能力に基づいているからである．そしてこの能力は，それが働き始める十分な機会が与えられると，生徒に適切な言語感覚を与えるのである．この方法に対するモットーとして，「表と規則を捨てよ，正しいことを繰り返し何度も練習せよ」と言ってよいであろう．

（解説）　当時の翻訳方式は，相互に関連のない単文を翻訳し，そこにある文法事項を学習するというものであった．例えば，その文に give が使われていたとすると，give-gave-given のような変化形を文とは独立して，動詞の活用として教える，というものであった．このような活用形などをまとめて，表とか規則とか呼んでいて，活用形をこのように単なる表として教えることは，まったく愚かな方法であるという．活用形は最終的には習得する必要があるけれども，常に概念（意味）と結びつけて教えるべきであるというのが主旨である．動詞の活用形や代名詞の活用形を教えるときにも，常に概念と結びついた形で，つまり文中における活用形として，意味ある形で教えるべきであって，単に I-my-me とか bring-brought-brought のような表として教えるべきではないこと，その時に使用する文は，生徒に身近であって，教科書に出ているよく知っている文，あるいはそれに類似の文を使用すべきであると述べる．練習も，練習のための練習ではなくて，常に意味を考えて，有意味な言語活動とし

て行うことが重要であるという．

　母国語の習得を模倣した模倣的方法がよいと述べているが，言語習得が自然な形で行われるのは子供時代の一定期間に限られることが，神経言語学者のレネバーグ（Lenneberg）によって指摘されている．ある発達段階を過ぎると自然な言語習得は不可能になることを発見し，その時期を臨界期（critical period）と呼んでいる．臨界期には当然個人差があるが，年齢で言えば，ほぼ12歳前後であると言われている．これを過ぎると，母国語を習得するように，自然な形で無自覚に言語を習得することはできない．英語教育はまさにこの臨界期を過ぎてから始まるので，英語学習には多大な努力を必要とする．Petersenの引用文の中に，「外国語学習の自然な方法とは，練習によるのである．これは母国語を習得する方法と同じである」とあるが，母国語を習得するときには特に練習を必要としない．一方，外国語を習得するためには，「正しいことを繰り返し何度も練習せよ」（前頁）という以外に方法はない．

　和文英訳の練習について，否定的見解が述べられているが，この意見には反対である．極度にむずかしい和文英訳（例えば日本文学の翻訳など）を課すことは問題であろうが，話す・書くの基礎をなすのは結局英作文能力であり，我々の母国語が日本語である以上，和文英訳の能力が必要とされる．特にコミュニケーション能力を養うためには，口頭和文英訳の能力が不可欠である．したがって，学習した内容に関して，和文英訳を最後の仕上げとして練習することは必要である．これによって，習得した知識が活用できる段階にまで習熟されているかどうかを確認できる．このことは，わが国の英語教科書の源流となっている，齋藤秀三郎（1866-1929）の『英会話文法』（文部省検定教科書にも指定された）にあげられている練習問題のほとんどすべてが，和文英訳の問題であることからも窺える．（p. 121も参照，また同著者の『実用英文典』（開拓社，拙訳）も参照）

　細かいことであるが，生徒が犯す誤りは，それが当該の問題に関連するものでなければ大目にみるように助言している．日本では完璧主義が横行していて，細かい点を何度も注意されて，その結果発言をしなくなったり，英語嫌いになってしまった生徒の話はよく耳にするところである．（III. 岡倉第11章の解説（p. 75）も参照）

第9章　語法教授上の要点（その三：文法規則発見の手順，文法の扱い方，同意語，語彙集）

「ただし生徒は外国語を無意識に機械的に知るばかりではなくて，つまり自分の言いたいことを表現する方法を知っているばかりではなくて，その理由も知っていなければならない．」この主張に対しては，いままで普通に行われてきた文法教授を考えるとき，こだまのごとく「何故」と言わずにはおられない．

コペンハーゲンのある学校で，教師がフランス語名詞 mort（死）の性について質問し，さらにそれは何故かと質問したのに対して，生徒が「それはラテン語の mors からきたもので，mors は女性だからである」と答えたのに対して，教師は満足せず，それを訂正して「いや，それは例外だからである」と述べたという．この教師の愚かさには呆れかえってしまう．大抵の場合，文法教授の目的は，一定の見出しの下に文や語を分類し，記憶しやすいように，それらに名前をつけ，それぞれの規則を示すことである．このことは，当該言語についてほんの少しの文法上の知識があれば，大部分できることである．

文法を理論的に教えることが，言いたいことを文法的に表現する方法を生徒に教える最善のやり方であるという一般の迷信は，語彙の誤りを大目に扱うのとは対照的に，文法上の誤りは厳しく批判することと軌を一にしている．［文法至上主義の人は文法の誤りには厳しい．］

文法上の命題［規則や体系］は抽象的であり，専門家でも理解がむずかしいことがしばしばあり，ましてや生徒にとっては当然遙か地平線の向こうにあるものだということを我々は知っている．このことは，ほとんどの言語学者が，ほんの少しばかり込み入った規則に出くわすと，その要点を提示するために［説明によるのではなく］直ちに用例に訴える必要があること，さらに，文法家が十分に明解な方法で規則を述べることができないことがしばしばあること，などからわかる．それ故に，ある程度までいくつかの言語を理論的に研究したことがある（ほとんどの）人の間には，新しい言語の研究に取りかかろうとするときには，できるだけ伝統的，文法的，理論的方法を避けようとする傾向がある．従来から言われてきていることだが，我々はその言語を知ってはじめて，その言語の文法を学び始めることができる，というのは本当のことである．

我々の学校時代には，すべての科目において，出来合の体系が生徒の頭にたたき込まれ，その体系を通してのみ，その体系の基礎を形成している事実のいくつかを見ることができた．したがって，我々が独立した観察とか観察の分類に触れる機会は極端に少なかった．これと対照的に，最近もう一つ別の教授法

がすべての教授において目立ち始めている．その方法とは，子どもの身の回りにあって自分で観察できる事柄から始めること，子どもに観察方法を訓練し，観察結果を分類させ，結論を引き出させ，最終的には，時期が熟したならば，それまでの観察を基にして，いわば自然な形で，科学的体系が自ら立ち現れるようになるような指導方法である．指導原理は「こどもが自分で見抜くことができることは教えてはいけない」である．

　理論的文法はあまり早く取り上げてはいけない．取り上げるときも，出来合の表や規則を与えるような方法はよくない．例えば，ある節を読んで，代名詞に注意を向けさせるとしよう．代名詞が出てくる度に，それを板書する．そして，最終的には，出てきた種々の形の代名詞を，それらの間の自然な関係に従って，生徒に分類させる．このようにして，まったく自然な形で表ができあがるのである．

　もちろん，このような方法で教えるためには，教師は教えようとしている文法項目に，どの教材が特に適しているかを予め決めておく必要がある．その教材の中に，グループひとまとめとして教えたいと思っているすべての形式が入っている必要はない．もし表の中にない形式があったとしても，生徒は自主的にそれを補いたいと思うであろう．それによって，生徒は何か新しいことを学ぶ機会を持つのである．その欠けている形式が，既に読んだ部分に含まれていることもよくあることで，そのような場合，生徒が気づかなければ，教師がそれを含む文を指摘してやってもよいであろう．

　当然のことながら，極めて初歩的な事項については，文法規則や適切な変化表を得るのには，一二頁の教材を検討すれば事足りるであろう．初学者を扱うときには，教師はあまり大きな望みをもってはならず，このようなやり方で，例えば，ある動詞の変化形のすべてをとにかく一度に整えようとしてはいけない．これは必要なことではなく，一度に一つの時制を教えれば十分である．もちろん，伝統的な文法組織の奴隷となって，ある種の語のクラス全体を済ませなければ，次の語に移らないというようなことがあってはならない．今日は代名詞について少し，明日は動詞の現在時制について，また別の日には形容詞の比較変化について，というように，自然な流れで，教材に出てきた順序に従って，非体系的にこれらの文法の小断片を扱って悪い理由はまったくない．また，これらの項目の練習と練習の間にいくぶんかの時間の隔たりがあるとしても問題ではない．

　英語の教師は，かなり早い段階から，このような方法で助動詞 do の用法を調べて規則化する作業を始めることができる．かなり長い教材を読ませて，第

1頁は生徒のAとB，第2頁はCとDというように割り当てて，doが用いられている例をすべて書き取らせる．そのようにして集められた文をクラス全体で調べて，否定文ではない文を選び出す．その集められた文のいくつかを読ませた後で，教師はそれらの文に共通する点は何かを尋ねる．生徒の誰も答えない場合には，さらに多くの文を取り上げて，生徒がすべての文が疑問であることを発見するまで続ける．そして残りの文でその発見が正しいかどうかを検証する．その後ですぐに，それまで脇に置いてあった否定文の例を調べる．そして，すべての疑問文とすべての否定文にdoが必要であるかどうかが問題となる．そこで，以前に調べた頁を再度調べて，doが現れていない疑問文と否定文をすべて書き出させる．そうすると，次の時間には，その規則を最終的に定式化できるであろう．この方法は，文法の中で規則として学ぶよりも長い時間を必要とする．その通りではあるけれども，この方法で行う方が，何かを発見したという喜びを得ることは言うまでもなく，規則をはるかに良く理解でき，記憶にも残ることは確かである．そして，この方法は，調査をして結論を導く科学的方法の予備的やり方（preliminary practice）である．〔このような方法に対するスウィートの反論については，V．第10章「テキスト・文法・語彙の間の関係」を参照（pp. 216-7）〕

　むずかしい現象，特に統語上のむずかしい現象は，頻繁に生じるものではないので，上記のような方法で扱うことはできないが，その現象のいくつかは類推による方法で取り扱うことができる．フランス語読本の長い節を学んでいると，注意が，例えば，仮定法に向けられることもあろう．その場合，それぞれの仮定法の形式をノート，あるいは読本の余白に書き取らせる．一二週間後に，すべての仮定法の文を集めて大別させる．次の週には，類似の例にしばしば遭遇し，生徒は最近の観察を思い出し，それらの例がこれまでにない例であれば，新しく発見した例として，従来の観察を補うのである．しかし常に心に留めて置かなければならないことは，文法において見つけられた事柄の多くは，言語学者を除いて価値のあるものではなく，決して生徒が学ぶべきものではないことである．

　組織的文法は，初期の段階を除いては決して不必要なものではない．後のより進んだ段階になると，文法からの例を用いて，読みの過程で集められた例に欠けているものを補足することができる．教師はそれらの例を音読し，生徒が理解していることを確認し，生徒が規則を発見する手助けに使用することができる．そして，生徒が規則をうまく定式化したときには，文法書に記述されている規則と同じような形式になっていることもあるだろう．文法書を端から端

まで一度に一節ごと教えることは，ここで述べた方法によって文法現象のほとんどを読みの中で扱うことが終了するまで，やってはいけない．そして，文法の検討は，この段階で行う方が，もっと早い段階で行うよりも，容易であるばかりでなく，さらに興味あるものとなる．組織的文法を教える主たる目的は，すでに学習していることの中で欠けている部分を補足すること，それまでに学習した内容を確認することである．

　文法をこのような方法で教えると，生徒はそれまでにしばしば抱いていた，作文で間違いをして惨めな成績をとらないために，恣意的に定められた一連の指示（instructions）を学習している，という感情を抱くことはなくなるであろう．むしろ生徒は，文法を，一定の条件下で生じる事柄を一般的包括的に観察した結果得られる自然法則と見なすようになるのである．というのは，文法は母国語話者が思想概念を表現する方法の観察から成り立っているからである．そして，教師の主たる仕事は，外国語の構造や他の言語と異なる特異な点や主要な点を生徒に熟知させることである．一般に，文法の教科書は，細部には非常に注意しておきながら，名詞を動詞に転用するあるいはその逆の用法とか，語順が言語ごとに異なる役割を果たすとか，固定した語順と格語尾の少なさの因果関係などの重要な特徴については，等閑視していることが度々ある．

　文法材料の配列は，通例，当然あるべきであるほどには厳正にはなっていない．ほとんどの教科書に見られる品詞論と統語論の厳然とした区別は，科学的観点から見れば，受け容れがたいものであり，実用的でもない．教育的視点から見れば，この区別は，語の外形（音と綴り字）と意味のように，本来一緒に学ぶべきである形式と機能を分離している点で不適切である．文法のこれら二部門のそれぞれにおいて，項目の配列順序は，品詞間の無意味な配列順序によっている．それによって，副詞はできるだけ形容詞と離れたところに置かれているが，もし語類の中で一緒に扱うべき二つのものがあるとすれば，それは比較変化を共有する形容詞と副詞なのである．動詞の場合には，語彙的に関連があるが文法的には関連のないものが，同じ分類に入っていることがしばしばある．

　［資料から規則を見つけ出して］組織化する練習は，文法の分野に限る必要はない．文法の場合よりも少ないにしても，語彙も同様の方法で取り扱うことができる．既に語彙の復習方法についてはいくつか取り上げたが，さらにいくつかの方法がある．例えば，教師が生徒に一定の主題（人体，戦争，鉄道旅行など）を与えて，生徒にそれに関して思い出すことができる（あるいは最近読んだ読みものにあった）語や表現のすべてを集めさせ，さらにそれらをいくつかの下位

区分に分けて整理させるのである．この作業は筆頭で行うのが最もよい．

　また，生徒に複雑な事柄や一連の動作を構成要素の一つ一つに分けさせるのもよい．例えば，洋服を着る動作とか，朝学校に行く道程を詳細に述べさせるのである．生徒の記述は，詳細であればあるほどよく，それによって，生徒はたくさんの名詞ばかりでなく，特に自然な結合の形で動詞の使用法も学ぶのである．

　学力の進んだ学生には，最も重要な同意語を体系的に集めさせるように指導するのもよい．生徒はこのための専用のノートをもち，教師が扱いたいと思っている同義語にそれぞれその一頁全体を用いて，問題の語に出会う度に，それを含む文を書き付けるのである．時々教師とクラス全体で収集した文を検討し，それらの用例に基づいて同義語間の意味の違いを確かめるようにするのもよい．特に価値があるのは，いつくかの同義語が前後して生じているような文である．(例えば，How much of *history* we have in the *story* of Arthur is doubtful. What is not very thrilling as *story* may be of profound interest as *history*. Half a *loaf* is better than no *bread*. A nice little *loaf* of brown *bread*. など [history (歴史的事実，歴史)，story (物語，言い伝え)，loaf (パン，一塊)，bread (パン，パンの種類)]) ただし，同義語辞典の記述に見られるような微細な意味の差異の説明は，普通の生徒の理解を超えるものであることは明らかである．

　Walter 博士は，生徒にさらに外国語の能力をつけさせるもう一つの方法を提案している．その方法とは，生徒が読んだものの中からいくつかの文を書き取らせて，その文と同じ内容をできるだけ多様な方法で生徒自身に表現させるのである．下に一例をあげるが，これは予告なしに行われ，制限時間は 25 分である．例に見られるように，変化の形はかなり多様である．(週 6 時間の授業を受け，二年目の生徒)

　　モデルの文： The advantage of the English ships lay not in bulk, but in construction.
　　　　　　　［英国軍艦の優位性は大きさにあるのではなく，構造にある］
　　a. The English were overwhelming, not by the size of the ships, but their power lay in the construction of the ships.
　　b. In construction, not in bulk, lay the advantage of the English ships.
　　c. The English ships were superior to the Spanish not in bulk, but in construction.
　　d. The advantage of the English fleet (squadron) consisted not in bulk,

but in construction.
e. The advantage of the English was the light construction of their ships.
f. The English had not large ships, but they were better constructed.
g. The power of the vessels of the English was not caused by the extent, but by the construction of the ships.
h. The English men-of-war could do very much against the enemy, because they were well constructed, and not too large.
i. The English vessels were not large, but well constructed.
j. The advantage of the English men-of-war did not consist in size, but in construction.
l. The advantage of the English men-of-war was to be found in their construction.

　私自身も，学力の進んだ学生を教えたときに，同様の方法を用いて歴史に関する内容の半頁ほどを書き換える作業をさせたことがある．これは，いつも生徒の興味を引きつけるものであり，しかも同一の思想が大変異なる表現で表されることがしばしばあって，そのような表現を比較することはとても有益であった．

　ここで示唆した方法で得られた文法知識の補足，並びに要約として文法書を読むことと並行して，語彙を体系的に集めたものを復習するのもよい方法である．もちろん，その語彙集は普通の辞書のように，アルファベット順に配列されているものは最も非体系的であるので不適切であり，意味に従って配列されている Roget の *Thesaurus* のようなものがよい．しかしいずれにしても，小振りのものがよくて，実際に必要とされる語や表現だけを含んでいるものがよい．しかしながら，そうであっても，そのような本は無味乾燥であることは避けがたく，また語と語の間に関連がないので，たとえ新しい語彙を教えるのではなく，既習の語を思い起こさせるだけのためであるとしても，教授に用いるのは不適切である．しかし，多少組織的な句の集まり，特に，文学作品ではめったに出会うことはないが，普通の日常の会話で大きな役割を果たすような言い回しの集まりを学ぶことは，いくぶん進んだ段階にある学生にとっては価値があることであろう．

（**解説**）　本章では文法に関する教授上の要点が述べられている．指導原理は

「こどもが自分で見抜くことができることは教えてはいけない」である．つまり，出来合の文法規則を教えるのではなくて，生徒自身に資料から文法規則を発見させるような指導法を取るべきであると説く．これは科学における仮説演繹法において，仮説を設定するための予備段階で用いられる帰納法の手順である（本文で「調査をして結論を導く科学的方法の予備的やり方である」と述べているのはこの事である）．つまり，一定の言語事実（例文）からそこに含まれる規則性を抽出する方法であり，いわば発見の手順と呼んでもよい．この方法は，出来合の文法規則を与えて説明するよりもはるかに時間がかかるという不利な点はあるが，生徒が自ら「発見」するのであるから，その理解の程度や運用能力ははるかに高いものとなるという大きな利点がある．文法項目の指導すべてにこの方法を押し通すことは実際問題としてむずかしいけれども，時々この方法を用いると，生徒に発見の喜びを味わわせることができるという大きな効果があると思われる．

　この発見の手順による方法は，文法事項だけでなく，語彙の学習にも応用できると指摘する．この指摘から読み取れることは，生徒が自分自身の単語帳を作成するのが最もよいということである．市販の単語集のように，生徒が実際に遭遇したことのない語のリストを，初めから学習することには極めて困難を伴う．市販の単語集は，自前の単語帳の補助として，あるいは単語知識の確認として，使用するのが最も効果的である．

　教師は，ある文法項目はひとまとめに教えたい欲求にかられる傾向があると思われるが，その点にも注意を払っていて，出てきた順番に自然な流れに沿って非体系的に扱って悪い理由は何もないと述べる．しかしそれをそのままにして置くのは不適切であって，ある時点でそれらをまとめて整理・統合する必要があることも指摘する．

　組織的文法は初期の段階では不必要であるが，より進んだ段階になると，それまでに学習した内容を確認・補足するために必要である．編著者が高校生であった頃には，文法は独立した科目として教えられていたが，現在では総合的に読本に組み込まれて教えられている．これは適切なことで，英語学習において，文法は文法のためにあるのではなくて，解釈や作文において活用するために存在する決まりごとである．従来の文法教育では，重文と複文の区別とか，話法の転換方法とか，不定詞の用法区分とか，運用に無関係な多くの事項が教えられ，そのような事項は覚えているが，それを活用することができないという状況があったように思われる．その反動から，現在に見られるような，極端で間違った文法不要論が生じているように感じられる．学習文法は常に運用と

緊密に結びついて存在すべきものであって，文法を教授するときにも常にこの点に注意を向けることが肝心である．文法がこのような存在であることが正しく認識されれば，文法不要論のような意見はそもそも出てこないはずである．

第10章　発音の取り扱い方

　ここでは発音の問題を扱う．最後になっているけれども，最も小さな問題であるのではない．種々の理由でこれまで扱わなかったが，ここで論じる問題は外国語教育の最初の一課から必要なことである．私は何年もの間，外国語教授において音声学を使用することだけでなく，発音表記の使用すら支持してきた．そして，私の理論をすべての年齢の子どもや大人に実際に用いてみたが，人々には新しい事に対する恐怖心があり，まったく新しいむずかしい科学［音声学］と発音記号という新しい書記法を用いると，生徒に負担を強いるだけであると考えて，恐れを抱いている．彼らは，教育者としても誰でもその理論がいかに好ましくないものであるかを知っていたに違いないが，これまで近代の発明を用いることなく何年にもわたって外国語を学んできているから，古い方法が当然今でもなお十分に役立つというのである．

　これが音声学を用いる理論に対する反対論の言い分である．音声学は一つの科学であって，他の科学と同様に，理解の困難な点も議論となっている点もあることは事実である．しかし植物学についての大部の本が何巻もあるからといって，子どもにいくぶんの植物学（some botany）を教えることを躊躇することはないであろう．音声学は新しい学問であるけれども，それを学校の教育過程に導入しようというのではない．いずれにせよ学ばねばならない事柄を学ぶ際に役に立つ補助として，音声学の一部を利用したいと思っているだけである．我々はいくぶんの音声学（some phonetics）を学校に持ち込みたいと思っているだけである．その理由は，音声学を用いることによって，これを用いない場合に比べて，決定的に確実に格段に容易に，より短い時間で，はるかによい発音を教授できることを，我々は理論から確信し，実験が証明しているからである．

　そして化け物と呼ばれている発音記号は「新しいアルファベット」ではない．学校で使用する発音記号に新しく必要とされるのは，5つから8つ位の記号にすぎない．そして新しく必要とされる記号はほとんど，よく知られている文字の改造型であって，例えば，[ʃ] は s を，[z] は z を，[ɛ] と [ə] は e を，[ŋ] は n を思い起こさせる．

もしある人が自分の経験から，この新しい教授法に反対するというのなら，その人は「その通り，あなたの方法では何と下手な発音しか学ぶことができないことか，あなたの経験が示しているのです」という回答を招くだけである．

　旧方式で習った発音は，それはひどいもので，一般に想像されているよりもはるかに恐ろしい発音である．これにはとりわけ二つの不都合な点がある．一つは母国語話者の発音を理解できないこと，もう一つは自分の言っていることを母国語話者に理解してもらえないことである．

　外国語教育におけるまさに第一時間目は，生徒を音の世界に誘うことに使われるべきである．もし生徒が，母国語の勉強との関係で，あるいは他の外国語との関係で，音に関する初歩的な学習を終えているなら，これは簡単に済ませてもよい．これをまったく省略してしまうのは安全ではない．音を教授するときの会話は，次のように簡単なものであって，専門用語はもちろん，「器官」という語すら必要としない．(生徒の答えは，ここで述べられているように即答されるのでも明解であるのでもなく，生徒ごとに何度も繰り返す必要があるのは当然である)〔下記の会話の原文では英国人に発音記号を教える形になっている．英語の名詞の代わりに日本人の生徒の名前を当てはめれば，この会話はそのまま日本人の学生に使用できる．〕

教師：	ジョン，papa と言えますか．
生徒：	Papa.
教師：	どういう風にそれを言っていますか．もう一度言ってください．
生徒：	Papa. まず口を開けて，次にすぐにもう一度開けます．
教師：	そうです．その間に口を閉じていましたね．皆さん，よく見て下さい．私が発音の時にそのように口を動かしているかどうか．Papa. 私はどのようにしていましたか，ウイリアム．
生徒：	初めに口を開け，次に閉じて，また開けていました．
教師：	何で口を閉じていましたか．
生徒：	唇です．
教師：	それでは，op, ap, ep というとき，どのようにしましたか．
生徒：	その都度唇を閉じて，次に再度開きます．
教師：	p と言うときにはその都度閉じます．ロバート，唇を閉じて発音する音には他にどんな音がありますか．
生徒：	わかりません．
教師：	mama と言ってみて下さい．

生徒： そうです．m です．
教師： baby, bib と言ってみて下さい．
生徒： b もそうです．
教師： よろしい．唇を閉じる音は三つありますね，p, b, m です．それらを黒板に書いてみましょう．どんな音でもすべて唇を閉じる必要があるでしょうか．
生徒： いいえ．
教師： 君の名前は何といいますか．
生徒： ジョン・ゴードン・ハンターです．
教師： 皆さん，彼が自分の名前を言うのを見ていて下さい．[生徒が名前を発音する]彼は唇を一度でも閉じましたか．
生徒： いいえ．
教師： それでは，彼の名前に含まれる音はすべて，唇以外の部分を使って発音しないといけませんね．発音をするのに唇の他にどの部分を使うでしょうか．
生徒： 舌です．
教師： それでは，John, Anne の n を発音するときはどうでしょうか．
生徒： 舌で歯の後ろを塞ぎます．
教師： 舌のどの部分ですか．
生徒： 先端です．
教師： 今度は，atta の t を発音してみて下さい．
生徒： これも舌の先で歯の後ろを塞ぎます．
教師： adda の d はどうでしょう．
生徒： 同様です．
教師： t, d, n では舌の先端を使いますね．p, b, m の下にこれらを書いてみましょう．akka の k はどうでしょう．口の中を見て下さい．どうなっていますか．
生徒： 先生は舌で口の奥の部分を塞いでいます．[これは容易に観察はできないであろう]
教師： そうです．それを後舌部と呼びます．ハワード君，エドワード君が akka というときの口の中を見て下さい．さあ，今度は agga の g です．それを第三列目に書きます．
  p b m
  t d n

　　　　　　　　k　g
　　　　　それでは，p, b, m はどんな種類の音ですか．
生徒：　唇の音です．
教師：　それでは t, d, n の音はどうでしょう．
生徒：　舌の先端の音です．
教師：　それでは第三列目の音はどうでしょう．
生徒：　後舌部の音です．［これも生徒にはむずかしい］
教師：　単に前音，後音と呼んでもいいですね．
生徒：　第三列目にはどうして音が三つないのですか．
教師：　いや，ここにも音が三つあるのですが，三番目の音を表す文字がないのです．tinker と言ってみて下さい．
生徒：　tinker
教師：　次に tin-kettle と言ってみて下さい．
生徒：　tin-kettle
教師：　違いはありますか．ありますね．tin-kettle には純粋な n がありますが，tinker [tiŋker] にはありませんね．この k の前の音は別の音です．
教師：　finger [fiŋger] と言ってみて下さい．
生徒：　ここでも g の前に同じ音があります．
教師：　それでは singer [siŋer] は．
生徒：　同じですが，g の音がありません．
教師：　私が s を省略して (s)inger と言ってみますから，口の中を見て下さい．この新しい音を表すために n を変形させた ŋ を使うことにしましょう．ジェームズ君，ここに出てきて4つの語を発音に従って，新しい文字（記号）で書いてみて下さい．（彼は tin-kettle と書く）いけません．t の音が二つ聞こえましたか，それに l の後の e が聞こえましたか．
生徒：　いいえ．
教師：　そうすると，tinketl ですね．
（この段階では，tinketl, tiŋker, fiŋger, siŋer と書ければよくて，語尾の er はそのままでよいであろう）
教師：　これまで，異なる音を出すために，唇や舌の先や舌の後部を使うことを学びましたが，この他に話すときに使うものはありますか．
生徒：　鼻はどうでしょうか．

IV. オットー・イェスペルセン著『外国語教授法』

教師： そうですね．鼻を動かせますか．鼻を見て下さい．私が話すときに動かしますか．

生徒： いいえ．

教師： しかし動かさないで鼻を使うことができませんか．さあ，（長く引っ張って） a ….. というとき鼻を使うかどうか見て下さい．今二本の指で鼻の穴を塞いで，鼻孔を塞ぎます．音に変化がありますか．

生徒： いいえ．

教師： 今度は同じように m ….. と言って，同じように鼻孔を塞ぎます．変化がありましたか．

生徒： はい，音が出ません．

教師： みなさん，自分でやってみて下さい．まずジョージ，a ….. と言ってみて下さい．隣の人が二本の指で鼻を塞いで下さい．それから今度は m ….. と言ってみて下さい．フレッド，もう一度鼻を塞いで下さい．鼻孔が塞がれているときに m の音が出せますか．

生徒： いいえ．音がすぐに消えてしまいます．

教師： 皆さん，やってみて下さい．a をできるだけ長く発音し，私がやるように何度か鼻を塞いで下さい．次に m で同じことをやってみて下さい．［m は発音できませんね］それは m を発音するためには，空気が鼻を通って外に出るからです．n と ŋ も同じですね．

（ここで口の断面図を書いて，鼻孔の位置や空気の流れを示すのもよい）

教師： ここまで，話すときの鼻と口の使い方をみましたが，これが話すときに必要な唯一のものでしょうか．（生徒が気づかなければヒントを出してやるのがよい）

生徒： 声です．

教師： 声はどこにありますか．

生徒： 声帯です．

教師： 声帯はどこにありますか．

生徒： のど仏です．（ここでアダムのリンゴの話をするのもよい）

教師： そうです．そこには声帯があって，それが震えることによって声が出るのです．我々は話すときにいつも声帯を使いますか．実験してみましょう．（ある文をささやく（whisper））いま声を用いましたか．

生徒： いいえ．

教師： それでは，親指と人差し指でのど仏を押さえながら，大きな声で力強く a ..... と言ってみて下さい．それが震えているのが分かりますね．次に a ..... とささやいてみて下さい．震えていませんね．

生徒： ちっとも振動していません．

教師： 今度は s ..... と言ってみて下さい．振動を感じますか．

生徒： いいえ．

教師： s のような音を無声音といいます．a のような音を有声音といいます．それでは m ..... と言ってみて下さい．これは有声ですか．n ..... はどうでしょうか．f ..... は無声で，v ..... は有声だと言うことは容易に分かりますね．同じようにして，すべての有声音に対して，対応する無声音があります．例えば，[s] と [z] (so と zoo, seal と zebra) や，[ʃ] (shilling, shall) と [ʒ] (measure, pleasure) などですね．まとめると次のようになります．

　　　f　s　ʃ　　無声音
　　　v　z　ʒ　　有声音

私が指す音をみんなで発音してみましょう．私がチョークを文字から放すまで，引き延ばして発音して下さい．

　発音表記の要素［発音記号］は，すでに見たように，それを表す音とともに学ぶべきである．それでは発音表記自体の使用目的はなんであろうか．発音表記の信奉者は，発音表記の助けによって，生徒が一つ一つの音についての理解をさらに深め，生徒に発音の方法をより容易に教えることができると主張していると通例考えられているようである．これに対して，反対派の人々は，このような主張が発音表記の支持者によってこれまで一度もなされたことがないとは考えもしないで，この主張を攻撃し，奇妙なほどの熱心さでこれを排撃する．発音表記の支持者自身も，他の人々と同様に，子どもが発音記号の [ð] を示されただけでフランス語の鼻音を自発的に発音できるのではないことを知っている．一つ一つの発音は，すでに述べたように，他の方法［実際の発音訓練］で学ばなければならない．そして，この発音を習得する目的のためには，すべての書き物を捨て去ったとしても，音の教授の性質に本質的変化をもたらすことはないであろう［音の教授では実際に発音することが不可欠であって，発音表記を含めて書物による説明が本質的には必要ではないこと］．しかしながら，すでに初期

の段階から発音表記を使用するのは，一つには，すぐ次に述べるようなまったく異なる目的に対して，後になって発音表記が素晴らしい助けとなるためであり，もう一つには，正しい音形成の教授の助けとなるからである．つまり，発音練習において，教師が自分で発音する代わりに，発音表記を示して出来のよい生徒に発音させて他の生徒に聞かせることができ，教師の反復の労を減じることができること，さらに，発音表記は，生徒が注意を払うべき様々な音がどの位の数あるかをより明確に理解するのに役立つこと（例えば，口頭教授だけによる場合には，生徒がフランス語の [ã] と [ɛ̃] を同じ音と聞いたり，[ã] と [õ] を同一の語と聞く傾向がある [が，音声表記ではこられの音を明確に区別して示すことができる]），最後に，発音記号の形式上の類似性が，生徒が音声の性質をより容易に理解できる手助けとなるのである．例えば，生徒が [õ] の発音を学ぶと，鼻音記号 [~] がついていることから，他のすべての鼻母音をもっとすばやく会得できるのである．また，[s] [ʃ]：[z] [ʒ] の４つの音の二重の平行性 [[s] と [ʃ]，[z] と [ʒ] の平行性と [s] と [z]，[ʃ] と [ʒ] の平行性] は，生徒がこれらの音の間の対応関係を学ぶのに役に立つのである．

しかしながら，発音表記の最大の本当の価値を理解するためには，発音に二種類の本質的に異なる誤りが見られるという事実を心に留めておく必要がある．

　（A）　音構成上の誤り
　（B）　音使用上の誤り

（A）に属する誤りは，例えば，英国人がフランス語の鼻音に [ng] の発音を当てるとか，フランス語の長い単母音を二重母音化するとか，ドイツ語の z [ts] を [z] あるいは [s] と発音するとか，フランス語の cœur の œur の部分を [œ·r] と発音せずに cur の [ɚ·] を当てるとか，フランス語の dû を英語の due のように発音するとかである．

（B）に属する誤りは，英国人がフランス語の gent を gant のように発音したり，peut を put のように発音したり，あるいは，逆に eut を [ø] のように発音するとか，ドイツ語の frass, fuss を短母音で，あるいは nass, nuss を長母音で，bischen を [ʃ] で発音するなどの場合である．

この二種類の誤りが同一の語の中で生じることもある．例えば，München が [mynçən] ではなく，[minkən] とか [mjuŋkən] と発音されるのがその例である．

（A）に属す誤りは，正書法に基づくのではない．このような誤りは，綴り

字が発音に対応している言語を話す場合にも生じる．したがって，この種の誤りは大部分，母国語の調音習慣に基づくものであって［母語の外国に対する干渉］，上で述べたように，音声訓練によって防ぐことができる．もし外国語の音が導入の段階で十分に理解されている場合には，この種の誤りは不注意か継続的訓練の欠如によってのみ生じるものである．

　しかしながら，音の運用に関する（B）の誤りは，一般に各言語における発音と正字法の間の不一致によるものである．これらの誤りは母国語の調音習慣に起因するものではなく，外国語の音のすべてを完全に学習している人々（実際母語話者自身）でさえ，それまでに一度も発音を聞いたことがない新しい語を書物で見たとき，その語の発音を誤る傾向があるのである．音声表記が，我々の誤りを防止する一助となるのは，この最後の種類の誤りの場合である．国ごとに正書法が異なり，それによって実際に引き起こされる誤りを，音声表記が阻止してくれるのである．したがって，音声表記はすべての言語の教授に必要である．どの言語においても，程度の差こそあれ，発音と綴り字の間には齟齬があるものであるが，音声表記を利用すると，単語は一種の標準的つまり理想的な表記によって示されるので，一つの文字が常に同じ音を表し，一つの音が常に同じ文字で示されるので，綴り字に影響されて発音を誤ることはなくなる．

　音声表記は口語における音声のイントネーションのすべての側面を表すことができるほど完全ではなく，教師の口頭指導の代わりになることはできないと主張して，音声表記の使用に反対する人がいる．しかし我々は音声表記が教師の口頭指導の代わりになり得ると主張したことはこれまで一度もない．教師のいない独学の場合，必然的に常に多かれ少なかれ不完全にならざるを得ないが，この場合を除いては，教師が生徒に対して言葉を発音してきかせることが極めて重要であることは常に強調してきた点である．そして，音声表記を口頭指導に代わるものとしてではなく，それを補足するものとして奨励してきたのである．

　これに対して，音声表記の体系は詳しすぎて学校での使用には向かない，というまったく逆の反対論を主張する人もいる．そのような人々の多くは，科学的研究で用いられる発音表記と，我々が教授用に導入したいと思っている，はるかに簡単で普通の生徒が理解できる表記とを混同して，こういう反論をするのであるが，それに対しては，次のように答える．我々が目指している（そして達成しようとしている）のは，先達が得ようとしていたよりももっと正確な発音であって，これは喫緊の課題である．というのも，旧式の学校の発音は，そ

の言語の母語話者にとってあまりにも理解しにくいものだからである．さらに，我々の組織は非常に簡単な原理に基づくものであって，旧式の方法で労多くして益少ない方法で達成されていたよりも正確な発音を達成することができるのである．

　さて，ここで外国語の教材を生徒に提示する4つの方法を考えてみるのも有益であろう．

　　（1）　生徒に対して文字で書いたものは使用せず，何ごとも口頭で教授する方法
　　（2）　生徒に対して綴り字のみを与える方法
　　（3）　生徒に綴り字と音声表記を一緒に与える方法
　　（4）　生徒に音声表記のみを与える方法

　（1）には，生徒の明瞭な理解を混乱させるような音声表記は一切ないという利点があり，これは子どもが母国語を習得する方法に似ている．この方法は，環境が整えば整うほど，子どもの母国語習得に似た教授法となる．その環境とは，生徒が一人だけあるいは極めて少人数であること，生徒の年齢がそれほど高くなく，特に書き方の秘訣をまったく知らないこと，教師がその外国語の母語話者であること，とりわけ時間に相当の余裕があることである．時間的余裕が必要であるのは，口頭だけによる教授法は非常に多くの時間を必要とすること，多量の反復訓練を必要とすること，教師の大きな忍耐力を必要とすることのためである．学校で純粋な口頭教授を行えるのは，せいぜい最初の数ヶ月の導入期間だけである．ウオルター（Walter）は，口頭教授と発音表記の両方を試した結果，教室では発音表記を用いる方が純粋な口頭教授よりも好ましいと述べていて，その理由として，口頭教授には非常に時間がかかること，生徒全体が理解しているかどうかほとんど確信が持てないことをあげている．

　（2）の方法では，生徒は伝統的な綴り字を見ることを許されていて，発音は教師が口頭で教える．この方法は不断の反復と骨の折れる些細な訂正を必要とし，このことが教師と生徒両方にとって学習を退屈なものにし，両者共にその前に横たわる膨大な仕事を前にして，ほとんどいつもまったく意気消沈してしまう．もちろん，綴り字と発音の間にはいくつかの規則性があるが，不幸なことに，例外のない規則は極めて少なく，この方法で正確な発音を達成することはできない．

　（3）の方法では，生徒は初めから伝統的な綴り字を教えられると同時に，発音表記の形で一種の防御手段を与えられる．つまり，新単語が出る度に語彙解

説に音声表記を記載するか，あるいは（それに加えて）テキスト全体を音声表記で表すのである．確かに，この方法では音声表記が活用されていて，得られた結果に満足しているという教師も数人いるし，音声表記を用いない場合よりもよい結果が得られるのは確かであると思う．しかしながら，この方法では，あまりできのよくない生徒が二つの綴り字の体系を混同して，その結果発音も綴り字もどちらもうまく習得できない可能性を避けることができないと思う．

したがって，私は，(4)に示すように，大多数の発音表記支持者と同様，初学者にはある期間発音表記だけを学ばせ，それによって，綴り字を見る前に，生徒に音声記号の体系に親しませるばかりではなく，たくさんの言語材料に親しませるようにするのがよいと思う．生徒が最初の数課を終えて音声記号を習得してしまうと，テキストを読むのに困難を感じることがまったくなくなるのである．というのも，テキストを学習する際に，単語の意味や文法形式と同時に綴り字の変則的な特徴を学ぶ必要がある場合に比べて，テキスト自体の学習がはるかに容易になるからである．

この話題を論じる機会があるときには，生徒が音声表記を書けるようになる必要があると思っているかと尋ねられることがこれまでに度々あったので，この問題について少し述べてみよう．もちろん，私は生徒が音声表記を書けなければならないと思う．しかし，それを学ぶ (learn) 必要はほとんどない．というのは，音声表記は生徒にとって余計な骨折りや面倒を少しも与えないからである．生徒が音声表記を学び，それを理解すると，発音が分かってさえいれば，どんな言語の発音でも音声表記で表すことができるからである．これは音声表記の本質から自然に生じるものである．書き取りは，ここで言う書き取りは生徒が教師の言うことを音声表記で書くことであるが，音の正確な理解を前提としているので，生徒が聞き取りを正確に行っているかどうかを知るためのよい手段になる．

教師はどの位の期間音声表記を用いればよいのであろうか．これは最もむずかしい問題の一つで，思い切って決定的な答えを出すことはできない．その答えは，部分的には生徒の年齢や習熟度あるいは全体としてその言語にどのくらいの時間が費やされたかによって決まる．私自身英語のクラスを教えるときに敢えてかなりの程度までこれを試してみたことがある．私はそのクラスを卒業試験までの二年間に週2時間教え，最初の一年間は（スウィートの『入門』を用いて）音声表記を教えるのに費やしたが，そのことを後悔してはいない．また，もっと下級のクラスのフランス語の授業で，少なくとも一年間以上音声表記を用いたことがある．また，他の機会には，もっと短期間，音声表記の授業を

行ってみたこともある．いろいろな方法で試してみて，これといった確かな結果には至らなかったけれども，一つだけ確かなことは，できるだけ長く音声表記を使用するのがよいということである．このように判断する理由は，音声表記を用いて得られた言語知識の量の方が，そうでない場合に比べて，はるかに多いからである．週当たりの授業時間数も生徒の年齢も同じ場合，二年間音声表記を読み，その後で綴り字を半年学んだ生徒の方が，半年間音声表記を用いて，その後で二年半綴り字を学んだ生徒（全体で前者の生徒よりも半年長い学習期間）よりもより多くの言語知識を持っていることに私はいさかの疑念も持たない．生徒は各音声記号が示す音を過不足なく発音するためには常に注意を怠ってはならないから，音声表記それ自体が生徒に細かな正確さを養うためのよい訓練するになるので，音声表記には大きな教育上の意義があるのである．

　しかしもちろんある時期に正書法（綴り字）を学びはじめる必要がある．そして私が思うには，人々が音声表記を用いるのを避けているのは，まさにこの移行のためである．そのような人々はこの移行が極めてむずかしいに違いないと思っているのである．しかし音声表記を思い切って試してみた人々は，移行が簡単に進んだことに驚いたと異口同音に述べている．取りたてて言うほどの混乱は，教師にも生徒にもなかったのである．彼らは，音声表記を用いたこの方法で教わった生徒が，正書法においても正確であることに驚いている．この事実に対する心理的理由は恐らく，音声表記による指導を受けた学生は，他の生徒と異なって，音と綴り字の間の違いに必然的により鋭い認知力を得ている点にあるのであろう．さらに，これらの学生は多くのこと（綴り字，発音，意味，屈折）を一時に学ぶことを強要されず，すでに発音や意味をよく知っている語について，綴り字だけを学べばよいのである．

　音声表記から綴り字に移行する最もよい方法は，既習のいくつかの文を繰り返して練習することである．最初に，教師が綴り字の一般について述べて，例えば，night や know の黙字や，home と honest に見られるように，同じ綴り字が異なる発音に対応する場合があるなどの情報を与える．そして，既習の文を綴り字の形式で生徒に示し，生徒自身が文字と発音の間の重要な関係を見つけ出すことができるように，一語ずつ詳しく検討する．

　次の課では，綴り字と発音の比較を文法の観察を行ったときに述べた方法（p. 147 以下）で行う．つまり，ある音を決めておいて，生徒はその音を含む語をすべてその頁から拾い上げる．また，綴り字を決めておいて，それに伴うすべての音声価値を提示・分類するのである［例えば，綴り字の i は [i, ai] などと発音されるが，それを指摘して分類する］．このような予備作業には二三時間もあれ

ば十分であろう．

　教師は最初期から生徒に綴り字を学ばせる必要があるであろうか，つまり，綴り字の試験をしたり，書き取りを行わせる必要があるだろうか．否である．このようなことは音声表記を用いない教授においても普通行われていない．まず，生徒に綴り字を見ることに慣れさせ，次に書き物の一部を書き写させる（copy）．その後で各課の最初の一行の語の綴り字をどのように書くか，その書き方を学ばせる．そうすると，数ヶ月後には生徒は教師が求めている段階に到達するであろうし，生徒が普通長い時間をかけて学習している以上の段階に到達するのである．

　発音表記は綴り字を習い始めると同時に廃止すべきものでは決してない．この時点で放棄するには余りにも優れた補助である．少なくとも時々（occasionally）は全体を音声表記によって読む必要があるだけでなく，当てずっぽうで発音をしないように，新語すべてに（特に語彙表では）音声表記を用いるべきである．このようにして，生徒は音声表記を実際の発音に移し替える練習を続けることによって，後の段階で重要な結果，すなわち，一生を通じで使える価値のあるもの，教師がいなくても新語の発音を自分一人で理解できる方法を得るのである．

　近代言語の教授における音声学と音声表示の使用は，近代教育学上の最も重要な進歩の一つであると考えられる．というのも，これによって教授が著しく促進され，正確な知識を得ることが飛躍的に伸びたからである．ただし，この方法は言語学習の極めて初期の段階から用いなければならない．というのは，この方法で正しい発音を容易に得ることができる程度と，短い間でも間違った旧弊な方法で教えられた結果生じる，根深く染みついた悪癖を根絶する困難さの程度は，同じだからである．つまり，なんら悪癖をもたない生徒を教授するよりも，このような悪癖をもった生徒を教授する方がはるかに骨が折れるのである．教師はこの正しい方式で教えるべきである．

（解説）　音声学と音声表示が近代の言語教授における最も重要な進歩の一つであると述べ，音声指導に音声学的知見と音声表記（音声記号）を用いることを提言している．当時の旧式で教えられていた発音は，一般に考えられているよりもはるかに恐ろしい発音で，母語話者が理解できないし，自分の言っていることを母語話者に理解してもらえないような状態であったと述べているが，日本でも明治時代に Goethe（ゲーテ）が「ギョエテ」と発音されていたことを考えればおよその状況は理解できると思う．

現在では音声教材が溢れかえっているけれども，音声教授の基本はやはり適切な指導の下で実際に発音することであり，その補助としての音声学的知見と音声記号は不可欠であると思う．しかし現在の指導要領では音声記号の指導は必須となっておらず，ほとんどの学校で発音記号の教授は行われていないようである（下記参照）．これは大きな問題である．新しい語の発音を知るためには，我々は辞書項目に記載してある音声記号を頼りにしている．それを読む知識が与えられないとすれば，どのようにして発音を知ることができるであろうか．文科省の「読む」から「話す・書く」への重点の移動は，過去の経緯と現状から見て望ましいことだが，「話す」ことの基礎になる音声指導に音声記号が（義務的に）取り入れられていない現状は，「話す」に重点を置く方向に逆行していると言ってよい．

　音声学的知見を音声指導に用いる方法を具体的に詳述しているが，これは現在でもそのまま利用できる．音声記号の知識は，一度憶えると一生役に立つ知識であるので，学校で音声記号を学習させることの意義は大きい．音声記号の教授は集中的に行うのがよい．ある一課を取りあげて，綴り字による資料と音声記号による資料の2つを与えて，音と綴り字の関係を少し詳しく指導する．問題になりそうな発音が，行き当たりばったりに出てくる度に音声指導をするよりも，一度に集中的に行う方がはるかに効果的である．一つには，集中的音声指導は平常の活動と異なるので印象に強く残ること，集中的に音声指導を受けた後では，生徒自身音声に注意を向ける気持ちを強くもつことなどの効果があるからである．そして，音声記号を系統立てて体系的に教える段階は高等学校一年生あたりが適切であると思われる．スウィートは，音の違いを理論的に説明し聞き分けることができても，その違いを感じとる（feel）ことができなければ役に立たない（IV. 第2章「音構成の分析」(p. 179)）と述べている．

　中学校で音声記号を教えることもできようが，中学校ではもっぱら正確な発音指導に重点が置かれるべきである．その際に，音声学的知識に基づく指導が不可欠であって，例えば，[w]の音と[u]の音の唇の形の違いとか，[f] [v]の唇と前歯の位置関係等々に習熟させる必要がある．現在の中学校の英語教科書には発音や音声の仕組みについての情報がかなり盛り込まれているようであるが，それらは体系立っているのではなく，生徒はいわばつまみ食い的に教わるので，その後自己流の解釈や発音に陥る学生は多いようである．したがって，高校一年生レベルで音声記号の基本を体系的に教授し，学習させるのがよい．音声記号を指導するに当たって，[i] [i:]や[u] [u:]などの音の違いは長短にあるのではなく，舌の位置の違いによる音質の違いであることを正しく指

導する必要がある．

　大学生を対象とした最近のある調査によれば，音声記号の指導を受けたことがない学生が七割にのぼり，高校で指導を受けたものが15％位で，中学では1割にも達していないという結果が出ている．これに対して，音声記号は学習上必要であるかという問いに対しては，8割以上が重要であると答えていて，半数以上がかなり重要，非常に重要であると答えている．そして，音声記号の学習は役に立っているかという問いに対して，ある程度役に立っているが20％，かなり役に立っていると非常に役に立っているとの回答は70％に達している．このことから，この調査の対象となった大学生が，音声記号を重視し，その有用性を強く認識していることが窺える．現在では，電子辞書などの普及により，音声記号の弱点が補完できるようになっているが，実際に音声を聞いて，その音を音声記号によって確かめ，綴り字とセットで聴覚的，視覚的に学習することは，これらの要素をそれぞれ単独に学習するよりもはるかに効果的である．このような意味からも，音声記号は必須の学習項目にすべきであると思われる．

第11章　余論

　教育に関する研究のほとんどがそうであるように，本書も主として初学者の教育のことを扱ってきた．しかし時折進んだ生徒の場合にも言及してきたが，ここで進んだ生徒に対する指導についてもう少し述べてみようと思う．その指導とは，最初の数年間と同じ方法を継続し，状況が変化するのに応じて必然的に必要となってくる変更を加えることである．

　生徒は読まねばならない—入門時代よりもさらに多くの量を読まねばならない．生徒の注意を引きつけるような内容で，できるだけ全体にわたる情報を提供し，発達を促すような内容のもっと質のよい本を読まなければならない．したがって，以前に述べたように，文学作品だけではいけない．特によい読み物とは，生徒に他の国の，広義の意味の国民性に対する洞察を与えるものであり，とりわけ，生徒にその外国の人々の最も優れたものを愛するようにさせるような読み物が最もよい．テニスンが言っているように，「国民がお互いを好きになるようにさせるのは，外交官ではなくて作家である」というのは正しい．近代語の教師は，国民に外国を知り，理解させるのが使命であることを常に心に留めておくべきである．全世界の語学教師は，様々な国々の若い世代間の知的交流を可能にするだけでなく，生徒によい文学を読ませることによって，究

極的には，国家間の良好で永続的関係を築く上で，ヘイグ（Hage）の平和会議よりももっと有効な働きをすることが判明するであろう．

　読みには精読と速読がある．そしていくつかの段階に分けるのがよいと思う．初学の時期には，読みから言語的滋養のすべてを吸収するために，よくかみこなすことが必要である．後になると，もっと大つかみにかんでもよい．初期の時期でも，内容が真剣に取り組むようなものでないときとか，必ずしも憶える必要のない語を含んでいるような場合には，軽く扱ってもよい．そのような読みものは，生徒に音読させて，生徒に理解できない語を説明するだけでよい．さらに進んだ段階では，硬い読み物を読んでいる合間に，同様の方法で一二ヶ月間くらい［速読によって］軽い読み物を読んでもよい．また，生徒は学校で読むものの他に，家庭で独習してもよい．私が上級の生徒であったとき，先生は，毎月最初の授業の時に，前月間に読んだ本のリストを提出するように求めた．生徒はできるだけ長いリストを出そうと努めたものである．もちろん非常な速度で，単語を調べることもせずに読んだのであるが，それでも得るところは多かった．このようにして身についた読書の習慣は，私の最終学年に得た最も価値あるものの一つであると思う．教師は時々申告が正しいかどうかを確認するために，その内容を我々に話させたり，適当なところを開いて翻訳させたりしたこともあるが，この練習を組織立てて行えば，もっとよい訓練になるであろう．例えば，あるドイツの学校で行われているように，生徒全体に同じ本を家庭で読ませ，一定の期間（二週間とか，一月）に一定量を読まなければならないようにする．生徒は読んだ内容を外国語で説明できるようになっていなければならない．また，お互いに本について質問もしなければならず，時には作文の練習として内容を書いて出さねばならない．教師がこれらの提出物にざっと眼を通した後で，生徒は口頭でそれを説明し，さらに自由に話をする．このようにすれば，すべての外国語において，会話がさらに進む機会を与えることができるのである．

　しかしながら，最も重要なのは精読であり，これは徹底して行わなければならない．生徒が内容と言葉の両方を完全にものにするように徹底して行う必要がある．したがって，この二つの点から見てもその読みものはできるだけよいものでなければならない．問答練習では当然内容に重点が置かれるので，仮に生徒がその言葉に上達することが一つの大変重要な目的であると感じていても，その目的をいつも直接的に意識しているのではない．これは丁度，子どもが自国語を話すときも，自国語を練習しようと思って話しているのではなく，情報を得るためとか，他の人々と気持ちや考えを伝え合うために話しているの

であるが，そうするうちに子どもがその言葉を学ぶのと同じである．

　生徒には自分の読んだものについて話させるようにしなければならない．その話の内容は，反対論者たちが申し立てているような，型どおりの文句からなる茶番のようなものであってはならない．例えば，Who is the monitor? What day of the week is it? Who is absent? What have you prepared for today? などの紋切り型の質問に答えるような質疑応答であってはならない．このような活動の問題点は，質問が型にはまったものであるのに加えて，生徒が読んだものの内容とはまったく無関係である点にある．読みや翻訳や文法に残りの時間を当てる必要があるという理由から，各授業でこのような基礎的な練習に数分間を割いているだけである状況では会話の力がつかないのは当然である．話す活動を，生徒が読んだ読みものの理解のために行うと，一石二鳥であって，生徒の話す力が伸びていくことがすぐに分かるであろう．生徒がある程度の段階にまで達すると，後は自動的に進んで行くものである．

　生徒は外国語で創造的に書かねばならない．翻訳であってはならない．使用する外国語はできるだけ母国語の色合いの薄いものでなければならない．一方，書くための主題は具体的で限定されたものでなければならない．このような創作的作文練習における最大の危険，つまり，生徒がむずかしい表現を避けて自分に自信のある乏しい表現だけを使うという危険は，その主題が漠然として広範囲にわたるほど大きくなる．「ロマン派」のような漠然とした文学的題目は避けるのが最善である．練習でも試験でも，もっと限定された主題を選ぶのがよい．例えば，小さな逸話やある事件の新聞記事の説明，絵に書いてある事柄の説明，クラスで読んだ小説あるいは歴史的読みものの中に出てくるエピソードを再叙述する（できれば手紙の形式がよい）こと，テキストに出てきた登場人物の一人に関して様々なことを要約すること，読んだことのあるエッセイ（の一節）に書いてある考え方の批評，詩のパラフレーズなどもよい．

　しかしながら，これまで述べたような教授方法は，現在の実情から見て，実際に実行可能であろうか．あらゆる方面に支障はないのであろうか．それはある．行く手にはたくさんの支障があるけれども，幸いなことに，それらの障害は，時間の短いこと，時間配分の問題，試験制度の問題，教師の問題などであり，新しい教授法の使用を不可能にするものではない．

　近代語に割り振られている時間は少なすぎる．我々の時代の緊急の課題に答える教育を行うためには，古典語の時間を削減する必要がある．これが削減されれば，これまで後ろに押しやられていた科目，その中に近代外国語も入るが，を余裕を持って教えることができるようになるであろう．しかし現在あて

がわれている乏しい時間でも，教師が旧式の方法を廃して，進んで新しい方法を取り入れるならば，その努力に応じて，近代語の科目は尊敬を受け，将来改革が行われるときには，時間枠の拡大が快く認められるであろう．

　時間配分が稚拙である．すべてのことを一度に憶えることはできないということが，いつになったら理解されるのであろうか．憶えることは多くあるのに，週あたりの時間数はきわめて少ない．生徒はある授業で教わった内容を次の授業では忘れてしまっている．何という時間の無駄であろう．一時にわずかの事柄を，いや一時に一つの事柄を学ぶのがよい．すべてをよく学んで最後まで到達してから次の課に進むのがよい．特に外国語の場合には，一つ一つ順番に学ぶのが最善であって，二つの言語を並行して学習するのはよくない．また，それぞれの外国語に対しては，一週間に多くの時間を割り当てるのがよい．子どもが何歳から外国語の学習を始めるのがよいかという問いに対しては，私は確固たる回答を持ち合わせていないが，学習開始の時期は早きに失するよりも遅に失する方がよいと思う．母国語に十分な時間を割いて母国語が子どもの頭脳にしっかりと深く根ざし定着してから，外国語の学習を行えばよいのである．

　我々の学校制度（デンマークの学校制度であるが，ここで述べることは他の国の学校制度に当てはまると思う）における最悪の弊害は試験である．すべてのことが試験を目的にできている．親も子どもも多数の教師も試験で得られる結果以外は眼中にない．日々の授業も成り行き任せになっている．

　試験は教師を強要して詰め込み勉強に不当な重きを置かせるようにする．セイス（A. H. Sayce）は『隔週評論』（1875年）で次のように述べている．「詰め込み勉強は，未消化の事実と古くさい理論を答案に再生して，試験官に提出し，そして永久に忘れることであると定義してよい．詰め込み勉強をさせられた受験者と大食をしたストラスバーグのガチョウと違うのは，その滋養を消化しない点だけである．」

　試験は取り返しのつかないほど多くの若者を精神的にも肉体的にも荒廃させている．若者がこの世でいかなる価値があるかを測るテストとしては，試験は何の価値もない．価値ある知識をどの程度もっているかを試すテストとしても，試験にはまったく価値がない．試験でたまたま尋ねられたことについてどの程度知っているかのテストとしても，試験は一般に考えられているほど信頼のおけるものでもない．

　しかしながら，試験制度に多くの欠点があるといえども，教授法を改善するに先だって，［試験制度はそう簡単に変えられるものではないから］それを改善する

必要はない．試験が要求するような内容は，十分な復習によって対応することができるのである．最もよい復習の方法は，生徒の頭の中で事柄が依然として記憶に新しい間に，それを取り上げるようにすることである．各章を終わればそれを繰り返し，各節あるいは各冊が終われば，それ全体を反復するのである．そうすると，以前は細部に係わっていた思考が全体として関連づけられる．そうなると，授業はほとんど淀みなく意味を理解しながら音読する形式で行うことができるから，生徒はその読みものから母語話者とほとんど同じような印象と喜びを得ることができるであろう．もしこのように，一時に一節ずつ，自然な切れ目まで読んで復習を行うとすれば，一年間を通じて配分されたこのような短い復習の方が，試験前の長い退屈な復習よりもはるかに有効であることが，試験において明らかになるであろう．

　改革案に対する最後のあり得べき障害として教師をあげた．近代語の教師が法律や神学で学位をとり，タキテュースやプラトンを学び，自分の娯楽としてシェリビュリエなどの小説を何冊か読めばよいという時代は終わった．しかしこれよりももっと十分な資格をもった若い世代の教師でも，近代語をうまく教えることはそんなに簡単なことではないことを承知しているであろう．高等学校の教師のために，教師としてさらに上達するための機会がほとんど考えられていないことは何と恥ずべきことであろう．彼らに進歩した研究の講義を聴くとか，種々の奨学金によってあちこち視察して回る機会が与えられなければならない．

　しかしながら，私はさらに多くの教師が古い慣習を捨てて，新しい方式を受け容れることを希望する．新しい方式に必要な要件を満たすために，初めの段階では，授業や各課の予習にそれまでよりも多くの時間とエネルギーを必要としても，それは必ず報われる．ドイツやスカンジナビア諸国では外国語教授の改革に非常な努力が払われていて，ノルウェイでは1897年に出された学校法案の中に本書で述べた多くのことが盛り込まれている．幸いなことに，この運動は英国でも盛んになりつつある．

　本書を閉じるにあたって，要約をしておきたい．旧方式によって用いられていた関連のない文の集まりは，種々の理由から失敗であることが判明した．理由の一つは，それらの文は翻訳する以外に扱いようがないことであった．これらの文は何の興味も引き起こさないし，意味あるように朗読できるものでもないし，文構造の型として記憶し，他の文の構築に使用できるようなものでもない．したがって，文法の諸規則を暗唱することが大部分を占めることになってしまった．単調で無気力な活動ばかりとなってしまったのである．

我々の方法は，お互いに補完し合う多くの手段を併用することである．発音は，教師が発音をして生徒がそれを繰り返すとか，生徒が綴り字から推測して発音してそれを教師が訂正するとかによって学ぶことはできない．後者の方法は，我々はこれをまったく排除する．前者の方法は，以前よりも広く用い，それに加えて，音の合理的記載と表示［音声表示］を採用する．このようにして習得された発音は，言葉の他の面（意味）を習得する際にも大いに役立つ．以前は語の意味を伝える手段として翻訳以外の方法はなかったが，今ではそれに加えて，直接的及び間接的観察，外国語による説明などの方法がある．以前には，生徒は変化表・たわごと・規則を信用して学び，それを記憶しなければならなかったが，今日では生徒に自分で研究させ，言語の構造を理解させるようにするのである．以前は母国語から外国語に翻訳する練習しかなかったが，今では様々な練習方法がある．つまり，直接的再現（教師の言葉を繰り返すこと，読本の言葉に基づいた質問に答えること），変形した再現（時制，人称などを変化させて文を繰り返すこと，読本の言葉に基づかないより自由な形の質問に答えること，質問をすること），自由な再現（物語の内容を繰り返して述べること），自由な創造（手紙を書くことなど）である．そして読む・話す・書くすべてに，目的にかなった実用的な意味（sensible meaning）があるので，興味が引き起こされ保持される．そしてこの指導法は，変化に富んでいるばかりでなく，生きている言語（living languages）に相応しいものであって，最も深い最高の意味において「生きている」（living）のである．

　（**解説**）　進んだ生徒に対する指導についての提案と本書の要約である．進んだ学生に対する指導は，学習初期の数年間と同じ方法を継続し，状況が変化するのにしたがって必要となる変更を加えるというものである．このような視点から，読む・話す・書くについて述べ，特に読むに関しては，精読の重要性を強調する．精読とは，対象となる教材の音声・文法・意味・構文等すべてわたって徹底的に消化することであって，そこに含まれるすべての要素を血となり肉となるまで完全に学習することである．このような訓練は，特に初期段階の基礎力養成のためには欠かすことのできない作業である．（この点に関しては VI.「独自の教授法をもつこと：あとがきに代えて」で紹介した実践例を参照）

　新方式に対する障害として，外国語の時間数の問題，試験制度の問題，教師に関わる問題などをあげているが，これらが今日の英語教育を取り巻く問題と同じであることに驚く．

　外国語の時間数は，編著者が中学生の時には1週5時間であったが，その

後3時間になったり，4時間になったりと変動している．国際社会で活躍できる人材の育成を真剣に考えるなら，時間数の削減は理解できないところがあるが，一方では小学校に英語を導入することが決定されている．その内容と指導法，指導する教員の問題など問題は尽きないが，中途半端な結果にならない注意が必要である．

　試験の弊害の一つとして詰め込み教育の助長をあげている．定期的試験よりも日々の授業において頻繁に復習の時間を持つ方が効果的であるとする．試験の中で生徒にとって最大の関門は大学入学試験であろう．わが国の大学入学試験では，センター試験に聞き取りテストが導入されて運用面の能力を見ようとする改革がなされているが，それに伴って高校の英語教育が大きく変わった様子はなく，解釈・作文の指導が中心となっている．大学入試が大学で行われる授業に適した英語能力の有無を見るものである以上，いろいろな批判があるけれども，解釈・作文の能力を見る問題を入学試験から外すことはできない．

　教員が十分な英語の知識を持っていることはもちろんであるが，学生を指導するのに足るだけの運用能力を備えていることが必要である．安井稔は『英語教育の中の英語学』で，「英語教師はちょっぴり英作文に自信が持てる」状態になっていて欲しいと述べて，英語教師の英作文能力のさらなる研鑽を求めている．

V. ヘンリー・スウィート著『言語の実際的研究』

(*The Practical Study of Languages: A Guide for Teachers and Learners*, by H. Sweet: London, J. M. DENT & CO., Bedford Street, Covent Garden, 1899, 276 pages)

　本書は，それまでの旧式の教授法に別れを告げて，新しい科学的教授法の時代を切りひらいた書であると言われている．本書を翻訳した小川芳男は，訳書『言語の実際的研究』（英潮社，1969）の「はしがき」において，「本書は言語理論を背景に外国語の実際的教授法並びに学習法を説いた外国語教授法の最初の体系的著作であって，理論と実践が渾然と一体になった古典中の古典と言われる名著である．（中略）今日世界中で盛んに論じられている外国教授法はすべて本書に源を発していると言って過言ではない」と述べて高く評価している．さらに，「本書を読まずして教授法を説くことはできないとさえ考えている．イェスペルセンの *How to Teach a Foreign Language* と本書は必ず一読しなければならないものであろう」と述べる．

　スウィートは天才的語学者であったばかりでなくて極めて優れた言学者でもあったことから，本書には教授法に関する事柄ばかりでなく多くの言語学的記述が含まれている．ギリシャ語やラテン語などの古典語からドイツ語やフランス語などの現代語の数カ国語を駆使して論を進めているが，それらの言語学に関する専門的な事柄については必要最小限にとどめ，スウィートの学習法・教授法に関する考え方に重点を置いてまとめることにする．

　本書では，外国語の合理的習得法の一般原則を定め，その一般原則を異なる環境や異なる学習者に適用する際に必要となる様々な変更について考察している．したがって，これまで見てきた三つの教授法に関する本とは異なり，具体的な教授法の方法論についてはほとんど述べられていない．しかしここで論じられている外国語習得法の一般原則には，具体的な方法論を考える上で有益な思考法や指摘が数多く含まれている．

　本書は21章から成り立っているが，第18章「東洋語」，第20章「独創的調

査」，第 21 章「精神訓練；古典語と近代語」は割愛した．なお，原本は今でも容易に入手できる．

序

　本書は言語の実際的研究の手引きとして書かれたものである．その目的は，まず，外国語教授の合理的方法の基礎となる一般的原則を定め，ついで，これらの一般原則を異なる環境や異なる種類の学習者に対して適用する際に必要となる様々な変更について考察することである．

　多種多様な教授法や教科書がある現在，真の永続的な進歩を得るためには，一般原則に対する一定の合意に至ることが絶対に必要である．このことが達成されるまで，つまり，誰もが言語学習に王道なし，一定の決まった条件を満たさない方法は健全なものではあり得ない，ということを認識するまで，一般の人々は次々と新しい方法を追いかけ回し，結局失望して古い方法に立ち戻るだけであろう．

　伝統的教授法に対する私の態度は，頑迷な保守主義と無謀な急進派の間の中道をとるというものである．一般の人々に受けがよいかどうかは別として，私が強く主張する基本的な原則がある．それは，言語研究はすべて音声学に基づかねばならないこと，文語よりもむしろ口語から始めるべきこと，の二つである．しかし一方では読者は次のことを読み取られるであろう．私は，一方では，筆記練習（exercise-writing）の習慣やアーン（Ahn）式のような先験的な［経験ではなく仮説・理論に基づいた］方法の使用を非難する点では大陸の改革者に賛同するが，翻訳や文法の使用を非難する点については賛同しない．

　本書を書くことに対する私の資格については，第 1 に，私は様々な構造をもつ多種多様言語についてかなりの知識をもっていること，第 2 にそれらを研究する際に純粋に言語学的問題に払うのと同じ程度の注意を実用面にも払ってきたこと，第 3 にたくさんの出版物を通してわが国の英語の科学的史的研究にいささか貢献してきたこと，最後に，言語研究の様々な分野において講演や教授のかなりの経験を積んでいることなどがあげられる．したがって，本書は科学的学説であると同時に様々な実際的経験の所産でもある．

第1章　言語の研究

実際的研究と理論的研究

　言語の実際的研究と理論的研究，つまり，言語を理解したり，読んだり，話したり，書いたりすることを学ぶことと，言語の歴史や語源を研究することの区別について詳しく述べる必要はないであろう．しかし言語の実際的研究は理論的研究と比べて科学性が低いということは少しもないことを理解しておくことは重要である．

　言語の実際的研究の科学的基礎をなすのは，いわゆる「生きている言語学」(living philology) であって，この言語学は音声学と心理学を用いて話し言葉を正確に観察することから出発し，その観察結果を，実際的であろうと理論的であろうと，あらゆる言語研究の基礎とするものである．

一般原則の必要性

　最初にすべきことは，言語の実際的研究の基礎となるべき一般原則 (general principles) を決定することである．これらの一般原則が真に一般的であるためには，それらの原則が言語の広範囲にわたる研究に基づいていなければならないことは明らかである．つまり，わが国で最も一般的に研究されている二つの近代語であるフランス語とドイツ語に充分な注意を払う一方で，遠隔地の言語も無視してはならない．

　一般原則を決定したならば，次に特別な状況において必要とされる修正，つまりどのような一般原則の組み合わせがよいかを考えなければならない．ある屈折言語に適している学習方法を異なる性質をもつ言語に適用しようとすると修正が必要であり，死語の読み方の学習法は現代語の話し方の学習法とは異なっているし，自学（独学）と学校で子どもに教えるときとでは異なる教科書が必要とされる，などである．私は考察をできるだけ一般原則に限るようにして，特別な修正や応用の問題については他の人達に委ねることにしたい．少なくとも教師として実際の経験をもたない私が，学校における言語教授のような問題について何か述べることは差し出がましいことであろう．

　私は次のような問題にはあまり関心がない．「なぜ我々は言語を学ぶのか」「言語を学ぶことは精神訓練によいか悪いか」「ギリシャ語はドイツ語や数学よりも精神訓練によいか」．私は次の公理から出発する．言語は学ばなければならないので，その学習過程が精神を害することが判明するとしても，我々が最初にしなければならないことは，最も効率的で経済的な言語の学習法を見つけ

出すことである．

よい学習法と悪い学習法

　本書には少なくともある程度，現在の教授法に対する批判が含まれている．これと関連して，古色蒼然とした教科書をいまだに使い続けていること，音声学に対して嫌悪感を持っていることなど，強固な保守主義が学会にはあるけれども，他方にはこれらの古い教授法に対する不満を示す兆候も多く見られることを認めておくことも重要である．

　この不満は，新しい「方法」，特に世間を騒がせるような（センセーショナルな）方法や，運よくある流行雑誌の編集者に取り上げられた方法を取り上げるやり方に顕著に現れている．このような学習法はどれも，長く人気を保つことはなく，それらに対する興味もすぐに消滅してしまう．そしてこのような新学習法は次々と現れている．例えば，オルレンドルフ（Ollendorff），アーン（Ahn），ブレンダーガスト（Prendergast），グアン（Gouin）の方法などである．これらの方法が公衆の心を永続的に捉えることができなかったのは，約束したことを履行できなかったからである．つまり，不可能なことを約束し，その結果全体的に見ると旧方式と大差のない結果しか得られないことが判明したのである．

　これらの教授法は失敗に帰したのであるが，その理由はこれらの方法が言語科学の充分な知識に基礎を置いていないこと，そして一方に偏った方法だったからである．

　よい教授法とは，何よりも，包括的で折衷的でなければならない．また，言語科学の完全な知識，すなわち，概略的に言えば，音声学，音声表記法，種々の代表的言語の文構造，言語学上の諸問題に基づいたものでなければならない．この知識を活用するには，その指導法は，常に，記憶と概念の連合（association）のもととなっている心理学の法則によって導かれる必要がある．

（**解説**）　言語の理論的研究と実際的研究のいずれにおいても，基礎となるのは「生きた言語学である」こと，実際的研究が理論的研究に比べて科学性が低いということは決してないと指摘する．言語の実際的研究の一般原則は，広範囲にわたる言語研究に基礎を置いたものでなければならない，というのがスウィートの基本的理念である．

　次々に現れては消えていく当時のセンセーショナルな教授法の状況は，日本の英語教育の現状とよく似ている．英語学習教材の派手な宣伝を思い浮かべてみるとよいであろう．そのような教授法が成功しなかった理由は，それらが言

語学的基礎に立脚していなかったからであると指摘する．

　現在の日本の英語教育では，従来の解釈に偏りすぎた教育から会話中心の教育への転換が図られているが，今度は会話一辺倒になるという偏りが見られ，それによって，従来の英語教育ではある程度確保されていた解釈能力の養成までも不十分なものとなってきている．

第2章　音声学

　「生きている言語学」の主要原理は，すべての言語研究は音声学に基かれなければならないというものである．

　音声学は言語音の科学であり，実用的視点から言えば，発音の技術である．音声学が言語科学に対する関係は，数学が天文学や物理学に対する関係と同じである．音声学がないと，言語の最も簡単な現象の観察や記録さえもできない．音声学は言語の理論的研究にも実際的研究にも等しく必要とされる．

音声学は新機軸ではない

　音声学は文明そのものと同じくらい古いものである．アレキサンドリアの文法家達は音声学者であったばかりでなく，綴り字改良家でもあったし，ローマ人も音声学者であって，その才能が許す限り，音声学に基づいてギリシャ語を学んでいた．このように，音声学に基づく教授法は新機軸でも何でもなく，むしろ音声学に基づかない教授法の方が新機軸なのである．

　音声学の効果的な教授は，二つの一般的な誤った考え方によって妨げられている．

　模倣の誤り：　第1は，発音は単に模倣によって学ぶことができるというものである．これは他人がフェンシングをするのを見ているだけでフェンシングを学ぶことができるといっているようなものである．子どもが母国語を習得する場合でさえも，年齢が進むにつれて，新しい音を習得するのはむずかしくなる．実際，訓練を受けていない成人にとっては，耳慣れない音や耳慣れている音でも，その結合が耳慣れない場合には，模倣することがまったく不可能な場合が多々あるようである．生涯を言語研究に捧げる人でさえも，一般に模倣によってよい発音を習得することはできない．

　細かい区別の誤り：　第2に，［音声学では］細かい音の区別が無視されることがあるという誤りである．つまり，悪い発音が問題視されないということで

ある．音の重要な区別とは，音の区別が意味の違いを引き起こす場合である．例えば，フランス語の pécher（背く）と pêcher（漁る）では開口音の e と閉母音の e で異なり，この違いは，少なくとも耳慣れない人にとっては非常に些細なものであるが，母国語話者にとってはかなりはっきりしたもののように思われる．英語話者にとっては men と man, head と had の母音の区別は極めてはっきりしているが，外国人にとっては些細な違いにしか思われない．例えば，多くのドイツ人は head, had, hat を誤って het と混同してしまいがちである．

このように，我々は，経験から，ほんの些細な音の区別でさえも，それを無視すると理解不能となるような場合があることを知っている．［しかし音声表記を用いれば，これらの音の違いを視覚的に示すことができるので，音声学の知識は重要である．］

研究方法：器官的および聴覚的

音声学の最初の仕事は発音を行うときの音声器官の動きを記述することである．例えば，/s/ 音を発するための舌や口蓋の位置を記述することである．これが研究の器官に関する側面である．一方，聴覚に関する研究は，耳では同じように聞こえる音を記述・分類し，各音の聴覚的効果が，器官の構造の必然的結果であることを説明することである．例えば，歯音（hiss-sound）あるいは歯擦音（sibilant）と呼ばれる /s/ は，she に見られる同類のスー子音（hiss-consonant）/ʃ/ よりも調子（pitch）が高い理由を説明する必要がある．

我々は器官的感覚と聴覚的感覚の両方を鍛える必要があることは明らかであって，各音を耳で聞き分けることを学び，その音を発音するときの器官の位置を知る必要がある．そしてこのことが理解されると，発音のために必要な筋肉運動が会得される．

我々は自国語を話す際に毎日このような過程を繰り返しているのである．したがって，［器官的感覚と聴覚的感覚を訓練するためには］よく知っている音の場合は，無意識の器官的聴覚的感覚を意識的分析の感覚にまで高めるだけでよい．

音の孤立化：

その第一歩は，音を孤立化させて，あらゆる音の結びつきの中で，また音量（quantity）やアクセントなどのあらゆる条件のもとで変えないでおくことを学習することである．例えば，学習者は pity の中の母音を長くしたり，孤立化させたりして，その二つの音の間の違いを観察し，さらに

pit や peat の母音間の違いを観察するのである．

　この孤立化の教授法は，外国語の音を学習するのに非常に役に立つ．例えば，フランス語の教師が，ennui のような語を分割して /āā, nyy, ii/ のように憶えていると，音声学をまったく知らなくても，この語を分割しないで何度も繰り返すことによって教えるよりも，はるかに上手にこの語の発音を生徒に教えることができるであろう．

　音構成の分析：　次の段階は，聞き慣れた音の構成を分析することである．この分析は理論的であるばかりでなく実際的でなければならない．/f/ のような無声子音と対応する有声子音の /v/ の違いを理論的に説明し聞き分けることができても，その違いを感じとる（feel）ことができなければ役に立たない．初心者には，life の /f/ と対応する liver の /v/ を孤立化させたり長く伸ばしたりすることを学ばせて，/f/ は一カ所（歯と唇）で調音されるのに対して，/v/ は二カ所（歯と唇，喉）で調音されることを感じ取ることができるようにしなければならない．

　この聴覚的感覚は徹底して訓練する必要があるが，聴覚が器官的分析に役に立つことも多く，「模倣する前に聞け」というのが，実用音声学（practical phonetics）の原則の一つである．

母国語の音と一般音との関係

　外国語の音声の研究を始める前に，母国語の音体系と一般音［言語音一般］に対する関係，特に，母国語の音体系において何が変則的で特有なものであるかを認識しておくことが重要である．例えば，英語学習者が，name や so に見られる /ei/ /ou/ を，短母音的閉鎖音の /ee, oo/ の異常な変異形であると見なすことを一度習得すると，フランス語やドイツ語の発音のむずかしさの多くが消滅することを知るであろう．各言語にはそれ自身の「器官的基準」（organic basis）というものがあり，フランス語と英語の器官的基準は当然のことながら異なっている．したがって，各基準の特徴ならびにその相互の関係を明確に理解することが重要である．［器官的基準とは basis of articulation（調音の基準）を Sweet が言い直したもので，発音時の器官の運動や位置を表す．各言語はこれを制御する一定の一般的特徴（general tendencies）をもっている．ここで一般音（sounds in general）と呼んでいるのは，人間の言語音一般の特徴と考えることができる．その一般音から母国語の音がどれ位離れているのかあるいは近いのかを認識する必要があると言っている．一般音はいわば普遍音声学であって，器官的基準は個別音声学に相当する

と考えてよい.]

(**解説**) 発音は単に模倣によって学習できるものではないという指摘は重要である. 母語話者の外国人の発音を単に模倣していれば, 正しい発音が習得できるというものではなく, 音声学上の情報を与えながら指導することが大切である. 現在の日本で行われているように, 単に外国人の TA を活用すれば正しい発音が教授できるというものではない. 日本人教員による適切な発音指導が必要である.

発音を理論的に理解できても,「感じとる」(feel) ことができないと役に立たないと言う. 発音を体感的に, つまり舌の動き等の筋肉運動を意識して, 習得させる必要がある. また, 日本語自体の発音方法を生徒に意識させ, それによって英語の発音との違いを認識させて, 日英語発音の比較に立った英語の音声指導が必要である.

第3章 音声表記法

分析に次いで実用音声学の最も重要な問題は「音声表記法」, すなわち音による綴り方の問題である.

音声表記法の最も明白な利点は, 第 1 に一度その言語の基本的な音とそれを表記する基本的表記記号を習得すれば, どんなテキストでも音声記号で書かれていれば, 発音の諸規則を記憶に呼び起こす負担に煩わされることなく, 確実に読みこなすことができることである.

音声表記のもう一つの利点は, 実際に話されている形で表記されている語を眼で見ることができるので, 学習者がその音を聞くときに比較的容易に聞き取れるし, 少なくともそれらの語を聞き取る下準備が整えられることである. ほとんどの英国人は, いかに読むことに堪能であっても, 初めてフランスに行くとそこで話されている一語も理解できないことがある. その理由は, 英国人が慣れ親しんでいる非表音的（発音を表すのではない）フランス語の綴り字は今日の口語フランス語を表示しているのではなくて, 16 世紀に話されたフランス語で, 当時でもあまりよくない表記法だったからである.

音声表記は多くの点で耳の補助になる. 話された言葉はすぐに消えるが, 書かれた言葉は永遠に残る. ennui のような語の発音を何度も繰り返し聞くとしても, 音声表記はその語をその字訳 (transliteration) /āān ɥi/ の表記と結びつけることによって, その音の印象をさらに強固なものにするのに役立つ. もし

音声表記が，耳に聞こえる音の印象を強固にするのではなく，[発音の]訂正に役立つとすれば，その有用性はさらに明らかなものとなる．

したがって，耳だけで教える教授法はこれらの利点を放棄することになってしまう．仮に音声表記が聞き間違いや発音の誤りを防ぐために必ずしも必要でないとしても，話された語の記憶を強化するのに依然として役立つのである．

普通つづり法と表音式つづり法との関係

外国語を教えるに当たって，音声表記の使用に反対する最もはっきりした理由は，音声表記によるつづり法と普通のつづり法の間に混同の危険が生じるというものである．演繹論者は，音声表記つづり法からはじめると，「学習者の普通つづり法を一生台無しにしてしまう」ことが避けられないと論じてきた．しかし音声表記法を公正に試してきた人は皆，この反論には実際的意味がないと主張している．彼らの経験によれば，学習者が言語を音声表記によって一度完全に習得してしまうと，普通の伝統的つづり法の習得にもまったく支障がないことが保証されている．つまり，音声表記から始めた人が，同時期に普通のつづり法を始めて，このつづり法だけに多くの時間をかけることができた人と同様に，最後には正しいつづり法を習得しているのである．音声表記による学習者がより速く進歩するのは，より簡単な音声表記によるつづり法から始めることによって，音表示の一般的概念をより容易により早く会得できるからである．[IV．イェスペルセン第10章「発音の取り扱い方」(p. 163) も参照]

次の問題は「どちらのつづり法を先に学ぶべきか」である．この問題は実際上「どの連合（association）を最も強くすべきか」という問題に帰着する．[連合の概念については第10章（p. 212）で詳述されるが，ここでは概略「言語に関わる知識」であると理解しておいてよい．] それは明らかに音との連合[音声表記のつづり法]である．話す際には音と概念の結合が瞬時的に行われなければならないが，読んだり書いたりするときには止まって考える時間がある．音から始めて普通のつづり法へ移るこの順序は，我々が母国語を学ぶ順序と同じである．我々は字をつづる前に口で話すのである．

普通のつづり法から始めることはよくないが，二つのつづり法を同時に学ぶことは避けなければならない．交叉連合（cross-association）[二つのつづり法の混同]を避ける唯一の方法は，どちらか一方から始めて，もっぱらそれだけを用い，次にもう一方だけを用いる方法である．すでに見たように，音声表記つづり法から始めるべき理由がいろいろあるが，目的を達成したら，それをすべて片付けてしまってよい．

音声表記つづり法と普通のつづり法との関係は，音楽におけるドレミファ法（tonic sol-fa notation）と普通の五線譜表記（staff-notation）の関係に似ている．音譜が一度習得されると，どの音譜を用いているかはそれほど重要ではなくなる．ドレミファ法で始めると，五線表記法では楽譜をまったく学ぶことができないような何千もの人々が，音譜を完全に習得し，少しの訓練によってちょっと見ただけで五線譜表記の音譜を読むことができるようになる．つまり，唯一の目的が五線譜表記を学ぶことだとしても，ドレミファ法から始めることによって多くの骨折りや面倒を省くことができるのである．

(**解説**)　スウィートは外国語の初学者には音声表記を用いる方法で教えるのがよいと考えているが，日本の英語教育ではこの方法が用いられたことはなさそうである．しかしⅥ.「独自の教授法をもつこと：あとがきに代えて」で紹介する，教科書を一年間に5回通しで教えるという実践報告に見られるように（この方式で音声表記が使用されているかどうかは不明），最初の3ヶ月を音声指導に集中する教授法は基本的にこの方法に近いと言ってよいであろう．参考にすべき指導法である．

第4章　外国の字母（アルファベット）

　母国語の字母を習得することは，ヨーロッパの言語に限れば，言語学者にとってそれほどの困難はない．

　しかしドイツ語のゴチック体（black letters）は，それがローマ字の最近の変形体であるにもかかわらず，初学者にとってはかなりむずかしい．特に印刷体の大文字はむずかしく，目だけにたよって習得した人は千人に一人もその文字を記憶から引き出すことはできない．

　ギリシャ語やロシア語の字母も同様で，アルファベットの形を目で見極める力のある人にとっては容易であるが，そうでない人にとっては習得にかなり時間がかかるであろう．

　アラビア語，サンスクリット語，中国語，日本語などの表記体系のむずかしさについては詳しく述べる必要はないであろう．中国語の草書体を習得するのには，印刷体を完全に習得した人でも8年かかると言われている．

外国字母の字訳

　［字訳（transliteration）とはある文字体系から別の文字体系に移し替えること．漢字

をローマ字に直すのは字訳の一例．音声を表音文字に移し替えることを転写（音訳）(transcription) という．字訳と転写を合わせて広義の「転写」ということもある．]

　幸いにして，多くの言語で自国語のアルファベットの代わりにローマ字を代用する傾向が強まっている．オランダ，スウェーデン，イングランド，その他多くの国々ですでにゴチック体は放棄されているし，他の国々でも同じ方向に進んでいる．ローマ字に字訳する傾向は多くのスラブ言語にも及んでいる．

　心理学的観点からすれば，母国語の字母と字訳との関係は，普通つづりと音声的つづりの関係とまったく並行的である．まず最初に，可能な限り最も簡単な方法，つまり，字訳のテキストを学ぶことである．一度その言語が習得されると，どんな字母で書いてあっても容易に読むことができる．例えば，ギリシャ語は，ローマ字の衣をまとっていても，ビザンチンの衣をまとっているのと同様に，ギリシャ語である．またアラビア語は，ヘブライ文字で書かれていてもアラビア語である．

　字訳を用いることに対する最も一般的な反論は，それがその国語の字母との関係を混乱させるというものである．このような反論をする人の言語学習法を見ると，まったく間違った方法を取っている．つまり，そのような人は言語を［音声によるのではなく］目だけを使って学習しているのである．

　もう一つの反論は，一つの固定した字訳しかないのであれば，字訳による方法もよいであろうが，実際にはほとんどすべての教科書がそれぞれ独自の特別な字訳を使用しているので，字訳による文法や辞書を手に入れることさえできないと言うものである．

　字訳の多様性は確かに嘆かわしいが，音声表記の多様性が音声学的教授法に反対する理由にならないのと同様に，字訳が多様であることが字訳による教授法に反対する理由とはならない．音声表記の一般原則という理想に着々と我々を導いている影響力と同じ影響力が働いて，東洋学者やその他の人々が我々のヨーロッパ語についての経験の成果を知るようになると直ぐに，遠隔地の言語においても転写 (transcription) に統一が見られるようになることは疑いないであろう．これらの東洋学者達は，ヨーロッパ言語に適用されている音声方式に慣れ親しんでいる人にとっては信じがたいほどに，いまでも自国の権威の悪しき伝統や非科学的方法によって妨害を受けているのである．[外山や岡倉の当時の苦労が偲ばれる．]

　矛盾した転写から生じる混乱を避けるための最大の安全手段は，すでに述べた原則，その言語そのものから始めよということで，これはその言語の音の習得から始めよということを意味する．ひとたび音声によってその言語を習得し

てしまえば，学習者はもはや字訳の世話になる必要はない．

(**解説**)　アラビア語のように，字母が馴染みのない言語の場合には字訳を用いるのがよい．つまり，我々がアラビア語を学ぶ際にアラビア字母を直接学ぶのにはかなりの困難が伴うと予想されるので，表音的な字訳から始めて，徐々にアラビア字母を学習する方が容易である．同様に，欧米人にとって漢字はかなりむずかしい文字であるので，最初はローマ字による字訳を用いて音声的に学習し，後に音声に対応した漢字を学ぶのがよい．

第5章　様々な発音

　音声表記は必ずしも音声的つづり法（phonetic spelling）を意味するのではない．もし picture が簡略ローミック記号で [piktjurə] と書かれているのを見ても，我々はこれを実際に存在する英語のつづりとは認めないであろう．我々は熱心な改革論者が英語のつづりと発音を一挙に改革しようとしたのではないかと思ってしまう．もし改革者がもう一方の極端に走り [piktə] と書くようなことがあると，我々はこのつづりの正しさは認めるであろうが，それを卑俗な方言としてだけ認めるであろう．我々は現代の教養ある口語英語の表示としては [piktʃə] のつづり以外は認めないのである．

　[[piktjurə] はつづり字発音，[piktə] は実在する卑俗な方言の発音，[piktʃə] は現代標準語の発音．ローミック記号とは，ラテン語を基礎としてスウィートが考案した音声記号で簡易ローミックと精密ローミックの2種類がある．]

人為的発音

　音声表記を用いて想像上の発音や実際には存在しない[人為的]発音を表示することは，母音交替（gradation）の場合にたびたび見られる．例えば，指示代名詞の [ðæt] と関係代名詞と接続詞の [ðət] のような場合，発音の異なるこれらの二つの語が混同されてともに強形の [ðæt] としてまとめられる傾向がある．同様に，音声的つづりを口語の自然な発達に対する抗議の理由にしようとする人は，代名詞の [im]（him）や [kaant]（can't）のような弱形（非強調形）を無視し，文中の強調や位置の違いにかかわらず強形 [him, kæn not] を使用するのがよいと主張する．強勢や強調のない一定の条件の下では，はっきりしない短い形が自然な教養ある言葉でも用いられることを認める人でさえも，ともかく外国人は弱形を捨てるべきであり，強形の方が正しく優雅であって発音

をより明確にできて，同時に母国語話者に対して模範となることができると主張するのである．

　この主張に対する回答は，イギリスにやって来る外国人の最初の目的は母語話者の言うことを理解し，自分の言うことを母語話者に分からせることである，というものである．外国人が [kaant] と書かれたものを見たことがないとすると，それが話されるのを聞いても理解できないであろうし，また，他の人達がだれも [kaant] と言っている環境で [kæn nɔt] と言っても理解されないであろう．したがって，結局外国人にとって最も簡単で最上の方法は，平均的教養のあるイギリス人が話すように話すことで満足するのがよいということである［外国人学習者も弱形，強形の区別をしっかり学習しなければならない］．個々の音の発音がどんなに完全であっても，[hau d ju duw] を [hau du ju duw]（How do you do?）と発音するときのごくわずかな違いによって，発音が非英語的になってしまうことを理解していない教師がいることは遺憾なことである．

　外国人学習者が最初に習得すべきであるのが口語形（colloquial form）であることは明らかである．これを習得してしまうと，教養ある母語話者と同じレベルにいることになり，その後もっと人工的な［演説や演劇などに見られる］発音を学ぶこともできる．

口語性（colloquialism）の度合い

　しかし口語性の度合にもいろいろある．すべての言語において，発音は話者間の親密さの程度に従って異なるものであり，イギリスでも，若者が見知らぬ夫人や年長の男性に話しかけるときには無意識に発音を変えることがある．

　話し手の気分も影響する．明確な指示を与えたり，むずかしい説明をしたり，緊急の命令を出すような緊張した状態のときには，自然に明瞭な発音が用いられ，一方，無関心や無気力の場合には子音が半分しか発音されなかったり，音群が短縮されたりする．また，同じ人の発音も発話の速さによって変化する．

　外国人が目標にすべきは，いわゆる中位の速さの口語の発音様式（medium colloquial style of pronunciation）であることは明らかである．はしょって早口で話すときに用いられる発音が，ゆっくりとした重々しい演説のテンポで再生されるのを聞くのは耳障りで釣り合いに欠ける．したがって，最もよい一般論は「決して演説調になるな，口語的に話せ，ただし口語的になりすぎるな」である．もちろん，ぞんざいな発音，例えば，[nɔːwijdʒən næpsæk]（Norwegian knapsack）を [nəwijdʒən næpsək] のように発音することは避けなければ

ならない．

　卑語（vulgarism）も避けなければならない．その理由はそれ自体が醜いとか論理性に欠けるとか，あるいはともかく対応する上品な形式よりも不快であるというのではなくて，そもそも卑語は異なった方言に属するからであるに過ぎない．しかし我々は実際の卑語と理論上の卑語を区別しなければならない．つまり，事実上教養ある言葉には生じない形式と，一般に下品（vulgar）と呼ばれているけれども教養ある言葉に生じる形式とを区別しなければならない．理論上の卑語の中には，教養ある言葉の中に行き渡っているものもいくつかある．例えば，lord の子音 /r/ を発音しないで laud と同じように発音する例とか，広く行き渡っている idea(r) of, India(r) Office の /r/ などの例である．ただし，後者の例は普遍的ではなく，/r/ の挿入は発話が速く単語同士が緊密に結びついているときにだけ起こる．したがって，これを挿入しなくても不自然であるとかわざとらしいという感じは生じない．外国人がゆっくり話しているにもかかわらず，/r/ を挿入するならば単につむじ曲がりと思われるだけであろう．しかしながら，完全強勢語（full-stressed words）において /h/ を省略するのは実際の卑語であるのに対して，tell him のような結合で /h/ を省略しないのはきざな感じを与える．このような気取った言い方は広く用いられているが，これはいつもわざとらしく聞こえ，これを一貫して守ろうとする話し手は必ず失敗することが多い．このような理由から，外国人はこのような言い方は避けるのがよい．つまり，外国人は [tel-im] と言い，強調の場合には /h/ を保持して [tel him not həə] (tell him not her) のように言うのがよい．

発音の標準

　ある言語の教養ある発音は決して一様ではないので，標準となる発音は何かという疑問が生じる．外国人にとっては，これは感傷的問題でも審美的問題でもなく，純粋に実用的問題である．

　ほとんどの国の文語はその国の首都の方言が固定化したものにすぎない．フランス語の文語は古いパリ方言の書き言葉であるし，英語の文語は古いロンドン方言にほかならない．首都の方言が口語の標準と見なされるのにはいろいろな理由がある．第1に，首都方言の話者が数において優勢である．第2に，外国人は当然首都に引き寄せられるか，少なくともそこから出発する．フランスやイギリスほどに中央集権的ではないドイツにおいてさえも，外国人は，抽象的根拠から判断すると「最良のドイツ語」が話されていると言われるある地方都市の言葉よりも，ベルリンの教養ある言葉を学ぶ方が明らかに実用的であ

る．

（解説）　外国人が最初に習得すべきは口語形であること，英語の場合には平均的教養あるイギリス人（あるいはアメリカ人）が話す英語であること，「決して演説調になるな，口語的に話せ，ただし口語的になりすぎるな」が原則であること，発音の強弱をはっきりと表現し，ぞんざいな発音は避けること，などを注意している．日本で wanna とか gonna のような発音が教えられることがあるが，これは上記の /r/ 音の挿入の場合と同様に，発話の速度がかなり速いときに生じる発音である．したがって，たどたどしい発話の中でこのような発音をすると滑稽になってしまうことを教えておきたい．これらの発音は聞いて分かればよく，初学者は使用を控えるべきであると思う．

第6章　音声学の一般的研究

　音声学には，すべての他の知識部門と同様に，それに特有なむずかしい点があるけれども，その大部分は決してむずかしいものではない．少しの知識が非常に役立つ科目である．

　単に一つの言語を扱う場合には，生徒が音声学の全課程を学ぶ必要はなく，教師が時折必要な情報を生徒に与えるだけでよい．しかしながら，前もって一般音声学の課程を習得しておけば，最上の結果が得られることは疑いない．そして，その一般音声学は学習者自身が音声を実際に分析することに基づいていなければならない．

　音声学の勉強は若いうちに始めるのがよいことを示す様々な理由がある．音声学は心的発達が早熟であることを必要としないし，抽象的なところがまったくない．むしろ反対に，音声学は，主として具体的なものや実験的なものを愛する心や，未発達な知性に特徴的である模倣する性質に訴えるところがある．音声学は若い人達の観察習慣を訓練することになるし，音声器官を自由に駆使する力を与え，学習者の母国語の発音にも非常に有益な効果をもたらす．

音声学の利点

　音声学の最も明らかな利点は，我々に自立性（independence）を与えてくれることである．第1に，音声学は外国語学習のために外国に居住することを不必要にする．学習者がその言語が話されている国に行こうとする場合でも，やがて自分自身が学習することになる外国語の音声の完全な実際的知識を前

もって得ておいて出発することは，学習者にとって大きな利点である．

　第2に，音声学によって，我々は母語話者の教師に頼る必要がなくなる．フランス語と英語の音の関係をよく知っていて音声学的に訓練された英国人は，方言的あるいは卑語的フランス語を話すような音声学的知識のないフランス語母語話者よりもうまくフランス語を英国人に教えることができるであろう．

　また，聡明な成人は，もし十分な音声分析や音声転写の知識があれば，音声学によって外部からの援助なしに外国語の音声の基本的知識を得ることができる．

　しかし言語を音声学的に理解しておくことの利点は，このような特殊な場合よりももっと広範囲に及ぶ．言語の音声を確実に理解していると，言語の形式や意味を理解する力を非常に強固なものにすることができる．例えば，同系の言語の類似した音を精密に区別するには，音声学的理解が不可欠で，これがないと必ず混乱が生じてしまう．

　また，音声学には文学的および審美的な効用もある．音声学だけで，文語を構成している死んだ文字の集まりに生命を吹き込むことができる．つまり，聡明な読者が，読んでいる小説に出てくる錆び付いた会話を生き生きとした現実として理解することができるのは，音声学によってだけである．

　音声学は単に文法的連合（grammatical associations）を間接的に強める働きをするばかりでなく，文法そのものの不可欠な一部である．音声学は，他の方法では達成することのできない簡潔さと明確さで文法的および言語学的法則を述べることを可能にする．例えば，ある特定の言語では一定の条件ものとで，/d/ が /t/ になり，/g/ が /k/ になり，/b/ が /p/ になるという情報を，音声学では「有声閉鎖音は無声音になる」というように簡略にまとめることができる．

　文強勢や音調（intonation）の知識は，朗読法や正しい発音の不可欠な一部であるばかりでなく，多くの言語の統語論の必須の部分でもある．要するに，音声学なくして済ませられるような言語の研究部門はまったくないのである．

（解説）　スウィートはすべての言語研究の基礎は音声学にあると考える．そしてよい教授法は音声学を含む言語学の知識に裏打ちされていなければならないと考える．音声学の利点ついては「日本語と英語の音の関係をよく知っている音声学的に訓練された日本人は，恐らく方言的あるいは卑語的英語を話すような音声学を知らないアメリカ人やイギリス人の英語母国語話者よりもうまく，英語を日本人に教えることができるであろう」ということが成り立つ．日本人の英語教師がよい発音指導をするためには音声学の知識が不可欠である．単に

TAの発音の模倣だけでは生徒に正しい発音を教えるには十分ではなく，日本人教員の音声学的指導が必須である．この意味でも，小学校英語を担当する教師は英語音声学の基礎を勉強する必要がある．

第7章　話し言葉から始めよ

　生きている言語学の第2の主要原理は，言語研究はすべて，理論的にせよ実際的にせよ，話し言葉に基礎を置かなければならないというものである．
［第1の主要原理は，すべての言語研究は音声学に基かなければならないというものであった（第2章）］
　同一の言語に文語と口語の区別があることが，言語学習の問題をかなり複雑なものにしている．この文語と口語の区別は，単に書いたり印刷したりする習慣の結果としてのみ生じたものではない．

話し言葉は書き言葉の源

　ヨーロッパの諸言語では，話し言葉（口語）と書き言葉（文語）の相違は少ないが，ほとんどの文法家は話し言葉を文語の崩れたものであると暗黙裏に仮定している．しかし実際はこの正反対である．文語の真の源が話し言葉なのである．我々が思いつく最もありそうもない不自然な（far-fetched）文語的語や形式を取り上げてみると，それらが初期の段階の口語から派生したものであることが常に判明するであろう．例えば，thou hast や he hath のような形式でさえも数世紀前には普通の口語であって，現在では，生きている口語体の you have や he has と共に，化石化して死んだ口語体として残っているのである．あらゆる文語は，事実，異なる時期の口語体の混合物なのである．
　したがって，言語の実際の姿は，ギリシャ語，ラテン顔，及びサンスクリット語のような高度に発達した言語においてよりも，むしろ方言や口語形式の中に多く見出されるというのが言語学一般に通じる原理である．

実際的考察

　話し言葉を優先する原則は，科学的観点から見て重要であるが，実際的観点から見るとさらに重要である．その理由は次のようである．
　ある一定の時期の文語と口語を比較してみると，文語は余分な語や句で溢れているのに対して，口語ではほとんどそれらの語や句が取り除かれている．例えば，英語の口語では「空」は sky によってのみ表されるが，文語では heav-

en, heavens, firmament, welkin によっても表される．また，文語で仮定法の用法を明確な文法規則として表すことほど困難なことはないが，口語では仮定法は，if it were のようないくつかの完全に固定した構文以外ではまったく用いられない．

次に，明確さや正確さに関する利点も口語の方にある．我々は口語から学び始めることによって，学ぶ量を少なくしてそれだけ正確に学ぶことができる．したがって，我々が外国語を学ぶときには，我々が母国語を習得するのと同じ順序，つまり，口語を徹底的に学ぶことから始めて，次に文語に進むべきであるという結論をあらゆることが指摘しているのである．

心理学的観点から見ると，文語と口語を同時に学習すると交叉連合（混乱）が避けられない．これを避けるあるいはこの影響を最小限に留める方法は，文語と口語を別々に学習することである．

文語と口語のどちらから始めるかという問題に答えるのは簡単である．明らかに，我々が最も強く最も直接的な関係をもっているのは口語である．というのは，話すときには我々は語と概念の連合（関係）をすべて完全に正常に稼働できる状態（working-order）にしておく必要がある．このときには，書くときと違って，単語や構文を選りすぐっている余裕はない．同様に，誰かが我々に話しかけるときには，各文を直ちに理解しないと話されている内容がわからなくなってしまう．一方，読むときには，書くときと同様に，好きなように休止したり考えたりすることができる．

ところが実際には，我々［英国人］もそうであるが，英語を学ぶ外国人がこの順番を逆にして，文語から始めて次に口語を学ぶことが非常にしばしば見受けられる．彼らは，まず最初に『ウエークフィールドの牧師』の廃れた語法，あるいはせいぜいよくてワシントン・アービングの『スケッチブック』の廃れた語法を記憶に焼き付け，ついでシェイクスピアからの選りすぐりの表現を付け加え，最後にこの異質な要素からなる混合物に『パンチ』［1841年に創刊されたイギリスの週刊風刺漫画雑誌］やディケンズからかき集めた近代の口語表現で味付けをするのである．その結果は常に不満足なもので，しばしば理解しがたいものになる．これに関しては，次のような例がある．あるドイツ人が，ある夫人について「彼女はいかがですか」とイギリス人から尋ねられて，「彼女は (ræpt) です」と答えた．それと同時にそのドイツ人が頭をたたいたので，イギリス人は彼女が頭をなぐられた (rap or knock) と言っているのだと思った．しかし暫く話しているうちに，シェイクスピアの『マクベス』に出てくる 'how our partner's rapt' (rapt = transported) を考えていることがわかり，she was out of her mind（彼女は恍惚状態であった）の意味を伝えたいのだと判明したのである．

（解説） 言語の学習はまず口語から始めよ，という一般原則が述べられている．今から4，50年も前，「木に竹を接いだような英語を話したり，書いたりしてはいけない」という注意を『英語青年』などの誌上でよく見かけることがあったが，最近ではそのような記事はまったく見ることがない．それは日本人の英語が進歩したからではなくて，そもそも古典的名作を読んで，表現を収集し，それを活用しようとするような勉強家がいなくなったからであるに過ぎないと思われる．読んだ本から，活用できそうな表現を自分自身の手によって収集し，それを消化して血となり肉となるレベルにまで高めることが語学学習の基本の一つであると思う．

第8章　言語の困難

　言語を学ぶことは困難を克服することであって，それぞれの言語にはその言語に特有な困難がある．

外的困難

　困難のいくつかは純粋に外的なもの，つまり言語そのものに起因するのではなく，それを学ぶ環境に起因するものである．教科書やその他の援助が得られないとか，学習者の母国語で書かれた教科書や文法書や辞書がないなどである．

　また，各言語の書き言葉によって引き起こされる困難，例えば文字の複雑さ（アラビア語の文字や日本語の文字など）とか，その正字法のあいまいさ（非表音的性質）なども外的困難である．

母語との関係

　一部は外的，一部は内的と見なすことができる別の種類の困難がある．それは学習者の母語と外国語との関係に起因する困難であり，特に語彙と構造の類似性に起因する困難である．

　当然のことながら，我々は外国語が自国語に近ければ近いほど学習が易しいと考えがちである．スペイン人はすぐにポルトガル語がわかるようになるし，ポルトガル人はすぐにスペイン語を理解できるようになり，またデンマーク人

はすぐにスウェーデン語を理解し，イングランド人はすぐにスコットランド語 (broad Scotch：スコットランドの低地で話されている英語の一方言) を理解すると考える．その理由は，それぞれの2組の言語が実際上お互いに方言関係にあるからである．

しかしこの類似性がしばしば混乱の原因となることがある．この類似性は，ただ同系の言語を理解することだけを望み，大まかな知識で満足する初学者にとっては役に立つけれども，徹底的に学習しようとする人にとっては障害となる．というのは，絶えず交叉連合（混乱）が生じるからである．例えば，ドイツ語のwerdenは現在形でかつ不定詞形であり，wordenがその過去分詞であるが，オランダ語ではwordenがドイツ語のwerdenに相当し，オランダ語の過去形のwerdがドイツ語のwardに相当するという具合である．しかし，ドイツ語とオランダ語の一般的類似性は，デンマーク語，ノルウェー語，スウェーデン語の言語群間の類似性と比べるとかなり少ない［それにもかかわらず交叉連合が生じる］．これら三つの言語の類似性は実際非常に強くて，それらを別々に離しておくことが不可能なほどである．デンマーク語を流暢に話すことを習得した外国人が，続いてスウェーデン語を学習しようとすると，すぐにデンマーク語を話す能力を失い，スウェーデン語を忘れてしまうまではデンマーク語を取り戻すことはできないであろう．さらにノルウェー語（これはデンマーク語とスウェーデン語の中間にある）を学ぼうとすると，さらに大きな混乱が生じる．

語彙の相違は文法構造の相違よりもさらに厄介である．というのも，この相違は一定の決まった規則で捉えることができないからである．例えば，フランス人が「許しを請う」(demand permission) とき，フランス人には命令の意図は少しもないことを，英語を話す人が理解するのはむずかしい (p. 248を参照)．また，緊密に結びついた言語や借用語関係にある言語の語の意味を推測するのは危険である．例えば，ドイツ語でgottesdientstは礼拝 (divine service) を意味するが，オランダ語のgodsdienstは広義の宗教を意味するというように意味が異なっている．

これに対して，遠くて関連のない言語を学ぶときには困難が逆転する．学び初めが非常に困難であって，その言語を理解するためには，はるかに長い時間を要する．しかし初期の困難が一度克服されると，その言語の細部まで正確に学ぶことが容易になる．学習者が交叉連合によって惑わされることが少ないためである．

内的困難

次に厳密な意味での内的困難，つまり，言語に内在的であり外的環境や他の言語との様々な関係とは無関係な困難について考えよう．

言語の困難は一般に次の4つに分類できる．

(1) 論理性と合理性　　(2) 明確さ　　(3) 表現の完全さ　　(4) 簡潔さ

(1) 論理性と合理性

論理性に関しては，未熟な学習者は，外国語が自分の母語と異なるところは何でも本質的に不合理であると見なすが，このような偏見は別として，特殊な言語には，すべての外国人は言うまでもなく，偏見のない本国人でさえもかなり不合理であると認めるような文法構造や表現方法がある．例えば，古典アラビア語では3から10までの数詞は，男性名詞の前では女性形で，女性名詞の前では男性形である．この矛盾は純粋に形式的なものである．また，外国人にとって，ドイツ語や古代英語の性の区別，「手」が女性で「指」が男性であるのに対して，「足」は男性として扱い，「足の指」は女性として扱うなどは非常識というほかない．

(2) 明確さ

明確さの点で，ある言語が別の言語よりも詳細な区別をすることがある．例えば，空間における物の位置について，大まかに this と that, here と there と区別して満足している英国人にとっては，スコットランド語の this, that, yon や here, there, yonder の3区分が，自国語の2区分よりも論理的に優れていることを認めざるを得ないにしても，非常な困難を引き起こす．

一方，明確さの欠如により，外国語を話すときに，頭の中の概念に明確に正確に対応する語や句を探し求めて結局うまく行かず，最後には回りくどい言い方に落ち着くことがよくある．

また，明確さの欠如が曖昧性を引き起こすことがある．例えば，英語の will と shall は，一方では願望と強制を表し，他方では未来を表すが，ドイツ語では純粋の未来を表すのに werden を用いるので，そのような両義性は避けることができる．しかしこのことから，英国人はドイツ語で当然 wollen あるいは sollen を用いるべきときに躊躇することがある．これらの助動詞を werden の代わりに用いることによって願望や強制の色合いが出せることを会得していないので，これらの助動詞を使うことで，ドイツ語に英語の用法を持ち込むことになるのではないかと懸念するからである．

さらに，不明確さや意味の曖昧さが文脈に起因することがしばしばある．す

べての言語に，その意味の区別が文脈だけに依存しているような多様な意味をもつ語がある．英語の形容詞の sharp がそのような語の一例で，この形容詞はナイフ，差別，応答，気質などに対して用いられる．[*sharp* knife, point, differences, contrast, reply, scream, insult, performance, etc.]

(3) 表現の完全さ

表現の完全さについては，一方では the reason why, my future address will be ... のように極端に冗漫になる場合と，他方では at his brother's (house) のような極端な省略の場合がある．しかし本当の困難を引き起こすのは，このような明らかにきわだった場合ではなく，もっと不明確な場合である．例えば，ギリシャ語の不変化詞 (particle) は，ほとんどの他の言語の不変化詞と比較して，余剰的で不必要なものように思われる．

一方，古代中国語は多くの場合，ほとんど信じがたいほどに簡潔で省略的である．この言語では第三人称の主格を表す代名詞 (he, she, it, they に相当する語) がないので，代名詞が欠けていると，それは三人称を意味すると見なされる．しかもこればかりでなく，文脈上許されるなら，他の人称でも同様に自由に代名詞が省略される．したがって，yuet は he says, she said, they will say, one may say などばかりでなく，I say, we have said なども意味するのである．

(4) 簡潔さ

表現の簡潔性は第一に規則性を意味する．したがって，周知のように，不規則な屈折は屈折言語の学習において最も恐るべき困難である．

簡潔な表現は，一方では一般的で抽象的になりすぎる面があり，他方，極端に抽象性が欠けると，極端に特殊化して多くの場合に困難の原因となる．例えば，英語では馬の running を表す語はなく，trotting とか galloping によって速度を表さなければならない．またスウェーデン語では aunt, uncle に対する一般語はなく，これらの概念は father-sister, mother-sister (faster, moster) によって表される．

最も大きな困難の原因の一つは，不必要なほど細かい区別によるものである．例えば，ドイツ語の herauf (up toward the speaker) と hinauf (up away from the speaker) のような区別の場合，常に文脈からはっきりと分かるので，外国人の学習者はこの区別を無視しがちになる．

もう一つ別の困難は，不必要な複雑さに原因がある場合である．これは数字表現によく見られる．例えば，英語で seventy を threescore and ten と言ったり，フランス語で four-twenty-eleven = 91 と言ったり，デンマーク語で

threescore minus half a score = 50 と言ったりする．

音声上の困難

　音声上の困難，つまり発音上の困難には考慮すべき点が三つある．第 1 に，音の困難が耳慣れた音であるかどうかによって左右される場合で，これは本質的困難というより相対的あるいは外的困難と呼んでよいであろう．音声学の知識のない学習者にとっては，耳慣れない音はすべてむずかしく，発音不可能であるとさえ思われる．このことは，耳慣れた音が耳慣れない結合をしているときにも当てはまる．例えば，語頭の [ts] の発音は英語話者にとってはむずかしいし，ロシア語の [ʃtʃ] の発音もむずかしい．[ts] は耳慣れた結合であるにもかかわらずむずかしいのは，語頭にくる場合は耳慣れないからである．

　第 2 に考察すべきことは，ある言語に一定期間実際に存在していた音には本質的困難はないはずであるという点である．音は世代から世代へ伝えられるときに，きわめて容易にまた気がつかないようなわずかな変化を受けるので，数世代にもわたってそれらの音が保持されているという事実が，それらの音がむずかしいはずがないことを証明しているというのである．例えば，アラビア語の二つの音 /hā/ と /ēn/ が，ほとんどの外国人が想像するようにそれ自体発音がむずかしいのであるならば，少なくとも一万年以上もの間変わらず保持されることはなかったはずである．

　最後に，一般音声学の実際的訓練によって多くの困難を直ちに取り除くことができ，練習と忍耐によって外国語の発音を完全に習得することができる．そして十分な時間を文法や語彙の習熟に向けることができる．我々の音声学の知識や教授法が徐々に改良されるにしたがって，特に音声学の実際的学習を若いうちに，つまり子どもの頃から始めていれば，残りの困難を取り除くことはもっと容易になるであろう．

各言語の一般的困難

　ある言語の一般的困難を他の言語の困難と比較して評価するときには，外的要因と書記体系の複雑さなどの言語の本質に無関係な要因は排除して考えなければならない．

　たいていの人は，ギリシャ語やサンスクリット語のような言語の真の困難はどこにあるかと問われれば，躊躇なく「屈折の複雑さ」と答えるであろう．サンスクリット語は 8 つの格をもつので，4 つの格しかもたないドイツ語よりもむずかしく，格が 15 もあるフィンランド語は少なくとも名詞の屈折に関する

限りサンスクリット語の二倍むずかしいと考えがちである．

しかしこの問題をもう少し詳しく見ると，一般に屈折が多くなるとそれに応じた埋め合わせがあることがわかる．一般的に言って，格の数が増加するに従って格は規則的になり，同程度の重要性をもつ要素は，形が明確になってそれだけ記憶しやすくなる．ドイツ語は4つの格しかもたず，-e, -en, -em, -es, -er の非常に限られた5つの語尾によって表されるが，この形式上の簡潔さ自体が返って困難の原因となっている．というのは，これらの語尾のほとんどが多数の文法的機能を担っているので，その個性が失われていて文脈とまったく関わりのない無意味な抽象物となっているのである．したがって，現代ドイツ語の屈折がフィンランド語ほどにむずかしくはないと言えるかどうかは疑問である．

このように見ると，屈折の多いことが必ず言語の困難を増すということでもないし，屈折はある点では，英語やフランス語のような分析的言語の屈折に対応する前置詞，不変化詞，助動詞を学ぶよりも簡単であるかもしれないという結論に至る．英語の未来を表す will と shall の区別やフランス語の前置詞の à と de の用法よりもむずかしい屈折はないように思われる．

もし仮に屈折や文法上の不規則性が困難の主要原因であるならば，屈折も文法上の性の区別もなく，形態上の不規則性もなく，不変化詞や助動詞の数が少ない中国語が，世界で一番易しい言語であることになる．ところが，古典中国語の構造は，外的困難を別としても，ラテン語の構造と同じくらいむずかしいのである．

真の困難は語彙にある

ヨーロッパ人が普通に学ぶ外国語はほとんどインド・ヨーロッパ語族（アーリア語族）に属し，その上，ラテン語，フランス語，ギリシャ語から借用した多くの語彙を共有しているので，彼らは外国語を学ぶ真の本質的困難は語彙の習得にあると言うことを理解しない傾向がある．大抵のヨーロッパ言語の語彙に習熟するということは，単に少しばかり姿を変えた多くの古い友人を認識することであり，残りの認識できない語彙を学ぶのにいくぶんかの努力をすることを意味するに過ぎないのである．

アラビア語や中国語のように遠く離れた言語の場合には事情が相当に異なる．例えば，アラビア語の場合，読むための文法，少なくとも普通の散文を読むための文法はきわめて簡単であるので直ぐに習得できるが，何年にもわたってある分野のテキストを読んでいた研究者が別の分野の文献を読もうとする

と，ほとんど一語も分からないことがある．これは，大抵の場合，必要とされる新しい語彙に通じていないことから生じるものである．

　要するに，我々はどのような言語でも一定期間の間（通例6ヶ月以内）にその文法は習得できるが，語彙に関してはそのようには行かない．ただし，イタリア語の語彙がすべての英語の話者に馴染みがあるように，我々がすでに部分的にその言語の語彙に馴染みがある場合は別である．

すべての言語は同等にむずかしい

　これらの考察を公平にまとめると，学習の容易さに関しては，すべての言語は本質的には同じレベルにある，つまりすべての言語が同等に易しいかあるいはむずかしいのである．もちろん，すべての外的要因を厳密に排除し，個々の言語間の［同一語族に属するなどの］特別な関係を無視すればである．この考え方を経験によって検証することはもちろん不可能であるが，たとえ正しくないとしても，一方に偏った考え方や不確かな推論を正すものとして一定の価値があると思う．

　我々が至り着いたこの結論は，いくつかの先験的（à priori）考察によって強化される．この点に関しては，文法的不規則変化の歴史が教訓的である．

　言語の複雑さや不規則性を増す原因は，無制限な音声変化の傾向があるためである．屈折の起源は主として，もとは独立した後置詞であったものを先行する語に組み込む音声変化に求められる．例えば，アイスランド語の再帰代名詞の屈折語尾 -sk は，もとの再帰代名詞 sik の短縮形であり，būask（= prepare oneself）のように動詞に屈折として組み込まれている．

　実際の言語においては，このような困難はある程度まで累積が許されるが，その言語全体の構造に害を及ぼす危険が生じるまでに困難が累積すると（このような危険は放っておくと，どの言語にも起こりうることであるが），平均化（leveling by analogy）の過程によって取り除かれる．

　あらゆる言語は，その口語体が普通の能力の話し手に適したようになっていなければないことは明らかである．各言語は大部分，その民族の哲学者や詩人によって作り出されているけれども，日常の会話に用いられる形式は，普通の人の能力を超えるものであるはずがない．したがって，言語を学ぶことは，いかなる点においても，数学や形而上学を学ぶこととは異なっている．つまり，それは思考の高尚な領域に入り込むとか，高級な頭脳と交わることを意味するのではない．むしろ正反対で，現存する言語の大部分は，文明の未開発な状態にあった人々によって発展してきたものであるから，まったく逆のことを意味

する．したがって，後で述べることであるが，厳密に論理的であったり，詳細にすぎるほど分析的であったりすると，しばしば言語を学ぶ上で障害となるのである．

　すべての言語は，それ自体同等にむずかしいということを認めたからと言って，言語に決して「むずかしい」という語を適用できないことを必ずしも意味するのではない．しかし次のことは理解しておかなければならない．ある東洋の言語がもう一つ別の言語よりも「むずかしい」と言うとき，それが意味していることは，外的障害がより大きいとか，その言語の構造が普通のヨーロッパの言語の構造とは異なっているということであるに過ぎない．

（**解説**）　本章の論点は「言語を学ぶことは困難を克服することであって，それぞれの言語にはその言語に特有な困難がある」という一文に集約されている．そもそも言語を学ぶということは困難を克服する努力と忍耐を必要とする．だれでも母国語を自由に操っているので，言語の学習はそれほどむずかしいものではないという，安易で誤った一般的考え方に対する警告と見なしてよい．

　「遠くて関連のない言語を学ぶときには困難が逆転する．学び初めが非常に困難であって，その言語を理解するためには，はるかに長い時間を要する」場合が，日本語と英語の関係に該当する．このような遠い関係にある言語の場合，その二つの言語間の違いの認識が言語学習に非常に重要である．換言すれば，日本語の知識を英語教育に活用することである．例えば，生徒は，「ランチを食べる」のように動詞句では動詞が末尾にくることを知っているが，英語では逆に "eat lunch" のように動詞が先頭にくる．つまり，日英語では語順に関して規則的な鏡像関係が見られる．また，本文で言及されている中国語と同様に，日本語の代名詞は文脈から明らかなときには自由に省略されるが，これに対して英語ではそのようなことはない．さらに，日本語では主語が文脈から明らかであるときには省略されるが，英語では常に主語が必要である．このような日英語の基本的な違いを英語の授業で教えることは，英語の学習にとって大きな助けになる．（このような視点を学習英文法に組み込んだものとして『実例解説英文法』（拙著，開拓社）がある．）

　本文でドイツ語の herauf (up toward the speaker) と hinauf (up away from the speaker) の区別について述べているが，この違いは英語の come up to（話者に近づいてくる場合）と go down to（話者から離れていく場合）の違いに似ている．この表現の違いは視点の違いを表している．よく知られている事例は，英語の come と go と日本語の「来る」と「行く」の違いである．英語で

は相手の視点に立って，相手のところに「行く」ときには go ではなく come を使う (When could I come to your house? (いつお伺いしたらよろしいですか))．また，over there (向こうに) は普通の表現であるが，Come over here. という表現を単に「こちらに」の意味であると教えるのでは説明が不十分である．over は本来「向こうに」という意味であるので，here とは馴染まないからである．ここにも視点の問題があって，Come over here. では，here は話者の視点を表し，over は聞き手の視点を表している．話し手のいる here が聞き手から見ると over の位置にあるのである．このような説明によってはじめて生徒はこの表現の意味を理解できるのであって，日英語の比較の視点は，英語教育において統語的にも語用論的にも必要な情報である．

第9章　教授法の一般原則

　さて，ここで主要な問題，つまり，どのようにしてこれらの様々な困難を克服すべきかの問題に移る．

言語は部分的にしか合理的ではない
　この問題に入る前に，言語には合理的な部分と不合理で恣意的な部分があるという事実を明確に理解しておくことが重要である．例えば，"origin" という概念を表すために spring, source を用いるように，抽象的概念を表すために物を表す語を体系的に用いて語彙を拡大するのは合理的である．反対に，フランス語やドイツ語のように，文法的性の体系化が進んで複雑になったり，語形変化が不規則になってあいまいになると，それは不合理である．
　言語の恣意性が最も顕著なのは語彙である．合理的な単語の典型は cuckoo のような語であって，この語が表すものをすでに知っている人にとっては，この語の意味は，身振りや絵と同じように，自ずから分かり容易に記憶できる．しかしすべての言語において，根本語 (primitive words) の大多数は，それが表す意味と何の関係もなく，さらに悪いことには，一つの音群が多様な意味を表し，しかもその意味の間にまったく関係がないときがある．例えば，bear [支える，耐える，運ぶ，産む，熊など] や box [箱，交番，殴打，ツゲなど] がその例である．語彙における唯一合理的な部分は，複合と派生によって新語を形成する部分と，暗喩 [Drawing a picture will help you *build an idea*. (idea が建造物に例えられている)] や直喩 [She sings *like a robin*.] やその他の類似した過程によって語に新しい意味を付け加える部分である．しかしこれらの過程すべてにおい

て，その操作や結果に不規則で恣意的な部分が見られることがよくある．

言語における不合理な結合：我々は規則では話せない

　言語は語を結合して文を作る方法，すなわち，文法（synthesis）においてさえも不合理なことがしばしばある．もし言語がこの点において完璧に合理的であるとすれば，語を算数における数字のように扱って，少数の文法規則を適用して語を結びつけ，随意に文を作ることができるであろう．しかしながら，実際にはあらゆる言語において，大半の文は限られた数の自然な文（natural sentences）から成り立っていて，演繹的に（a priori）作られていて［観察された事実なしに，論理によって作り出された文］，しかも他の語の置き換えによって自由に部分的改変を加えることのできるような文はごくわずかである．

　しかしながら，我々は不規則な屈折語を用いなければ長く話すことができないのと同様に，語の不規則な結びつきを用いることなく［演繹的に文を作り出すことなく］，自然に話し続けることはできない．自然な話し言葉を構成する文には2種類ある．一般的な文（general sentences）と，How do you do? や Never mind. などのような特殊な文あるいは慣用句である．後者は，事実上，salutation, indifference などの単語と同様であって，文法上の不規則変化を憶えるのと同じように一つ一つ憶えなければならない．これらの文の多くは，それを構成している単語から成り立つ意味と調和しない意味をもっている．例えば，How do you do? の中の do の意味は，それが単独でもつ意味ではないし，I could not help being late. では，help は prevent, avoid の意味であって，これは help の本来の意味の正反対の意味である．

　さらに，いろいろな単語の組み合わせによってある概念を表すときに，それが文法と辞典によって認められるような場合［文法規則に従い，単語の用法も正しい場合］でさえも，実際の用法ではそれらの結合の中でただ一つだけが用いられることがある．私は外国人に「elegant supper の表現を使ってもいいでしょうか」とか「He was bad last night. と言ってかまいませんか」と尋ねられると，その度に「英語は自由な言語ですから，夕食を elegant と呼んだところで何の支障もありません」と答えるが，自分自身はそのような表現を用いた記憶がない．英語は自由な言語であると言っても，他の言語と同様に一定の制限があるのであって，そのために，外国人の英語の中に，厳密な文法規則に従って構築されているけれども，純粋な英文がほとんど一つも含まれていないという奇妙な光景を見出すことがしばしばあるのである．［そのような例として著名なフランス人東洋学者の英文があげてある．］

［文法的にまったく問題のない語結合でも不自然な場合がある．上記の elegant supper の結合には文法上の問題はないが，supper が elegant のような形容詞に修飾されることは，特別な場合を除いては，不自然である．ちなみに，『新編英語活用辞典』（市川繁治郎編）の supper の項を見ると，supper を修飾する形容詞として，a big / small / light / scanty / substantive supper, an early / late supper などの例があがっていて，elegant と supper の組み合わせがぎこちないことが分かる．］

自然教授法（ナチュラル・メソッド）

　自然教授法（natural method），すなわち子どもが母国語を学習する方法を外国語教授法として提唱する人達がいる．この方法の熱心な提唱者は，母国語を学ぶ過程は特別に好ましい状況であって，のちに外国語を学ぶときには，この状況に（同じとは言わないまでも）近い状況でさえ再現することは不可能であるという事実を忘れている．

　我々が母国語を覚える場合には，小さいときから始めて，全時間をそれに投入する．しかも我々の心はまったくの白紙であって，母国語の習得に生き生きとした清新な全能力を傾けて当たることができる．また，我々は新しい単語と新しい概念を同時に学ぶのが一般的で，単語がしばしば概念の習得の鍵になるという事実が，子どもの単語学習の過程に特別な生気と興味を与えている．［現在では，子どもは白紙の状態ではなく，生まれながらに言語習得の仕組みをもっていることが明らかになっている．そしてこの装置が正常に働く期間には上限があって，それを臨界期（critical period）と呼んでいる．一般には 10～12 歳頃までと考えられているが，発音に関しては 5～6 歳頃までなどと，諸説がある．この期間を過ぎると言語習得が格段にむずかしくなり，まさにそれを英語教育が担当しているのである．幼児は 1 歳半頃には 50 語程度を話すようになり，いわゆる「語彙の爆発的増加期」を迎えて，1 日 5～7 語もの早さで語彙を身につけ，5 歳頃には 5,000～10,000 語も習得すると言われている．］

　しかしこの自然教授法による学習過程には欠点もあって，それは習得が遅々としていること，結果が常に不完全であることである．実際，この自然教授法で得られる結果は大変不完全なものであって，学校での訓練や日々の生活における不断の練習の助けによっても，本当に完璧に母国語に習熟できるようになる人はほとんどいない．もし言語が各世代の子どもによって完璧に習得されるとすれば，言語は変化をしないはずであって，英国の子供達は今でもアングロ・サクソン語のような古い英語を話していることになるであろうし，フランス語やイタリア語のような言語も存在しないであろう．［言語変化は，ある種の

習得上の不完全さから生じる世代間の相違によって引き起こされると述べている.］

さて，外国語を学ぶ場合となると，我々が遭遇する様々な不利な点は十分にはっきりとしている．学習の開始が遅くなればなるほど，これらの不利な点はさらにはっきりする．模倣の力は大幅に衰えて，このことは特に発音において顕著であるが，そればかりではなくて，外国語を使おうとする欲求も減じてきて，精神はその新鮮さを失い，新しいものに対する感受性も失われてしまう．

しかし一方では（成長と共に）精神が形成されて，一般化や抽象化の能力がついており，さらに，単語やその結合によって表示される事物や概念について，それまでよりもはるかに広くより正確な知識を獲得している．また，集中力や几帳面な忍耐力が強くなっている．そして，このような利点は上で述べた不利な点を補って余りあるものである．

にもかかわらず，この有利な局面を一変させてしまうような不利な点が一つある．すなわち，学習者がすでにもう一つ別の言語，つまり母国語を習得しているという事実である．したがって，新しい言語を学習するときに，交叉連合によって引き起こされる恐るべき困難と絶えず戦わなければならない，つまり，いわば，もう一つの言語を忘れる努力をしなければならないのである．例えば，新しい発音をしようとするとき，舌がその音に最も近い母国語の音を発音する位置に逆戻りする傾向が生じる．同様のことが，語順でも文法構造一般でも，その言語の組織全体で起こるのである．

したがって，自然教授法に対する根本的な反論は，この方法によると成人を幼児の立場におく必要があるが，それは不可能であると同時に，そのようなことをすれば成人に特有の特別な利点を利用できなくなることである．利点とは，すでに述べたように，分析力，一般化の力があることで，手短に言えば，文法と辞書を使うことができる力があることである．

［ある文献によれば，自然教授法（ナチュラル・メソッド）について次のような解説がなされている．産業革命以降の近世ヨーロッパでは各国間の交流がより盛んになり，書物から情報を得る以上に直接，人間同士のコミュニケーションをとることが重要になった．この時代に，母国語の習得過程に倣って会話能力の修得を目指す自然教授法が提唱されるようになった．ベルリッツ（Maximilian Berlitz）は幼児の母語習得に演繹的な部分がないことを根拠に，次の方法を提案した．

(A) 文法の説明はせず，多量の適切な例文を示すことで正しい文が作れるようにすること

(B) ヒアリング，スピーキング，リーディング，ライティングの順で学ぶこと

（C）　語彙の習得は母国語による説明でなく，絵や実物を示して行わせること

この自然教授法を基礎として，その後様々な種類のダイレクト・メソッドへ発展した．
　この教授法が導入された時代背景が，会話中心にコミュニケーションを重視している現在の日本の状況とよく似ている点が面白い．しかしこの自然教授法が成功しなかったことはその後の事実が物語っている．］

海外居住
　自然教授法はほとんど必然的に，その言語が話されている国に居住することを意味するが，海外居住にもまた特有の語学的欠点がある．
　「言語をその国で耳で聞き覚える」という表現を聞くと，なかなかよいことように思われるかもしれないが，多くの語学に優れた人が告白するところによれば，彼らはほとんどすべてを本から学んでおり，特に外国語学習の初期段階ではそうであって，会話から学ぶことはほとんどなかったと言う．実際，会話から学び取るのには多くの障害がある．早口の会話では聞き間違えたり忘れたりすることが多く，そのようにして覚えたことは信頼できない．会話は実際新しい語や表現を学ぶ手段でなく，すでに習い覚えていることを聞き取ったり再現したりする練習をする手段にすぎないのである．我々がたまたま聞いた表現を性急に再現すると，卑俗的（vulgar）になったりこっけいなほど通俗的（slangy）になったりするか，さもなければ不愉快な表現になったりする．初めから耳だけで言語を習い覚えた結果は，未知の言語を話す人々の間に入っている無教養な大人の場合に見出される．その国に何年か住んでいても，そのような人が口に出すことができるのは，限られた語や句にすぎないことがしばしばである．
　事実，自国でその言語の基礎を十分に習得することなく外国に居住することは明らかに有害である．というのは，学習者は必要に迫られて，とっさの思いつきで正しくない表現を間に合わせで作ることを強要されるからである．そしてこれらの正しくない表現が何度も繰り返されることによって，型として残ってしまい，それを取り除くことがほとんど不可能になるからである．
　文法と辞典による学習の有用性を認める人でも，その言語の初歩を習得するとすぐに組織的学習を放棄する人が多くある．しかし少し考えれば，組織的学習は学習の初めばかりでなく，終盤にもほとんど同様に必要なものであることが分かる．耳で聞くことによって信頼できる知識を聞き覚えることはむずかしい，あるいは不可能である（このことは，耳学問の場合ほどではないにしても，ぞん

ざいな読み方にも当てはまる）のだから，組織的学習の放棄は学ぶことの放棄を意味することは明らかであろう．組織的学習をひとたび放棄すれば，我々は言語を学んでいるとは言えず，ただ「維持している」に過ぎないのである．

したがって，海外居住によって最大限の利益を得ようと望む人は，次の原則を守らなければならない．

 (1) 事前準備を完全に行うこと．
 (2) 発音と言語一般の正しい標準，それもできるだけ混じりけのないもの，を聞く機会があるような場所を選ぶこと．
 (3) 最後まで組織的学習を継続すること．

［日本では語学研修のための海外留学が盛んであるが，海外留学の成功は事前準備の如何にかかっていること，語学学習では文法と辞書による組織的学習の継続がいかに大切であるかを述べている．］

先天的素質

周知の通り，外国語を学習するための先天的素質は個人によって大きく異なっている．恐らく程度は同じではないであろうが，それは子どもでも成人と同様である．

子どもが母国語で話すことを学ぶに当たって，迅速さや正確さの程度に差が出てくる．ガベレンツによれば，「発音や文法の困難を克服するのに数年必要とする子どもいれば，これらの困難がほとんど存在しないように思われる子どももいる．ドイツ人のある子ども達は，話すことを学び始めるその当初から，母国語ばかりでなく外国語の喉音や子音結合群も容易にしかも正確に発音し，ドイツの性の規則あるいは不規則複数形の作り方や動詞の活用形を破るようなことはめったになかった．また，ある子ども達は勝手に自分たち自身の特別な法則をもつ言語を作り上げていた」と述べている．

これは，独創的精神をもった人が必ずしもよい語学者となるのではないことを示している点で興味深い．事実，言語に対する才能は決して高い知的発達を意味しているのではない．真に独創的な精神は本能的に最も効果的な表現方法を駆使しようとする．すなわち，そのような精神は最もよく知っている言語，つまり母国語で表現するのを好む．そのような精神は外国語の学習をできるだけ避ける傾向があるのである．

我々は以前に，言語は部分的にしか合理的ではないと述べたが，このことは，言語の習得は少なくともその大部分は機械的に行うべきものであることを

示している［合理的でない部分は機械的に記憶する必要がある］．機械的学習は精神の独創性や批判的精神を必要としない．実際，独創性や批判的精神は言語学習の助けになるよりもむしろ障害になる．本当に必要とされるのは，観察力，すばやい模倣，新しい言語の諸現象を理解する適用力，そしてそれらの現象を保持する記憶力である．

　［語学の才能は，いわゆる知的才能（独創性，自主性，批判的精神など）とは異なること，また，ある言語を習得すると実利があるとか，確固たる目的がある場合には，それが驚くべき作用をするもので，語学学習は必ずしも特殊な才能を必要とするものでもないとも述べている．］

国民的素質

　ある国民が他の国民よりも語学の才能があると考える正当な理由はないように思われる．偉大な語学者がある国に限定されているということはなく，それはちょうど非常に体力のある人がある国に限定されていることがないのと同じである．

　それにもかかわらず，我々がいままで個人について述べてきたことは，ある程度まで，国民にも当てはまる．

　背後に長い文明をもつ独創的で知的に独立した国民は，一般に外国語を学ぶことを好まない．例えば，フランス人が外国でいろいろな国の人と一緒にいるときに，フランス人が自分一人であったとしても，他のだれもがフランス語を話してくれるものと期待する．ところが，ドイツ人は国民意識が最近になって発達してきた民族であるので，外国語を話す機会があるときには母国語は決して話さない．しかしドイツ人はヨーロッパで最も知的な国民であることから予測されるように，外国語を本当にうまく話す人はめったにいない．

　国民の語学熟練の条件には純粋に外因的なものがある．ベルギー人，スイス人，オランダ人，およびデンマーク人は英国人よりも語学が達者である人が多いが，それはこれらの国々が小さくて，他国の言語を学ばざるを得ないことが理由の一つにある．ロシア人が語学に達者にならざるを得なかったのは，一つには彼らの文明が遅れていたので，西ヨーロッパの古い文明を模倣し適応する必要があったからであり，一つにはロシア語が目新しく近づき難い言語であったために，外国人がそれを習得するのを妨げていたからである．

すべての人に通用する教授法

　外国語学習の難易が個人間あるいは国民間で異なっていても，その差違は程

度の差に過ぎない．すべての言語学習能力は同一の基本的心理法則に従って作動する．連合能力と記憶力を働かせることなく言語を習得することはだれにもできない．言語上の記憶力がいかに悪かろうとも，言語上の連合がいかに貧弱であろうとも，必ずいくぶんの言語上の記憶力をもち，いくぶんの言語上の連合を形成できるのである．そうでなければ，どんな言語も習得できないはずであり，母国語すら習得できないはずである．

　学習速度の遅い人と生得的に言語学習に優れている人の間の違いが単に程度の問題であることは，メゾファンティ (Mezzofanti) [18世紀イタリアの語学の天才で30ヵ国語近くを自由に操ったと言われる] のような天才でさえ，他の生徒と同様に語形変化表を暗記しなければならなかったという事実によって明らかであろう．彼と他の生徒との相違は，メゾファンティは他の生徒よりもそれを学習するのが早く，記憶が正確で，読んでいるテキストの文法分析にそれを適用するのにすばやかったと言うことだけである．このような考察は，どの程度言語学習の方法が同じでよいかという重要な問題の解決に役立つであろう．

　ある語学学習者がもう一人の語学学習者に自分が学習した，あるいは学習したと称している言語の学習法方を説明すると，説明された人は賛成するかもしれないし，もっと他にいい方法があると言うかもしれない．あるいはまた，各人にそれぞれ自分自身の学習方法があって，一般原則を設定することは不可能であると言うかもしれない．

　しかしながら，我々が見てきた事実からすると，一つの絶対不変の学習法はないにしても，少なくともいくつかの一般原則があることは確かなように思われる．言語を学習するときに，どのような方法を考えようと，我々はすべて同一の基本的心理過程 (the same fundamental psychological process) を用いなければならず，そしてこれらの能力が，程度の差こそあれ，すべての精神 (mind) に存在するならば，すべての言語学習者が同一の言語学習の道を辿らなければならない考えることは理にかなっているように思われる．もっとも人によっては他の人よりも多くの時間がかかることはあるであろうが．

　しかしたとえある成人がその人の母国語と関係の薄いある言語を流暢に話すことができなかったり，容易に古典を読むことができなかったとしても，このことがすべての人々が本質的には同一の言語学習の道を辿る必要があるという我々の結論の説得力を失わせることにはならない．学習者がある道を辿って目的地に到着できなかったからといって，別の道を辿ればもっと遠くまで行くことができるという保証はないからである．

　最後に，合理的な教授法の最も重要な結果の一つは，先天的素質における差

異が組織的な訓練によって次第に均一化されることである．［合理的教授法を用いると先天的素質の違いとは無関係に，言語を習得できる可能性がある．］耳慣れない外国語の単音を模倣できなかったような成人でも，もし子どもの頃から音声学の訓練をしておけば，どの外国語の音でも容易に正確に復元することができるであろうし，発音では古い方法で訓練された最も優れた素質のある語学学習者と同等，あるいはそれに優るレベルにまで達するであろう．

しかしすべての学習者が同じように容易に早く目標に到達できると期待することはできないが，完成された教授法によれば，個人的才能の差異を最小限に抑えることができ，必要な時間と労力を惜しまなければだれでもその目標を達成できる範囲に引きつけることができるであろう．

もう一つ考えなければならないことは，どのようにしても言語の学習は容易にはならないということである．言語の学習は常に困難で不自然な（unnatural）作業なのである．不自然であるというのは，絶えず母国語との連合［交叉連合］と戦わなければならないからである．「どのような言語にせよ，子どもが話すことを覚えるのは，鳥が飛ぶことを学ぶのと同様に自然で容易なことである」というのは正しくない．これはグアン（Gouin）［19世紀フランスの教育学者，自然教授法に基づくグアンメソッドという教授法を提唱した］が自分の教授法を自賛して述べた言葉であるが，残念なことに，グアンメソッドを学習しても，必ずしも言語を習得できることにはならないのである．

（解説） 一つの絶対不変の学習法はないとしても，語学学習には少なくともいくつかの一般原則があることを指摘している．スウィートの立場は，話し言葉から始め，音声学を重視した学習法が重要であるという立場である．（もっと具体的な内容については第10章を参照）

先天的素質の如何にかかわらず，語学の習得はある程度まで可能であることを指摘している．語学の学習法に関しては山のような量の本があるが，一般の人々の語学学習に役立つ適切なものは少ない．一般の人々が陥りやすい誤りに，有名人の語学学習法を参考にしようとすることである．例えば，有名なスポーツ選手の英語上達法とか語学の才能が元々ある人の勉強法とかである．これらの人々は特殊な環境にいるとか，特殊な才能を持っているので，一般の人々の語学学習にはそもそも役立たない．一般の人々ができる努力について具体的に書いてあるものが最もよい学習書である．『英語の話し方』（国弘正雄，サイマル出版会，1970），『英語の話しかた——国際英語のすすめ（新版）』（国弘正雄，サイマル出版会，1984），『国弘流英語の話しかた』（国弘正雄，たちばな出版，

1999）は優れた学習書で，中心となっている主張は音読の重要性と中学英語の重要性である．『英語上達完全マップ』（森沢洋介，ベレ出版，2005）は数ある英語学習法の本の中で，このような道筋で努力すれば一定の段階まで達することができることを具体的に説いたよい本であると思う．

だれでも母国語を習得しているので，語学の学習は比較的容易ではないかという誤解が世間一般にあるように思われる．このことが要因となって，日本の英語教育では成果が出ていないという議論が安易に行われる．スウィートは語学の習得は困難な作業であって，不断の努力と優れた記憶力を必要とすることを度々強調している．教授法を変えるだけで大きな成果を期待するのは無い物ねだりであって，質の高い教育熱心な教員，よい教授法，よい教材，よい指導法，生徒の高い学習意欲などすべての要因が揃って始めて，英語教育は改善される．

第10章 教授法の特別原則

規則：機械的孤立化（mechanical isolation）

言語が部分的にしか合理的ではないとすると，その結果は一部分しか一般原則の下に入らないということである．したがって，一般規則で説明できる［合理的］言語現象も多くあるのに対して，一つ一つ別々に学習しなければならない［合理的でない］言語現象もあることになる．

一般的陳述（規則）の下に入れることができる現象についても，それぞれの特定の言語事実に対して，規則として述べるのが適切か，それとも孤立した事実（isolated fact）として学ぶのがよいかという問題が依然として残る．

規則の有用性は次の3項目によって決まる．

(1) その範囲：その中に含まれる実例の数．
(2) その効率性：例外の数，例外が最も少ない規則が最も効率性が高い．
(3) その明確さと簡潔性：その範囲や効率性とは別に，学習の容易さや適用のし易さ．

英語名詞の複数形形成規則のような規則は，これら三つの点のいずれにおいても高い評価を受ける規則である．意味と目的が明確であり，適用範囲が広くてすべての英語の名詞に適用され，例外が少なくて効率性が高い．

(1) と (2) の規準が，お互いの均衡をとる関係にあることは明らかである．もし例外がないか，あるいは自明で必然的な例外しかない規則があれば，それ

が少数の語にのみ適用されるものであっても学習する価値がある〔(2) の規準を優先〕．かなりの例外があるとしても，非常に多くの語に当てはまる規則であれば，その規則は学ぶ価値があるであろう〔(1) の規準を優先〕．例外が少ない方がよいけれども，規則に従う形式の方が例外の二倍あるとすれば，それは規則として認めてもよいであろう．

　すべての規則は，その適用範囲のいかんにかかわらず，それが取り扱っている形式の範囲がどの程度まで及ぶかについて類推できるという大きな利点がある．例えば，ある外国人が hands and feet あるいは men, women, children の語群について英語の勉強を始めたとすると，これらの様々な複数形に困惑し，英語で複数形を形成する規則はどれか知りたいと本能的に思うであろう．これに対して，「名詞の複数形を形成する方法は hands に示されている方法であり，ほとんどの英語の名詞はこのようにして複数形を作る．その他の不規則形は今のところ気に留めなくてよい」と答えてやればよい．それによって，その外国人は，簡単な一つの規則によって結びつけることのできる形を連合 (associate) できるのである．

　ここで，規則による方法か，機械的孤立化による方法 (isolating method)〔孤立化した現象として機械的に覚えること〕かのどちらを選択するかの問題を見ておこう．例えば，フランス語やドイツ語のような言語の名詞の文法的性は，〔性が自然性によるのではなく，恣意的に決まっているので〕規則に頼るのではなく，一つ一つ覚えた方がよく，これらの言語で性に関する規則を教えることは無益である．これらの言語における性の区別は純粋に形式的であって，思考を必要とせず，名詞と定冠詞のような付加語との間の機械的な連合に過ぎないからである．しかし接続法のような統語的規則に関しては，純粋に機械的方法はほとんど効果がないか利用不可能である．構文の相違を認識するためには，理性や論理を必要とするからである．統語的規則は，どの程度の範囲までその構文の類推を拡大できるかを知らせてくれるだけでなく，接続法のような構文がなぜある特定の文に用いられるかの理由を見つけ出す労力を省いてくれる．

　さて，我々はここで「言語を学ぶときに文法規則の助けを受けるべきか，受けるべきではないか」という問いに答えることができる．

　現在改良家達の間には規則に反対して，「我々は規則よりもむしろ型 (pattern) によって話し方を学ぶ (Paul)」とか「生きた言語は規則よりも模倣によって学ばれる (Storm)」というような点を強調する傾向が見られる．

　なるほど〔我々英国人が〕近代ヨーロッパ語を学ぶときには規則なしで済ませることができることは事実である．それはヨーロッパの言語は文法上共通点が

非常に多いので，前もってその文法を知っているからである．語彙に関しても同様のことが言える．しかしながら，模倣原理の重要性は認めるにしても，近代ヨーロッパ語の限られた視点から見ても，「規則はしばしば非常に役に立つ」と言わなければならず，さらに「規則は不可欠である」と言ってもよいであろう．

　一方，系列の異なる言語を学ぶとなると，始めから規則の必要性が感じられる．学習する言語が馴染みのないものであればあるほど，より多くの文法分析を必要とし，しかもより精密な分析を必要とする．

分析と総合

　言語は単語で構成されているけれども，我々は単語で話すのではなく文で話す．実用的見地から見ても科学的見地から見ても，言語の単位は文であって，単語ではない．言語を扱うのには次の二つの方法がある．

　　(1)　総合的方法（synthetic）：文を出発点とする．
　　(2)　分析的方法（analytic）：語を出発点とする．

　言語の実際的研究の観点から見ると，統合的方法では，言語の分析とは言語を分割して文にまとめ，その文を全体として理解し学習するだけであって，分析的方法のように，文を語に分割してモザイクのように組み合わせたりはしない．文を語に分析することは文法研究の基本であるが，総合主義は文を語に分析することに反対するだけでなく文法的分析にも反対する．

　分析的方法は，最近［当時］非常な発達を遂げたものであるが，ドイツで詳しく研究され現在英国に取り入れられつつある．この教授法の結果として，学生は語についてはかなり多くのことを学んでいるが，言語そのものについては何も学んでおらず，その言語についての感覚を完全に失っていて，相反する連合［交叉連合］の混乱状態の中に陥ってしまうことがある．

　［初学の段階では総合的教授法を用いなければならない．まず文を提示して総合的に教えることが重要であり，初めから分析的であってはならない．このことは，文法項目や構文についても言えることであって，例えば，接続法の細々とした屈折を分析的に教えることは得策ではなく，まず接続法は常に間接話法で用いられることを総合的に教え，その後に細部の動詞の屈折の分析的教授に入るのがよい．（第11章，「語形成と統語論を一緒に教えること」（p. 222）と「文法は無意識に学ばれる」（p. 223）を参照）

語形変化表

　文法の知識は必ずしも言語そのものの知識を意味しない．規則や語形変化表からなる文法は言語を学習するための材料を提供するに過ぎない．例えば，フランス語の luna（月）が女性であると言うことができても，それは必ずしもフランス語の性の実用的な知識を習得していることを意味しない．学生が luna（月）を冠詞の la あるいは形容詞の belle, blanche［女性形でそれぞれ「美しい」「白い」］と結びつけることができて始めて本当に性を知っていると言えるのである．

単語表を暗記すること

　「1日に 200 語覚えれば，2 週間で完全にドイツ語を覚えることができる」と言って，単語表を暗記することから言語の学習を始めるのは最悪の孤立的学習法である．初学者にとって重要なのは，孤立した語ではなくて，語を結合して自然な文を作ることである．

　［上記二つの項目は語を単独で学習しても余り役に立たず，語は一定の結合の形で学習させるのがよいことを述べている．例えば，arrive を単独で学習させるのではなく，arrive at/in のような結合で学ばせるのが効果的である．］

分離した文；文脈

　我々が文で話すことはすでに述べたが，しかし分離した文で話すのではなく，連結した文で話す．普通の話し言葉では，対話形式（dialogue）をとるのが通例で，しばしば質問と応答から成り立っている．書物では文が接合されてより大きな単位のパラグラフとなり，それがさらに接合されて章となり，最後には全部揃った連続したテキストを構成する．

　文とテキストの関係は単語と文の関係に似ている．その関係はいずれも文脈［前後関係］の関係である．ちょうど語が文脈から離れると，文法形式においても意味においても曖昧になりやすいのと同じように，程度は少ないけれども，文法構造や文の意味も文脈から分離されると曖昧になることがある．

　これらの考察は，言語の実際的研究の基礎は主として，つながりのあるテキスト（connected text）に置くべきであり，そのテキストの学習には文法分析が伴わなければならないという結論を明確に示している．

　しかし文法においては，規則は用例を用いて説明し正当化する必要がある．そしてそれらの用例は，学習者がその規則を記憶に留めるのを強化するのに役立ち，またその規則がテキスト中で果たす役割を認識することを容易にするの

に役立つのである．したがって，これらの用例はその性質上分離した語，あるいは分離した文である必要がある．

　これらの理由から，分離した文を用いないで済ますことはできないが，できるだけ分離に耐えうるような文を用いるように注意しなければならない．例えば，The sun rises in the east and sets in the west. のような文はきわめて明確な意味をもち，これ以上文脈を必要としない文である．高級な文学作品から引用された例の中にはほとんど意味不明のものがしばしばある．

　［当時流行していたオルレンドルフ型の教授法の最大の弱点は，テキストが分離した文から構成されていることであると指摘している．当時のテキストには，分離した文を単に寄せ集めてテキストとしたものが多かったのである．このような方法は約70年前に（本書の出版は1899年）ドイツで紹介されて以来，費やされる時間数は絶え間なく増加してきたが，その成果は必ずしも芳しくなく，かえって悪化している，というある学者の意見を紹介している．そのようなテキストの一例を参考のためにあげておこう．

　　The more merit one has, the more modest one is.
　　Thy sisters ate apples, and mine ate nuts.
　　Receive, sir, the assurance of my high respect.
　　These threw bombs into the fortress in order to compel the besieged into surrender.
　　Yield to his importunity, if you do not possess enough strength to make a resistance.

各文に一つの文法項目があてがわれていて，第1文は the＋比較級，第2文は代名詞 mine, 等々である．このような寄せ集めの文章がひとまとまりのテキストとして用いられていたのである．IV. イェスペルセン第2章「文例」(pp. 91-92) も参照．

　本文でも指摘されているように，文法的説明を行う際には分離した文を用いざるを得ないが，その場合でも意味が明瞭であって，容易に文脈を補足して考えることができるような具体的な例を使用すべきである．］

連合 (Association)

　言語の実際的研究の心理的基礎は，連合の大法則 (the great law of association) である．

　言語を学習する全過程が連合形成の過程である．母国語を習得するとき，我々は語や文を思考，概念，行動，出来事と結びつけて考える (associate) のである．

例えば，語はそれ自体連合によって様々な種類のグループにまとめられる．tree, wood, forest のような語は，意味に共通点があることから連合によって一つのグループを作る．trees, woods, forests は複数語尾をもつという点で一つのグループを作る．これらの語はすべて，「名詞」という文法的グループを形成するという連合から一つにまとめられる．つまり，我々の精神的能力（mind）が，これらの語が共通にもっている意味や文法機能の観点から，連合によってこれらの語を一つのグループと見なすのである．これらの連合は無意識のものであるけれども，実際に存在する．英語を話す人ならだれでも，最も無教養な人でさえ，本能的に名詞が何であるかを知っているのである．したがって，文法のただ一つの課題は，無意識の連合の本質を明確にして分析し，これらの無意識の連合を意識的分析的な連合にかえること，そして，それらを適切な用語によってできるだけ簡潔明解な形で述べることである．したがって，文法の機能は，学習しようとしている外国語ばかりでなく，自分自身の母国語を理解したり話したりするのに必要な連合を要約することにあるのである．［このように見てくると，スウィートのいう「連合」とは我々が本来もっている言語に対する知識（言語資料から一般性を見つけ出す帰納的能力）を指しているように思われる．それを精神的能力（mind）と呼んでいる．下記の「帰納的文法教授法」(p. 216)を参照］

連合の原理には次の6つの主要公準（main axiom）がある．

　(1)　最も頻繁に出てきて最も必要な要素を最初に提示せよ．

最初の連合（言語の学習内容）が最も強い．というのは，最初の連合は相反する連合によって妨げられることが最も少ないこと，それらが出来上がるまでには最も長い時間がかかっていること，最初の要素を習得するのに必要とされる労力が多ければ多いほど，それらがより強く心に焼きつけられること，などの理由からである．したがって，言語を学習するときには，最も強い連合が得られるように，普通の話し言葉の中で最も普通に用いられ，最も必要とされる語，句，慣用句，構文から学習を始めるべきである．高級な文学の語彙や文体に進むのは，その後のことである．

　(2)　似ているものは一緒に提示すること．
　(3)　似ているものと似ていないものを対比して提示し，一方から他方への転換が自由に行えるようにすること．

例えば，英語の名詞複数を学ぶ場合を考えてみよう．初学者はまず様々な名

詞に現れる規則的な屈折の例を与えられる．ついで，これらの規則的複数名詞がしっかり心に根付いたら，men, geese のような母音変異複数形を提示し，それらをしっかりと学習させる．最後に規則形と不規則形を注意深く選択した hands and feet, ducks and geese, men and animals のような語結合によって規則的複数形と母音変異複数形を対比して提示し，単数と複数の間の切れ目がなくなるばかりでなく，新しい特別な連合が対照語の間に出来上がって，一方を言えば他方が思い出されるようにする．さらに対照語の双方が複数の概念を思い出させ，同様に複数の概念によってその双方が思い出されるようにする．これは英語学習のモデルとなる方法を意図して述べているのではなく，単に連合の原理がどのように働くかを説明しているに過ぎない．

　　(4)　連合ができるだけ明確になるようにせよ．

　例えば，ラテン語の奪格（ablative）の用法の例をあげるときには，文法家はできるだけ奪格が与格と区別できるような文を選ぶように注意すべきである．［ラテン語の rosa（バラ）の単数与格は rosae で奪格は rosa と異なっているが，amicus（友人）では与格も奪格も amico で同形である．］同様に，初心者用のテキストを出版する際には，通例の句読法やイタリックの使用のほかに，音量記号（quantity mark）や強勢記号などを用いて十分な音声情報を与えるべきである．学習者の思考力を訓練するとか知識を試すとかの目的で，この種の情報を控える慣行が一般に見られるが，これはこの連合の公準に反する例である．

　　(5)　連合が直接的で具体的になるようにせよ，間接的で抽象的であってはならない．

　ある順位を覚えることになるような連合（第1類，第2変化，第3活用など）は，すべて間接的である．［第1類や第2変化等が何を指すがはっきり分からず，学習者にとって不親切であるので，］このような場合の連合はすべて直接的に行うべきで，例えば，強変化動詞のグループを呼ぶのには［クラスⅡのグループCなどと呼ばず，代表例を用いて］choose クラスのように呼ぶのがよい．

　　(6)　相反する連合（交叉連合）を避けよ．

　普通の綴り字の形式と音声転写の二つを同時に用いて言語を教えようとすることは，この原則を破っている一例である．（この二つの方法を同時に使用すると，音声転写表記にどのようなローマ字を用いても，既存の音価の印象があるので，それがいわば邪魔をすることになって交叉連合の混乱が生じる．）

記憶；反復

次の問題は，これらの連合を記憶に留める最もよい方法は何かである．

最も強い連合でも，使うことがなかったり時間の経過によって弱くなっていくので，**経済**（economy）の原則が最も大切である．すなわち，学習者に対して，その時必要としている教材，あるいは近いうちに必要とするような教材だけを教えるという原則である．例えば，（ラテン語などで）第3人称の動詞を教えようとするときには，第1人称や第2人称の動詞が混在しているような教材は使用しない．

この経済の原則によると，学習者はできるだけ少ない語彙から学び始め，その語彙を完全に習得するまで新しい語彙に移ってはならないことになる．この原則は直接性や簡潔性の原理の裏付けとなるものである．

反復は連合を作り上げるためにも，それを記憶に留めるためにも必須なものである．反復は，限られた語彙を用いてできるだけ長く学習するのがよい，という議論にさらに支持を与えるものである．というのは，語彙数が少なければそれだけ，語や形式や構文を繰り返し学習する機会が多くなるからである．

しかし反復は限度を超えると無駄になることがある．それには次の二つの場合がある．第1に，ある一つの細目を過度に反復すると他の細目の反復が妨げられる．第2に，過度の反復は，問題の細部をすでに知っている学習者にとっては退屈なものとなり，それをさらに繰り返すと注意力が減退する．［単語学習において，一つの単語を15回も20回も書かせるのは逆効果であって，一度にせいぜい多くて4～5回に留め，それを何度かにわたって繰り返すのが効果的である．IV. イェスペルセン第3章解説（p. 104）も参照］

人工的記憶術による様々な手段は，他の学科におけるほどには役に立たない．言語学習の全課程の目的は連合ができるようになることであり，このことはしばしば長きにわたる不断の努力によってのみ成し遂げられることである．したがって，人工的な記憶を作り出すために，外部からの異質な連合（extraneous association）をさらに加えて負担を増すことは労力の浪費である．

暗記は教材をあらゆる角度から徹底的に研究し尽くすまでは行ってはならない．教材が適切に研究されて文法的に分析されないうちに暗唱を行うと，しばしばかえって害になることがある．というのも，そのことによって，興味の感覚や新鮮さが失われたり，観察力が鈍ってしまったりするからである．［暗唱をさせるためには十分な事前の準備が必要であって，安易に暗唱をさせてはならないと戒めている．］

テキスト，文法，語彙の間の関係

すでに見たように，言語の実際的研究に必要な資料と備品は次のものである．

(1) 連続的テキスト—読本
(2) 文法
(3) 辞書，語彙表

この分類はそれぞれの特性に基づいているのであるが，ここでこれら三つの関係について考えなければならない．

これらの関係については，その旨を明示した場合もしなかった場合もあったが，我々はすでに次のような結論に達している．初学者の文法では，学習者が読んでいるテキストに実際に出てくる屈折や構文だけを扱うべきであり，もし辞書を使うとしても，そのテキストについての特別な用語集（glossary）の使用に留めるべきである．

テキストから文法を演繹すること——しかし改革家の中にはさらに進んで，少なくとも初歩の段階では文法をまったく廃止して，生徒に読んでいるテキストから文法規則を演繹させようとする人がいる．

この方法に対する最も明白な障害は，（文法学習のために資料をテキストから抜き出してカードに書き込み，分類し，整理する等々の作業の必要があり）非常に時間がかかることである．これは通例の文法中心の教授法に比べて非常な時間と労力の浪費であって，この方法を大規模に行うと必ず失敗する．この「発明的文法」(inventional grammar) 教授法は，生徒に対する刺激練習として時おり行うと非常に有効であるが，その有効性の範囲はそこに限られる．しかしこれらの発明的方法は進んだ学生には最初非常な興味をかき立てるが，独創性に欠け遅れている学生は本能的に反発を感じ，遅かれ早かれ表面上の独創性［規則を見つけることは本当の独創ではない］に飽きてしまうであろう．

組織的語学研究の課程の一部として，発明文法教授法に類似した**帰納的文法教授法**（method of inductive grammar）というものがある．

外国語の文法研究に直接入っていけるのは十分に精神の発達した成人だけである．あまり精神が発達していなくて，一般的で抽象的な説明に慣れていない人は，もっと個別的で具体的なことから始めたいと思う．しかも，この点については直ぐに述べるが，成人にも子どもにも，語学研究の進歩課程においては必ず文法前段階（pre-grammatical stage）というものがあり，この段階では文法をまったく教えることはなく，教材となり得るのは文法の基礎となる文と短

いテキストだけである．非常に幼い子どもの場合，その知的水準に適しているはこの文法前の段階だけである．

　ところで，この段階では文法を取り去ってしまってよいけれども，ほとんど始めから，すなわち，生徒がある文法範疇［文法事項］のいくつかの例を読んだり聞いたりしたらすぐに，文法の原則に親しませることは可能である．例えば，生徒が格や他の屈折の例 3, 4 個に出会ったらすぐに，教師はその屈折を含む語を黒板に書き，それらの語が共通にもっているのは何かを明らかにすることによって，その文法範疇に注意を引きつける．その際専門的用語や抽象的な用語は一切用いてはならない．同様な方法で，教師はすでに読了したテキストから，あちこちに散らばっている語を集めて，I am, you are, he is のような関連ある文法事象の表 (paradigm) を作ることができる．これをしばらく続けると，生徒はある語がどの文法範疇に属すのか独力で見つけ出すことができるようなると期待できる．したがって，これは文法を教える帰納的方法 (inductive method of teaching grammar) である，もう少し厳密に言えば，組織的文法研究の準備となる方法である．この方法は，生徒の発達段階，文法事項の内容に従って臨機応変に用いることができる．すでに述べたように，時おり生徒自らに文法規則を発見させる発見的方法を用いて，帰納的方法に変化をもたせることには何の害もない．

　結局，大切なことは，テキストと文法が緊密に連携されて，できるだけ同時に学習されるということである．テキストが先とか文法が先というような順序は一般には重要ではない．

漸進的教授法の諸段階：不規則変化

　ここで，これまで述べてきた原理に基づく語学教授の合理的漸進的方法の概要を示そうと思う．その全課程は次の 5 段階に分けられる．

　　(1)　機械的段階　　　(2)　文法的段階
　　(3)　慣用句および語彙の段階（口語の語彙を扱う）
　　(4)　文学の段階　　　(5)　古語の段階

　(1) 機械的段階：最初の機械的段階は，学習している言語の発音を完全に習得することから始まる．これは学習者が母国語の音声を基礎とした音声学の一般的実用的知識を習得していることを前提とする．学習者が，学習している言語の音声器官の基準 (organic basis) に慣れるまでは，音声の予備的練習においても長時間を必要とするが，各文を淀みなく滑らかに発音できるようになる

まで練習しなければならない．その結果は事実上すべてを暗唱させることになるであろう．したがって，音声訓練に用いる語や文は学習上最も有益な（instructive）ものであって，各語と文をその正しい意味と結びつけることができるようのもの，つまり，文の場合には慣用的な（こなれた普通の）表現で翻訳ができる用例を，語の場合にはそれぞれの語が個々別々に翻訳できるような用例を選択するように注意することが肝要である．

不規則変化について： 上で言及したように，発音練習には最も必要で頻度の高い文法要素や語彙，それに必要不可欠な慣用表現のいくつかが含まれるべきである．この中に頻度の高い不規則変化形を入れておくと不規則変化形の習得に骨が折れない［/i-/ の発音練習に複数形の feet を用いるなど］．というのも，この段階では学習者はそれらが不規則変化形であることを知らないからである．このことは，厳密に文法的視点から生じるジレンマ，つまり「不規則形は最も頻度が高く最初に学習すべきであるのに，文法では不規則形は必然的に規則形に準じるようになっていて後の方で出てくる」という問題を解決する．その答は，不規則変化形が負担となるのは心理的なものであって機械的困難はないので，それらを機械的段階で学習させるべきであるというものである．

(2) 文法的段階： これまでに述べてきたことから，第 1 段階から第 2 段階への移行が急速で突然なこともあれば，緩慢で漸次的なこともあり，二つの段階にいろいろな面で重複が起こることも明らかであろう．

第 2 段階は，発音が完全に習得されていること，および意味の分かっている語，文，テキストの形で文法学習ための一定量の材料が習得されていることを前提とする．

この段階では，テキストは様々な文法事項を含み，それらが漸次むずかしくなるように配列されていて，しかも実際の言語を再現した純粋なテキスト［自然なことばで書かれたテキスト］と矛盾しないものを選ぶべきである．テキストは当然第 1 の段階のものと比べて長くなり，文体や主題も単純ではなくなるであろうし，語彙の範囲も徐々に広がって行くであろう．しかしこの段階では語彙は文法に比べてまったく副次的な事項であるので，語彙を体系的に増やそうとする必要はない．希にしか出てこない語彙や重要でない語彙を排除し，使用する語彙をできるだけ制限して全体の効率を損なわないようにするくらいの消極的配慮をすればよい．

大方の場合，文法訓練は演繹的方法を漸次拡張することによって行われる．そして最後には，学習者は第 1 段階で学習したテキストと現在学習しているテキストを基にした文法書を読んで利益を得るまでになるのである．

文法学習は第 2 段階に留まるのではなくて，それ以降の全段階を通して継続して行わなければならない．第 2 段階の終わりには，学習者は全体を網羅する文法を読むことができるようになっているであろう．この文法では，それまでに学習したテキストの材料ばかりでなく，その言語全体から材料を採っていて，しかも現代口語のみを扱う文法でなければならない．生徒が文語を含む文法を読むことができるようになるには，第 4 段階まで待たなければならない．

(3) 慣用句および語彙の段階： この段階では慣用句を組織的に学ぶ．これは，一方では，慣用句を多く含むテキストを読むことによって，他方では慣用句をいくつかの心理的範疇に分類した表現集（phraseology）を用いることによって行われる．

この段階の終わりには，学習者は最も必要な概念を表す限定された数の語，句，慣用句を自由自在に使いこなせるようになっているであろう．学習している語彙は決して多くなく，恐らく 3000 語以下であろうが，それを学習者は容易にしかも正確に駆使することができるようになっているのである．

文学を通して学習した人には，母語話者と同じくらい広範囲にわたる語彙を知っている人がいるが，初歩的な表現さえ自由に表せないことがしばしばある．単語は知っているが，純粋に文法的見地から以外にはそれらを組み合わせて使用することができないのである．実際，彼らは tie in a knot［結び目を作る：I tried to tie the rope in a knot.］とか turn up the gas［ガスを強める］のような最も簡単な機械的結合さえ作ることができなかったり，make haste や What is the matter? のような概念を表すことができなかったりする．文学を読んでいると，その内容を理解するのに精一杯で，個々の表現に注意を集中させる時間がないのである．大切なのは，全部を習得することではなくて，本当に必要とされる特別な表現に注意を向けることであるが，これができる能力のある人はほとんどいないのである．

(4) 文学的段階：我々の理想的な学習者は，進歩するにつれて，以前よりももっと自由に形式に囚われることなく内容に重点を置いてテキストを選択できるようになる．そして第 4 段階に入ると，修正されたり切り詰められたりしていない本物の文学を読み始める．もちろん，普通の散文から始めて，徐々に程度の高い散文や詩へと進んでいくのである．

(5) 古語の段階：この段階は，最も重要な分野における現代文学の言語を完全に習得していることを前提とする．英語のような言語の古い文学へ進むには，ミルトンからシェイクスピアやスペンサーに戻るか，あるいはさっそく古

英語から始めてチョーサーを経て現代に下って来るかであるが，いずれの方向を取るかは学習者の目的と興味によって決まる．

(解説) スウィートは，語学習得における連合の概念の重要性を指摘し，「言語を学習する全課程が連合形成の課程である．母国語を習得するとき，我々は語や文を思考，概念，行動，出来事と結びつけて考える（associate）のである」と述べている．連合とは，ある言語事実から一般性を抽出し，まとめ上げる精神的能力のことであると考えられる．そして，連合から規則性を学習するのであるから，一種の帰納的方法によって言語の規則性（文法）を習得する．そして文法を習得したら，次の段階はそれを演繹的に使用することである．これが作文や会話であって，習得した規則を自由に使用できるようになる段階である．日本の英語教育ではこの段階の訓練が非常におろそかになっていたことは否めない．今後改善が必要とされるが，現在行われている「コミュニケーション中心」の改革が正しい方向に向かっているかどうかは予断を許さない．このことは下記の事実からも明らかである．

2015年度の中学・高校の英語学力試験の結果によれば，中学生の7割が英語検定3級の力に達していないという（2016年（平成28年）2月3日『毎日新聞』朝刊）．2013年に閣議決定された「教育振興基本計画」によれば，17年度までに5割の生徒が高校卒業時に「英検準2級程度以上」，中学卒業時に「英検3級程度以上」の英語を身につけていることを目標に掲げている．調査の対象となった中学生が，小学校5年生以上で「外国語学習」が必修となった現行制度の1期生である点にも注意してよい．このような中学校の英語の基礎力の現状は，その後の英語教育の基礎が極めて脆弱であることを明示しており，高校や大学の英語教育に大きな問題が生じるのは当然のことであるように思われる（『日本の英語教育の今，そして，これから』（長谷川信子編，開拓社，2015年）を参照）．私見では，日本の英語教育の中心的問題は中学校の英語教育にある．中学校の英語力のレベルがもっと上がれば，その後の英語力の展開も大きく異なってくるものと思われる．

さらに英語教員の問題もある．「基本計画」では英語教員についての目標を「英検準1級以上」が中学で50％，高校で75％としているが，現状は中学で28,8％，高校で55,4％に留まっている．英語教員としての資質は単に英語力だけで測られるのもではなく，情熱と人間性が大きく関わることは明らかであるが，自分の専門である以上はそれなりの研鑽を積むのが教員としての義務でもあると思う．

第11章　文法

文法は，言語研究の他の部門と同様に，形と意味の間の対照（antithesis）を扱わなければならない．

語形論と統語論 (Accidence and Syntax)

一般に言語では形と意味の間に食い違いが認められる．この事実から，文法的形式とその意味を区別して扱うことが可能であるばかりでなく，多くの場合に望ましい．形と意味の食い違いは，例えば，複数の概念が様々な形で表され，時には形が変わらないこともある（trees, men, sheep）とか，同じ形が異なる文法機能を表すような例（he sees, the trees）に見られる．

形態のみに関係し文法形態の意味をできるだけ無視する文法の部門を**語形論（形態論）**（Accidence）と呼ぶ．これに対して，文法形態の意味に注意を向ける部門を**統語論**（Syntax）と呼ぶ．例えば，英語の語形論では，他の細目と共に，名詞の複数形の形成について述べる（-s あるいは -es を付加する，母音変化によるなど）．一方，統語論では，意味の区別を伴わないような区別は無視されるか，あるいは当然のこととして扱われ，複数名詞一般のいろいろな意味［下記の sands のような複数形の意味］や名詞複数形の文法機能［数の一致など］のみを扱う．したがって，統語論の仕事は，文法形式の意味と機能，特に語が結合されて文を構成する様々な方法を説明することである．文の形式は部分的に語順に依存していて，語順は，特に英語のような言語では The man saw the fox first. と The fox saw the man first. のような区別をつけるのに役立つことから，統語論の重要な部分である．［英語の語順は比較的固定していて，語順の違いが意味の違いを引き起こすが，ラテン語では格変化によって，日本語では助詞によって文法関係が明示されるので，語順は英語よりも比較的自由である．］

統語論は語源的には語を「統治する」の意味であるので，その意味に従って，統語論を後者の意味（語が結合されて文を構成する様々な方法）に限定する文法家もいるが，そのような人にとっては，統語論は文の分析（analysis of sentences）と同義であって，文法形態の意味は語形論の下で扱われる．例えば，sands ［砂漠］，leads ［鉛の窓枠］，waters of the Nile ［ナイル河の流れ］のような複数屈折の特殊な意味は語形論で扱われる．統語論は語を結合して文を作る方法のみを扱うことになる．［現在ではこの後者の統語論の解釈が普通である．］

統語論の語源的意味はともかくとして，文法的形態の意味を［統語論で扱うのではなく］語形論で扱わざるを得ないような場合がある．例えば，trees,

John's, comes のような屈折は語形論で扱う方が便利である.

結局, 意味と形式の分離は純粋に便宜上の問題であって, 論理的必要性に基づいているのではないということである.

形式的および論理的統語論

形と意味の二重性［形と意味の間に食い違いがあること］から, 統語論を二つの観点から研究することができる. 一つは形式的統語論で, 文の形式から始めてその用法を説明する. もう一つは, 論理的統語論で, 言語一般に表現される文法範疇から始めて, それを表す様々な形式について述べる. 例えば, 叙述 (predication) という文法範疇は, 動詞あるいは be + 形容詞・名詞などの表現で表すことができるというような述べ方をする. 論理的統語論では man's disobedience と the disobedience of man は［（人間の不服従）意味が同じだから］同じ項目の下で扱われるが, 形式的統語論では, 前者は名詞の屈折の項で, 後者は前置詞の項で扱われる.

統語論の最初の仕事は, 言語現象を形式的視点から扱うことであることは明らかであり, 論理的にまとめること［意味上の関連に従ってまとめること］はすべての文法形式の機能の説明を終えるまで待つのがよい.

［形式的統語論は言語現象を形式の視点から扱い, 論理的統語論は言語現象を意味の視点から扱う. この二つの視点は様々な文法現象を理解するときに常に必要となる視点である. 例えば, John is likely to win. と It is likely that John will win. の間には密接な関係があるが, それを理解するためにはこれら二つの文が意味上ほぼ同じであるという認識が必要であり, そのことから前者は後者から何らかの規則によって導き出されているという判断がなされる. いわゆる規則的に結びつけられる現象（受動文と能動文の関係, This book is easy to read. と It is easy to read this book. の関係, This car drives easily. と One drives this car easily. の関係等々）には常にこのような直感が働いている.］

語形論と統語論を一緒に教えること

語形論と統語論を分離することに何ら真の必要性はないことをすでに見た. 実用上の便宜からこの区別を必要とするように見える場合があるけれども, 形態とその文法機能・意味を一緒に扱うのが望ましい場合もある.

拙著『アングロ・サクソン語初歩』[*Anglo-Saxon Primer with Grammar, Notes, and Glossary,* Oxford: Clarendon Press (1882), 『古代英語文法入門』東浦義雄訳, 千城書房 (1962)] において, 語形論と統語論を一緒に教える試みをしてみた. 統

語論を語形論に従属させるどころか，ある場合には統語論を先に教えることを推奨した．その理由は上掲書の序文で書いた次のような理由からである．「屈折を認識する方法には二つある．一つは形態（form）によるもので，-um の語尾変化によってその名詞が複数与格であることが分かるような場合，そしてもう一つは，その機能（function）によるもので，間接目的語の関係にあれば，その名詞は与格であることが分かる場合である．これら二つの分析方法（形態によるものと統語関係によるもの）の中で，ある場合には前者が，ある場合には後者が容易であるという状況が生じる．したがって，初歩の段階では統語論と語形論を同時に学習すべきであるとする十分な理由がある［同時に学習することによって，言語事実ごとに形態による説明を用いたり，統語的説明を用いたり，臨機応変に対応できる］．一方，接続法のような文法範疇は「常に間接話法で用いられる」という簡単な規則によってほとんどの接続法を確実に認識できるのに，不規則で紛らわしい屈折のみによってそれを認識するように学習者に強要するのは不合理というものである．［接続法のような現象は，まず統語的説明から入ってその現象を大つかみに理解し，その後で屈折などの紛らわしい語形論に進むべきである．］

文法的分析の段階

上掲書で，実用文法の分析的段階は二つあって，一つは認知（recognition）つまり理解の段階であり，もう一つは再生（reproduction）つまり運用の段階であることを指摘した．同書の序文で述べたことであるが，最初に必要とされるのはテキストを理解することで，そのためには文法形式を理解する力が必要であるが，書いたり話したりするような，さらに進んだ段階で必要とされるような文法形式を構成する力は必要とされない．したがって，初歩簡易文法の最初の目的は，初学者が読もうとしているテキストに出てくる文法形式を初学者が認識できるようにするのに必要な知識を与えることである．つまり最初にすべきことは，その言語の一般的構造を説明することである．

文法は無意識的に学ばれる

我々はすでに，言語習得の第 1 段階，すなわち機械的段階（前文法の段階）は，規則によって直接的にではなく，用例によって間接的に，かなり多くの文法上の情報を伝えることであることをみた．その結果，学習者が規則に出会ったときには，すでにそれを知っている，あるいは半ば知っているように感じる．これは不規則変化を習得するのに特に役に立つ成果であると言ってよいであろう．例えば，発音練習の際に，他の母音の例と共に hands, feet, men, children などを入れておくと，学習者が不規則複数形を学ぶ所にきて，これらの複数形を見てもほとんど新たな困難は感じないはずである．（第10章（1）機械的段階 p. 218 を参照）［原文では古代英語の数詞の例が用いられているが，ここでは便宜上，上記のように現代英語の複数形の例に差し替えた．］

このような考え方に基づいて書かれ，その範囲が厳密に認知の段階に限られているような初歩の文法書を学習し終えると，学習者の文法的知識の大部分は，分析的とか総合的とか言うよりも無意識な知識になっているのである．［分析的と総合的については「分析と統合」（p. 210）を参照］

［学習の最初期段階においては，規則がいわば無意識な知識となるように十分な訓練と指導を行うことの重要性を述べている．上例のような単語の不規則形（複数形，強変化動詞など）などの一部はこのような指導法で導入できるであろうが，これ以外の語順を含む基本的文法規則を無意識な知識となるまで訓練するのは容易ではない．中学初級の訓練ではこの点が特に重要であって，基本的な文は直ぐに口頭に上るようになるまで習熟させることが是非必要である．それによってコミュニケーションの初期段階は達成され，その後生徒が運用に向かう基礎が確立されると思う．その意味で中学校段階の英語教育は特に重要である．前章の「解説」（p. 220）を参照．］

用例

一般に認められていることであるが，文法規則は用例がなければ実用には役立たない．規則は言語そのものと直接的な連合を結ぶことのない抽象物に過ぎないからである．一方，用例は具体的である．注意深く読んだり，注意深く声に出して発音したりする際に引き起こされる機械的連合の力によって記憶にしっかりと刻み込まれる．また，用例は，規則と論理的に結びついて，規則を説明し，例証し，正当化する．用例はさらに，読みものの中にその規則の適用例があったとき，学習者がそれを認識するための標準（standard）あるいは型（pattern）としての役目も果たす．したがって，用例は規則そのものとその適用例を結びつける役割を果たす．

昔の文法家の多くは，規則を綿密に述べることに思考と注意を注ぎ，用例の選択には二次的重要性しかないと見なしていた．彼らは文法研究の第一の目的が，規則の習得にあるのではなく，言語そのものの運用能力の習得にあることを忘れていたのである．したがって，用例を規則の例示のためだけに用いることをせず，用例と規則の実際の関係はほとんどその逆になっていたのである．つまり，規則は用例を理解するための単なる踏み石に過ぎず，そのためにひとたび用例が完全に理解されると，規則は余分なものとみなされ，忘れられてし

まうことがあったのである．

　このような考察から，ある改良家達は用例を規則の前に置くことを提案した．これによって，まず用例を注意深く研究し，次に自分で規則を推論し，最後にその結果を文法で示されている規則と比較検討するように学習者に仕向けようと考えたのである．しかし学習者が用例から推論によって規則を導き出す仕事が，すでに用例の後に［規則として］示されていることを経験から知ってしまうと，当然のことながら二度とそのような作業はしないようになる．その結果，学習者は，規則が用例の後に置かれていても規則を先に読んで，その後で用例に立ち戻るのである．しかしながら，規則が用例の前にあろうが後ろにあろうが，学習者が用例を先に読みたいのであれば，それを妨げるものは何もない．大半の学習者は規則を先に読んで，その用例が何のためのものか，その用例に何を求めるべきかを知ろうとする．というのも，ある一つの文がいくつもの規則の用例である可能性があるからである［一つの文中に，いくつもの規則の用例となる部分が含まれている可能性があって特定できない場合がある］．そして規則を理解できないと，学習者は用例を読み直し，再び規則に戻ることがある．さらに最終的に規則を理解すると，学習者は注意を用例に集中する．要するに，手短に言えば，規則と用例の順序は，それらの相互の関係と比べれば，重要なことではないのである．［イェスペルセンは名著 *Essentials of English Grammar* (1933)の序において，学習者に対する注意事項の一つとして「原則として，規則よりも先に用例を読むこと」と述べている．スウィートはどのような読み方をするにせよ，用例と規則の関係に十分な注意を集中し，その規則が活用できる段階になるまで習熟することが大切であると述べている．］

　よい用例は，次の二つの条件を満たしていなければならない．

　　(1)　不明確な点がないように規則を例証・確証するものであること．
　　(2)　文脈を付け加えることなくそれだけで意味が理解できるものであること．

(1) については，例えば，ラテン語の奪格の使用規則の用例として与格と間違われるような形を用いてはいけない［ラテン語の amicus（友人）は与格も奪格も amico で同形である（p. 214 の (4) も参照）］．(2) については，用例が文そのものである場合や文中に含まれている場合，その文は文脈から独立して十分に成り立つものでなければならない．個々の語を扱うときには，hands and feet; buy and sell; past, present, and future; dead or alive; neither here nor there のような自然類で提示すると学習者にとっては大いに助けになることが多い．初級

実用文法において，前置詞，接続詞，その他の形式語を単にリストの形で載せているものがあるが，これはスペースの無駄である．

規則を説明するために即席で作られた用例は，様々な書き物から収集された用例には及ばない．第1に，即席で作られた用例では，語，概念，構文が単調に繰り返される恐れがある．さらに，ある規則を説明するために語の結合を枠にはめようとするので，勢い不自然で，自明で，さもなければ好ましくない文になってしまう．例えば，The golden sun shines brightly.［自明の例］とか The happy children of our teacher sing sweetly enough from their book of hymns.［不自然な例］のような文である．

すべての用例は，音韻も含めて十分に説明する必要がある．新語の訳を与えることも有益な情報を提供することであり，その語を確認するのに役に立つ．

しかし説明は必ずしも訳語の形を取る必要はない．文法書の用例に訳語を加えることには一つの問題点がある．それは学習者が用例をぞんざいに読んでしまって，その結果，用例を注意深く分析することによって得られるはずの利益がすべて得られるとは限らないことである．拙著『アングロ・サクソン初歩』では，学習者がテキスト自体を読むのと同じように注意深く用例を読むように仕向けた．つまり，文法の初めの方ではすべての用例に訳文をつける．語，句，文などが文法の中で繰り返し現れると，それらには訳をつけることをしないで，その訳が与えられている箇所を学習者が参照するようにする．最初の数頁が終わると，用例中のすべての新単語は巻末の注で説明する．このようにして，学習者は用例を，テキストを読むのと同じように注意して読まなければならず，またすでに学習している事柄を常に立ち帰って参照しながら読まなければならないのである．

(解説) 初級段階（特に中学校1年）では，総合的指導法を徹底すべきである．それによって，英語という言語を感覚的に理解できる．また日本語の活用も大いに推奨したい．文科省は英語の授業は英語で行うように提言をしているが，少し進んだ段階ではそれとは別に日本語との対比を取り入れた方がよい．（英語による授業に対して，現役の高校生（17歳）が「英語教育改革における盲点」（『毎日新聞』朝刊，2016年3月6日）と題する声を寄せ，英語を英語で教えることは非常に非合理的であるとして，日本語の視点の欠けた教授法に反対している．）例えば，英語では格変化は代名詞にしか見られないが，これは日本語の助詞との対応で教えるのが最も効果的である．さらに語順の違いも，日本語と英語の語順の違いに注意しながら教えるのが最も効果的である．というのも，日本語と英語の語順は

句の構造を比較すると，美しい鏡像関係にあるからである（動詞句「歌を歌う」と 'sing a song' の語順を比較．（拙著『実例解説英文法』開拓社，第1章を参照）).

　用例と規則の配列順については，規則に習熟し運用できるようになることが目的であるので，その配列順序はあまり重要な問題ではない．しかし用例そのものは言語学習においては非常に重要である．最も大きな理由は，用例は規則を認識するための標準あるいは型となるものであり，それによってテキスト中の適用例を正しく認識し解釈することを可能にするからである．たがって，用例はそれを見れば規則が分かるような簡潔で憶えやすいものでなければならない．授業において使用する用例も同様で，その選択に十分に注意しなければならず，その場の思いつきのような用例を用いることは避けなければならない．

　「規則を説明するために即席で作られた用例は，様々な書き物から収集された用例には及ばない」ので，用例はしっかりした英文から採取したものを用いるべきであって，そのためには教師は日頃の読書において役に立ちそうな用例を収集しておく必要がある．

　佐々木高政著『和文英訳の修業』（文建書房）に「暗唱用基本例文集」というのがある．ここに収められている例文はすべて「あちらの辞書，新聞雑誌，小説戯曲のたぐいから，それだけを切り離して読んでもどのような状況の下で言われているかの察しがつくようなもの，口にのせて調子よく，一口に言えて覚え易く，度々用いられて応用も利く，といった種類の文例を長いこと日時をかけて集めてみた（はしがき）」ものである．動名詞，不定詞，受動文などの文法事項を説明し，例証し，正当化するような簡潔な用例が採取されている．長年にわたって多くの人々によって活用され，今も活用されているものであるが，最近ある若い友人から本書に関する記事「英語をたどって III」（『朝日新聞』（平成28年1月6日夕刊））が出ていることを教えてもらった．その記事の内容は「暗い内容が多くて耐えられず，放り出した」というものである．この評者にとっては明るい内容ばかりであればよかったのであろうが，人生はいつもそんなふうにはなっていない．暗い内容が含まれているのもの生きた例文集だからに他ならない．

第12章　辞典；語彙の研究

　辞典について述べるとき，恐らく文法の正反対となる面から始めるのが最も好都合であろう．この視点から見ると，辞典は言語の孤立した事象の集合，つまり容易に都合よく一般規則のもとにまとめることができないものと定義され

る．この定義から，辞典の主要な機能は個々の語の意味を与えることであるということになる．慣用句も完全に辞典の領域内に入る．というのは，各慣用句の意味は孤立したものであって，それを構成している語の意味からは推測できないからである．

非常に有用な辞典は，慣用句に加えて，様々な文法的細目に関する情報を与えるものでなければならない．それらの細目は，文法の一般規則の中に入るものであるけれども，あまりにも数が多いとか，あるいはあまりにも恣意的で複雑であるために最大限の参考書以外では扱えないような情報である．そのような辞典は，個々の語の特性を表し，しかも簡単な文法規則からは正確に容易に引き出すことができない文法構造についての完全な情報を与えるものでなければならない．例えば，think of, think about, think over, part from, part with のような動詞とそれが結びつく前置詞について十分な情報を与えるものでなければならない．さらに，そのような辞典は，特異な形式や不規則形，特に頻度がごく希であるために学習者が完全に習熟することが期待されていないような形式も載せていなければならない．

ここでは辞典の構成を決定する基準となる原理について考察する．

範囲

参照の都合上，辞典は有効性を損なわない限りできるだけかさばらないものでなければならないから，その範囲を明確に限定し，厳密に制限することが望ましい．外国人向けの実用的な英語辞典，あるいは英国人向けの実用的なドイツ語やフランス語の辞典は，その性質上それぞれの言語の現段階を扱った辞典となる．したがって，その基礎となるのは現代の口語と文語であり，その中にはもちろん，高級文学で使用される若干の古語や，いくらかの俗語，卑語，一般文学や口語に入り込んでいる方言などが含まれる．

完全さ 大抵の辞典は不必要なものを多く含んでいる．そのような辞典では，一方では慣用句や真に欠くことのできない細目を除外して，その語の意味を知っている人ならだれでも容易に十分確実に理解したり自分で作り出すことができるような複合語や派生語を何百も入れている．例えば，hatless という語は without a hat という句と同様に実用的な英語辞典に記載する必要はない．

大抵の辞典は慣用句や句表現に紙面を割こうとしない．これらに十分紙面を割く場合には，語と同様に厳しく吟味すべきである．外国人向けの実用初歩の辞典では，完全に廃用となっている句表現や慣用句は排除すべきである．外国人向けか母国語話者向けかにかかわらず，すべての慣用句について，それが現

在使用されているかどうかの情報は与えるべきである．正真正銘の現代口語として学習者に教えられている慣用句の見本として，19世紀の後半に外国人用の英語辞典として出版された辞典のbackの項目から拾った例をあげてみよう．the back side of a knife / a strong back = a rich man / I can make neither back nor edge of him. / to show one's back = act in a cowardly manner / to beat a person back and belly. これらの慣用表現のいずれに対しても，この辞典はそれが古風であるとか廃用であるとかの指示を与えていない．［the back side of a knifeがどのような慣用句であるかは不明であるが，the back of a knife（ナイフの峰）は学習辞典にも出ている．a man with a strong back（重荷を背負った人），back and edge（万難を排して），show one's back to（に背を向ける，から逃げ出す），back and belly（前後から）などの表現は現代の辞典にも載っているが，make neither back nor edge of は見当たらない．to show one's back = act in a cowardly mannerは日本語の「背を見せるとは卑怯なり」に通じている．］

簡潔さ 辞典は明解さと便利さが保たれる限り，簡潔さを旨としてその量を減らすようにすべきである．その第1要件は平均感覚である．一つの語が占めるスペースは，言語的重要性の観点から割り振られるべきであって，歴史的観点や科学的観点，あるいは他の外的観点から決めるべきではない．普通の辞典においてこの点を調べるには，最も普通の語が最も完全に扱われているかどうか，希少語に比較的少ないスペースが与えられているかどうかを見ればよい．

第2要件は，縮約形を系統的に使用することである．例えば，dativeをd. あるいはdat. と表記するのがその例である．

一目で見渡せること（Surveyability） 一目で見渡せることは辞典で単語を見つけ出すときに大きな助けとなる．このことは，第1に，1頁にできるだけ多くの情報を収録することを意味する．したがって，いわゆるポケット版辞典は別として，縦3段のものでなければならない．もう一つの条件は，様々な活字や特別の印を適切に用いて見やすくすることである．［電子辞書の欠点はこの一目で見渡せる範囲がかなり限られることである．］

意味 辞典の第1の仕事は，語の意味を簡潔明瞭に曖昧さのない言葉で述べることである．辞典編者の中には，俗語や口語の意味を表すのにその言語の俗語表現で表わす必要があると考えている人がいる．その結果，その辞典の使用者の大半にとってまったく理解できない方言や，すでに廃れてしまっている表現を用いて意味を記述するようなことが起こる．辞典では，あらゆる事項が孤立しているので，文脈による手助けはほとんど望めない．実際，用例の助け

なくしては意味を正確に定義することはほとんど不可能である．『アングロ・サクソン語学生辞典』の序文で述べたように，最もよい方法は文脈の一部を（　）によって付け加えることである．例えば，ādragan を draw (sword) と，seomian を hang heavy (*of* cloud) [(雲について) 低く垂れ込める] と説明した．

用例　用例は定義に次いで重要である．実際，大型の辞典やシソーラスでは用例そのものがまさに辞典である．諺とかきまり文句の性格をもつ文はすべてあらゆる辞典に収録するに値する．これらの文は実際，用例と見なされることはほとんどなく，それは慣用句が単語自体と同様に，言語の語彙の一部と見なされているのと同じである．慣用句と同様，諺とかきまり文句の性格の文は演繹的に作り上げることはできない．

文法的情報およびその他の情報　文法的情報は，動詞や形容詞がどのような格または前置詞をとるかという構文に関する情報や，不規則変化の情報の場合には特に必要である．発音や多様なつづり字についての情報も多くの言語において不可欠である．

論理的辞典

文法には形式的文法と論理的文法があるのと同じように，普通の伝統的アルファベット順の形式的辞典に対して論理的辞典というものがある．つまり語の意味を探すのではなく，意味を表す語を探すのである．ある意味が与えられると，それを表現する語や句を求めるのである．例えば，good という語を取りだして，その様々な意味を 'pleasant to the taste, morally good, property, possessions [財産]' のように列挙するのではなく，'morally good' のような概念に対して，この概念を表すことができる様々な語や句を 'good, goodness, well, virtue, morality, moralist, bad, vice' のように列挙するのである．

したがって，これは，語の意味研究の論理的総合的側面であって，意味の形式的分析的側面に相対するものであると言える．論理的概念的辞典では，語，慣用句および句表現が，空間，時間，物質，感覚，感情などの様々な範疇のもとに，できるだけ論理的関連性を保持しながら分類される．このような辞典の最もよい例は有名なロジェイ (Roget) の『英語語句シソーラス』(*Thesaurus of English Words and Phrases*) である．この辞典は約 50 年の準備期間を経て 1852 年に出版された．

[ロジェイの『シソーラス』と Fowler, H. W. の語法辞典 *A Dictionary of Modern English Usage* (Oxford, 1926) は今でもその価値を失っていない．昔の辞典は情報が古くて役に立たないと考えるのは間違いである．]

言語の語彙の研究

　最初，語の意味は文脈との関連に基づいて一つ一つ機械的に学習される．すべての言語において，学習者がすぐに覚えてしまう単語がいくつかあるものである．それは母国語や他の言語ですでによく慣れ親しんでいる語からの借用であったり同族語であったり，あるいは既知の語と偶然似ていたりするためである．これらの語が中心となって，その回りに他の語が結晶のようにつながって，それぞれの新しい連合がさらに別の連合へとつながり，最終的にはその言語の基本語彙の主要部分が，一つの堅固な連合の集合体を形成するのである．

　辞典の使用　組織的な学習課程においてなぜ辞典を使用するのであろうか．辞典の使用を，学校の課程を修了して自力で文学を読み始めていて，本当に辞典が必要であると感じている者にまかせないのはなぜであろうか．

　学習者はその言語のかなりの範囲にわたる普通の語彙を習得してしまうと，その拡散している印象を統合して体系化したいという本能的欲求にかられるものである．ちょうど語の屈折があちこちに散らばっているのを寄せ集めて文法的変化表にまとめると個々の屈折を記憶するのに役立つように，語の様々な意味をひとまとめにすると，意味を記憶し識別するのに役立つのである．

　意味の形式的研究　形式的統語論が論理的統語論に先行するように，意味の研究も形式的側面から始めるべきである．というのも，各語の様々な意味についての知識も少なく，それらの意味を結びつける方法についての知識も少ないのに，［論理的な意味に基づく方法によって］しばしば形式的に関連のない大量の語や句を区別して，それらをある概念のグループ（例えば good, virtue, etc.）に分けるのはむずかしいからである．

　語の意味についての形式的学習に関係するのは，不変化詞（particle），比較的基本的な動詞や形容詞，それに man, thing, manner, way のような比較的一般的あるいは抽象的意味を持ついくつかの名詞である．この学習には，前置詞のように辞典でも文法でも同等の位置を占めている多くの語が含まれる．

　語の意味の形式的学習は，決して辞典を端から端まで読むことでもなく，その一部分を読むことでもない．学習者の語彙力は，第三段階の終わりにおいてさえ 3000 語を超える必要はないし，またこれらの語の多くはその意味を特別に研究する必要もないので，学習者の「形式的語の意味入門」では，普通の辞典の中のほんの少量の語を扱うだけでよいのである．

　意味の論理的研究　意味の論理的総合的研究には語彙全体が関わってくる．もっとも前項で述べたように，この時点での学習者の語彙はかなり限られている．学習者の「語の論理的意味入門」は完全な論理的シソーラスの縮約版とな

るであろう．それは最も頻度が高くて不可欠な語や慣用句からなっていて，それらの語や慣用句が，論理的範疇のもとに必要に応じて説明的用例を添えて配列されているものになるであろう．これらの用例はできる限り論理的に相互に関連があって，時には連続した説話や説明になっていることが望ましい．

　このような学習課程の有用性は，主として学習者の準備がどの程度整っているかにかかっている．というのも，この方法は，ほとんどの語や語結合の意味についてのいくらかの実用的知識があることを前提としているからである．語彙を習得しようとするときに，辞典や単語帳をそのまま暗記して習得しようとするのは誤りである．連合［語を記憶に留めること］はもっと漸進的にもっと多様な文脈から形成されるものである．しかし必要な基礎が一度確立されると，すでに学んでいる意味を体系的に研究することは，必ず音と意味の連合を強め，すでに弱まってしまったかもしれない連合，あるいはすでにまったく失われてしまっているかもしれない連合を呼び起こすのである．このような学習法は，ぼんやりとしか意識しない，あるいはまったく意識しないような意味の微妙なニュアンスの違いも認識させてくれることになるであろう．

　［前項目と本項目から読み取れることは，少数の基礎語彙を徹底的に学習させて，活用できる語彙の段階にまで習熟させることの重要性である．さらに，学習者は自分自身で単語帳を作成するのがよいことが分かる．自作の単語帳は，自分自身が読んだテキストから抜き出された語彙集であるので，印象がきわめて強く残るという利点がある．用例を添えておくと，その用例自体に対する連想も強く残ることになるので，さらに効果的である．］

（**解説**）　本章は教授法に関する事柄というよりも，むしろ学習者に役立つ辞典はどのような構成内容になっているべきかについて論じている．

　日本の学習辞典は，昔に比べれば様々な工夫がなされていて，文型，コロケーション，語法等々の情報を豊富に取り入れている．個人的見解であるが，少人数で作成され，編集主幹の個性が前面に出ている辞典の方が，多人数を要して作成された辞典よりも面白いように思う．国語辞典では『辞書になった男，ケンボー先生と山田先生』でも話題となった山田忠雄の『新明解国語辞典』（三省堂）がそのよい例であるが，英語学習辞典では柴田徹士主幹の『アンカー英和辞典』（学研）をあげたい．私の知る限りでは，'coast' と 'shore' の違いを明解に述べた最初の学習辞典であったように思う（coast の項「shore は海面から見た水陸の接触線をいい，coast は陸面から見た場合に用いる」）．これによって，'from coast to coast' は陸の旅であり，'from shore to shore' は海の旅である

ことが分かる．ちなみに，'if not sooner'［より早くはできないにしても；遅くとも］を手もとの 2，3 の学習辞典で調べてみたら，山岸勝榮主幹の『スーパー・アンカー英和辞典』（学研）だけに記述があり，I'd like to see you tonight, if not sooner.（今夜会いたいよ，いやできればもっと早く：**if not** の項）の用例があがっている．

　個性的な辞典の代表と言えば，齋藤秀三郎の『熟語本位英和中辞典』（正則英語学校出版部，大正 4 年）であろう．この時代に単独でこの辞典を完成させたことは驚き以外のなにものでもない．一般に古い辞典は情報が古くて役に立たないと考えられがちであるが，それは大きな間違いである．Roget のシソーラス，Fowler の語法辞典，齋藤の辞典いずれも現代でも大いに活用できる辞典である．俗語や時事情報などに関する項目の内容は古くなるであろうが，英語自体は大きく変化をしていないので，根幹となる部分はそれほど古くはならない．例えば，福沢諭吉の『学問ノススメ』は明治 5 年の出版であり，現在これを読もうすると大変な苦労を必要とする（森鴎外全集も同様）．これは日本語が大きく変化しているからである．これに対して，明治時代に出版されたスウィートの本書（明治 32 年出版）の英語は現在でも無理なく読むことができる．つまり，現代の英語は 19 世紀後半の英語とほとんど変わらないのである．この点から見ても，古くてもよい辞典は現代でもよい辞典なのである．一般に辞典が改訂されるとさらによい内容の新しい辞典になっていると考えがちであるが，それは間違った見方であるように思う．直ぐに変化して差し替えが必要になるような項目は新しくなっているであろうが，根幹となる部分が改善されているとは限らないからである．我々は古い辞典の価値をもっと見直してもっと活用するのがよい．新しい辞典が出ても古い辞典を捨てないで手元に残しておかれることを勧めたい．

第 13 章　テキスト；読本

　言語の音をひとたび学習し終えると，勉学の主要な基礎となるのは連続したテキストである．したがって，それ以降は勉学の中心は読本であって，文法，辞典，その他の補助物は厳密に副次的なものに過ぎない．各語が自然で適切な文脈の中におかれている形で言語自体を提示することができるのは，連続したテキストにおいてのみである．

テキストの分類

　我々は，言語訓練の手段として適切に役立つかどうかの観点から，様々な種類のテキストを検討しなければならない．また，様々な種類のテキストを読む順番という問題も考えなければならない．

　最初に，テキストは内容と文体（mood and style）によって，次のような両極端に大別することができよう．

　　具体的・客観的　対　抽象的・主観的
　　事実・無味乾燥　対　空想的・詩的・理想的
　　ありふれた・つまらない　対　異様な・扇情的
　　児童向け　対　成人向け

左のメンバーは，直接性，明解さ，簡潔さ，親しみやすさという主要な必要条件を満たす可能性が高いので，右のメンバーよりも基礎的語学教授の目的には適している．右のメンバーの中で，空想的なものは文学的特徴をもつ傾向があり，したがって口語的ではなくなる傾向がある．一方，異様なもの，扇情的なものは親しみやすさに欠ける傾向がある．最後に児童に適した読みものはすべて，必然的に我々の言語的要件のほとんどを満たしているといってよいであろう．たとえそれが空想的抽象的であっても，簡潔さや直接性の性質を留めているからである．

　テキストの主題に関しては，三つの主要な種類に分けることができる．

　（1）　記述（事物や現象），陳述（算数のような抽象的法則や原理）
　（2）　説話（narrative），お話（tale），物語（story）
　（3）　対話（dialogue），会話（conversation）

　対話と記述的なもの・説話的なものとの間の最も重要な違いは純粋に文法的なもので，後者二つでは動詞は第3人称でしか現れないのに対して，前者ではすべての人称で現れる．

　記述的なものと説話的なものの間にも文法的違いがあって，前者は現在時制を好み，後者は過去時制を好む．時制に関して言えば，対話形式は，多様な人称を用いるのと同時に多様な時制を用い，特に未来時制を自由に用いる．

　文法的観点から言えば，対話は最も複雑であるので，明らかに最後に扱うべきである．全体的に見て，記述的なものを最初に扱うべきであると思われるが，それは現在時制の動詞の学習から始めるのが都合がよいからであり，また記述的なものでは対話を排除することができるが，説話では対話の排除が困難

であるからでもある．ほとんど言うまでもないことだが，説話的なものでも歴史的現在時制は許されるべきではない．そうでないと，現在時制と過去時制の間に大混乱が生じるであろう．

純粋に記述的テキストの例を私の『口語英語入門』からあげておこう．

Rain

The air is always full of water, though we cannot see it, because it is in the state of vapour, like the gas we burn in the streets and in our houses. The heat of the sun draws up this vapour from all the water it can get at — especially the sea. When the air is cooled, the moisture it contains becomes visible in the form of clouds or mist. A cloud consists of very small drops of water, light enough to hang in the air without falling like dust. Mist is nothing but clouds close to the earth; and a cloud is nothing but a mist or a fog high up in the air. A fog is only a thick mist. London fog, as it is called, is mixed with smoke, which gives it a yellow colour. When the drops run together, and get so heavy that they fall to the ground, we have rain. ［すべて現在時制で書かれている．］

連続性

テキストの第1要件は全体として連続性があるということである．それは各語と文脈との間の連合をできるだけ多く学習者の心の中に作り上げるためであり，また同じテキスト内で語をそれぞれ何度も反復させることによって学習者の記憶を強めるためである．この観点からすると，諺やなぞなぞを集めたテキストは好ましくない．これらは古めかしい語や構造を含んでいる点，さらに省略的であったり，そうでない場合には変則的であったりするという形式上の点からも一般に不適切であるので，テキストとしてはすべて取り除くのがよいであろう．

テキストによっては個々の文が他のテキストの文よりも緊密に結びついていることが間々見られる．対話は，記述や抽象的陳述，特に論証や証明よりも一般に論理的連続性が薄い．日常生活の会話はしばしば最高度に連続性に欠けていて省略的であるので，これを忠実に再現しても，普通の学習者にとっての適切なテキストとはならないであろう．

以上考察した諸事項は，語学教授の際に，ばらばらの無関係な文を使用することに対する反動が極端に走らないようにするための警告である．［当時はまっ

たく独立した相互に関係のない文の集合を用いて語学教授が行われていた．（p. 212 の例を参照）〕

長さ

　読本における教材の相対的長さの問題は，一部分は学習者の進歩の段階によって決まる．最初は進度がゆっくりであるので，適切な量の変化を確保するためにはテキストを短くしておく必要がある．

　長さの問題に関して明確な一致点を見出すのは不可能であることは明らかである．というのも，学習速度はゆっくりであるが記憶力のよい人にとっては短いと思われるものが，学習速度は速いが表面的な読み方しかしない人にとっては耐えがたいほど長いと感じられるかもしれないからである．したがって，この観点から，読本の編者は一般的長さを基準として，教材を長くしたり短くしたりする必要があることは明らかである．純粋に言語的視点から見ると，長さの一般的基準は 1, 2 頁よりも短いものであってはならず，これより短いものは例外的にのみ与えられるべきである．

明瞭な文脈

　各語，特に新語はできる限りその意味についての判断に躊躇する余地がないような文脈に置かれていなければならない．例えば，the house faces east という文は，学習者に east が四方位の一つを示すことを示唆するが，それがどの方位かは明らかにしてくれない．一方，the sun rises in the east and sets in the west という文は学習者が間違うことなく方位を判別できる．実際，sun と rise の意味を知ってさえいれば，他の三つの語の意味をほとんど完璧な正確さで推測することができるであろう．また，the first day of the week is called Sunday, the second Monday, the third Tuesday … のような文では，順番と曜日の間の連合が非常に明確であるので，学んでいる言語でこの文を完全に暗唱してしまった人は，その語に至り着くまでこれを繰り返すことによってどの語でも苦もなく思い出すであろう．この場合我々は 2 通りの独立した順番の連合（first, second …; Sunday, Monday …）を持つので，各々の連合が他方の連合を強めるのである．

限られた語彙

　すでに度々述べたように，学習者の語彙は多い必要はない．第 3 段階の終わりでさえも，3000 語以上は必要とされないであろう．しかしこれらの語彙

は，学習者がまったく容易に正確に使いこなすことができるものであり，日常生活のどんな話題についても自分の言うことを相手に理解してもらうのに十分な語彙である．

　文学を通して言語を学んだ人の中には，母国語話者とほぼ同じくらいの語彙を持っている人がいるが，そのような人の中には基本的な語結合，句および慣用句を本当に自由に使いこなすことができない人がいる．すでに指摘したように [p. 219]，'tie in a knot' とか 'turn up the gas' のような非常に簡単な機械的な動作を述べることさえできない人がしばしば見受けられる．また，例えば，口語の 'find' の反対語が 'seek' ではなく 'look for' であることを知らないし，'get wet' と言わず，'become wet' と言ったりする．口語に基づいて学習した人は一般に，言いたいことを慣用的な表現で言い換えて表すことができる．私が覚えているある外国人の子どもは，'pen-wiper' という語を知らなかったのかあるいは忘れたのか，躊躇することなく，'the thing you make dirty pens clean with' と言い換えて表現したのである．

最も必要な要素を最初に

　語彙が制限されればされるほど，テキストの選択にはより注意を払わなければならない．学習者の最初のそして最も強い連合は，口語，文学，通俗，科学技術で用いられる言語に共通の基盤となる言語要素でなければならないのは明らかである．すでに述べたように，自国語に翻訳しても理解できないような語に学習者を立ち向かわせるようなことがあってはならない．読本が蝋燭工場の記述であってはならないし，クリケットの試合の記述でさえも場違いである．というのも，クリケットに参加する機会のあるような外国人はほとんどいないし，そのような記述は，英国人ですら知らないか，すくなくとも正確に定義することができない専門用語をふくむことになるからである．

　必要な慣用語句と不必要な慣用語句を区別することは特に重要である．ことわざ的慣用句のすべてと直喩を含む慣用句のほとんどは，単なる言葉の飾りに過ぎない，しかもしばしば野卑な飾りに過ぎない．したがって，自分の言いたいことをなんとか直截的に表現できればよい外国人にとっては，これらの慣用句表現は不必要なものである．外国人はそれらの表現を理解できればよいのであって，自分で使用できるようになる必要はない．同じように不必要なものに俗語や隠語（argot）がある．例外的に，いわゆる俗語が欠けているところを補うのに役立つことはあるが，そのような場合にはそれはもはや俗語ではなくて，単に口語になっているのである．外国人が俗語のような表現を用いるべき

ではないもう一つの理由は，そのような表現は常に変化していて，時代遅れの俗語を使うことほどみっともないことはないからである．

しかしこれらの他にも，それ自体に何ら差し障りはないけれども，初学者にとっては不必要と思われる何千という慣用表現がある．というのは，それらの慣用句が表している概念は，通常の語の結びつきによっても表すことができるからである．例えば，I must be off は I must be going now や I must go now によってまったく同じように表現でき，しかも後者は，力強さには欠けるけれども，馴れ馴れしさが少ないので外国人が用いるのにはより安全である．同様に it caught my eye は英語らしさを失うことなく，I happened to see it と言い換えることができる．このような慣用句が，パラフレーズでは表すことができない真に不可欠な慣用句の妨げになるようなことがあってはならない．

主題の親近生

テキストの主題は，場所と時間に関して，教えようとしている言語と合致するものでなければならない．フランス人用の英語読本は，スパルタ人よりも現代の英国人の生活の場面を扱ったものであるべきであり，英国人のフランス語学習者は，陳腐で古めかしい英国人の児童用の物語のフランス語翻案は好まないであろう．

しかし学習者がすでにしっかりとその外国語を習得していれば，外国語で書かれた自国の記述を読むことは有益である．というのは，よく知っている事物や概念を扱うという利点があり，その結果生じる連合は，［すでに知っている内容であるので］直接的にはそれほど役に立たないけれども，より明確ではっきりと認識できるのである．よく知っている事物とか概念の記述や定義は特に有益である．

英語やフランス語のような，古くから文学に使われている言語は言うまでもなく，ラテン語のような死語を扱う場合にはさらに，真に民族的性格を持ち同時に内容と文体が簡単であるようなテキストを見つけるは非常に困難である．

困難である理由は，高度に発達した文学は，あまりにも修辞的であったり，あまりにも装飾的であったり，あまりにも警句的であったり，あまりにも皮肉的であったり，一般的に素朴さに欠けるからである．したがって，簡単なテキストを探そうとする外国人は無意識に古い作品を選ぶ傾向がある．それらは言語の簡潔さや主題の親しみ易さの条件は満たすけれども，扱われている生活や言語が過去の世代のものなので，現代性の条件は満たしていない．

しかしもしあるゆる読本が完全に現代的でなければならないとすれば，5年やそこらごとに新しい読本を書かなければならないであろう．そうなれば，読本は恐らく，扱う範囲の限られた大変移ろいやすい要素を多く含むことになるであろう．しかし幸いなことに，19世紀以前のものでも，英語では文体や表現法（phraseology）に一定のしっかりとした基盤がある．すなわち，スウィフト（Swift）やアーバスノット（Arbuthnot）のような作家のものでも，ほんの少しばかり改訂を加えれば，作品全体が立派な現代口語英語になるのである．事実，我々がそれが現代英語ではないと分かるのは，それがとても立派な英語だからであるに外ならない．

［英語の基本的部分が後期近代英語以降ほとんど変化していないことについては，前章の解説（p. 233）を参照．］

ことばの簡潔さ

ことばが簡潔であるためには，第一に，テキストは文語であるよりもむしろ口語であるべきである．短い文で書かれているべきであって，長い複雑な文であってはいけない．隠喩やその他のことばの彩はできるだけ排除すべきである．しかし口語的傾向を極端に推し進めるべきではない．学習初期の段階で我々が口語を支持するのは，口語自体が学習目的であるからではなくて，一般論として文語よりも口語の文体の方が一定の要件をよく満たしているからであるということに留意していただきたい．しかし口語が進んで，不必要な慣用句や俗語を多く含む，唐突で省略的でつながりの悪い対話になってしまうと，口語と反対の極にある文語と同様に，初歩の実用目的のためにはほとんど不適切なものになってしまう．また様々な考察から，初めのテキストとしては自然描写が最も適切であると指摘されることがある．しかし自然描写は厳密な意味では口語的ではあり得ない．というのは，連続した記述は対話ではなくて独白であって，そのようなものは現実世界ではほとんどあり得ない．そのようなテキストは，要するに，口語的であるとほとんど同じ程度に文語的であって，最大限に口語的に簡略化された文語体なのである．

多様性

自然な慣用的表現で書かれているテキストが，人工的教授法で用いられているテキストよりも優れている大きな利点は，その言語のすべての特性を公平に扱っていることにある．もし三つの大別されたテキスト［p. 234］の代表的な作品だけを選んだとしても，このように言えるのである．一方，人工的方法で

は，一定の文法構造，一定の語彙要素，一定の語結合を絶えまなく繰り返す傾向があって，他のもっと必要な要素をほとんどまったく排除していることがあるのである．例えば，オルレンドルフやアーン式の教授法では，最も必要な慣用句であっても排除されているし，グアン式では具体的および客観的語のみを扱っていて，抽象的および主観的語はほとんど排除されている．現在［当時］のグアン式では生徒に 'I think so' とか 'I would rather not do it' とかの表現を教えることはできないし，感情とか知性の範疇に入るどんな表現も教えることができないのである．

むずかしさの段階

以上述べてきたことから，テキストの難易の段階の原則に関しては疑問の余地はないであろう．文法構造が最も簡単なものは記述的テキストであって，動詞は現在時制，第3人称に限られる．この制限の実際的価値はもちろん，その言語が高度に屈折する言語であるかどうかにかかっている．英語のような言語においてさえ，この制限があれば，強変化動詞の過去形のような困難を学習者からはぶいてくれるのである．

記述的テキストに欠けている形式は口語的対話によって補充することができるが，最も高度に最も自由に発達した対話は最もむずかしいテキストである．

最大限の多様性は，記述的なもの，物語，対話を混合したテキストによって得られるが，そのような例は小説や短編に見られる．この種のテキストはきわめて弾力的であるという利点があって，純粋に記述的なテキストとほとんど同じように簡単化できる余地をもっている．この種のテキストが純粋に記述的なテキストと違う点は，より豊かな文法構造，語彙，慣用句を提供する点においてだけである．したがって，これがテキストの中心となる型であるべきである．それと同時に，これが言語を読むことと話すこと両方の予習となるのである．

興味

ある事に興味をもつためには，我々はそれに気が向いていなければならず，その事自体に目新しさ（novelty）がなければならない．発音と文法分析という二重の困難に加えて，馴染みのない語によって引き起こされる困難と戦っている学習者は，ジョークやその国民独特のユーモアを味わうような気分にはなれない．それらが彼にとってすでに新鮮さを失っているとか，あるいは彼自身の国民的偏見から好みに合わないということがないにしても，発音を学習し言語

分析を終えるころまでには，それらの新鮮さはきっとすでに失われてしまっているであろう．

そして，たとえ難破船，海賊行為，殺人，亡霊のような扇情的な説話を利用するのがよいとしても，ゆっくり読む，絶えず繰り返す，という我々の基本原理に従った学習が，その興味を奪ってしまうことになるであろう．この種の文学から勉強を始めた人から教師がしばしば耳にする言葉は，「私はこの本を翻訳で読んでみたい．一日に20行だけ読んでいるのでは話の筋が分からない．」

しかし学習者は，しばしばテキストの文学的価値やユーモアなどの長所には無頓着でありながら，反面その欠点についてはすぐに批判しようとする．幼い子供達は特に，押しつけられるのは嫌いだし，ひどく幼稚なものあるいは道徳的，教育的興味に役立つことがあまりにもあからさまなものも嫌いである．実際には彼らが好むものは，この正反対であることがしばしばである．彼らは自分の能力を少しだけ超えたものを垣間見たいのである．我々は誰でも不必要で平凡なことは嫌いである．

大部分の学習者の興味を永久に引きつけておくような言語的テキストを作成することは不可能であると言っておきたい．平凡で自明であること (triviality)，あまりに子供じみていること，無邪気であることを避けることに加えて，テキストの長さは中庸であるのがよく，3巻もの長さがあるものであってはならず，また諺のように短いものであってもならない．

文学的テキスト

純文学の言語は一般に我々のテキスト選択の基準には合致しない．というのも，厳密に口語的観点からすると多少古風であるとか，不必要な語や句を含んでいるとか，文法構造が複雑であるとか，文脈が不明瞭であるとかの問題があることはかなり確かだからである．

しかしこれらの問題点は，その作品の一般的性格を傷つけることなく取り除くことができるので，可能な場合にはこれらの問題点を取り除くべきである．

また，文学的作品を簡単なことばで言い換えることによって有用なテキストを作り出すことができることがある．この場合，言い換えはできる限り簡単で口語的な文体で行わなければならない．ラム (Charles Lamb) の *Tales from Shakespeare* のような本は，人工的な古文体で書かれているので我々の目的にはそぐわない．［この本は，学生時代に英語の勉強によいから読むように勧められていた本である．］

形式の優先；文法的テキスト

　すでに見たように，使用される語彙や文法形式の性質はある程度までテキストの一般的性格によって決まる．したがって，我々が直面する問題は文法とテキストとの間の橋渡しをどのようにするかである．ジレンマの一方の角(horn)は，テキストがまったく自由で自然なものであると，文法と一定の明確な関係をもつことができない点である．もし学習者が相当な量の組織的変化に富んだテキストを読むとすれば，文法規則のすべて，あるいはほとんどすべての用例に出会うことになるであろう．しかしそれらの用例は事実上偶然に出てくるのであって，自然なグループ分けになっているのでもなく，規則的に繰り返し現れるものでもない．

　ジレンマのもう一方の角は，テキストに一定の文法範疇を組み込もうとするとテキストが自然ではなくなるということである．テキストがつまらなく，退屈で，冗長になるか，さもなければ多かれ少なかれ奇怪なものになるか，最後にはばらばらな無関係な文になってしまうのである．〔テキストを自然なものにすると文法事項の整理がつかず（一方の角），文法事項を整えるとテキストが不自然になってしまう（もう一方の角）というジレンマ〕

　そこで，この問題を異なる形で提出してみよう．つまり，文法的テキストを作成することは本当に価値があることなのか．一方で自然なテキストに頼り，他方でばらばらな文を利用する方がより簡単ではないのか．

　この折衷案によると，ばらばらな文がテキストと文法をつなぐ本当の架け橋になることが分かるであろう．その橋は，文法の用例として用いられるばらばらの文を，その時点で学習者が学んでいるテキスト，あるいはまさに学ぼうとしているテキストから取り出すことによって構築される．私が『アングロ・サクソン語初歩』で採用したのはこの方法である．そこでは統語論の用例はすべてその後に続くテキストから採られている．この本では，一揃えの精選したばらばらの文を追加し，それらの文を様々な文法範疇を説明するように配列して，テキストと文法を補足するようにしてある．『アングロ・サクソン語第一歩』でも大体同じ原則に従ったが，ここでは厳密にテキストに固執する必要がないので，テキストから採った文法の用例を修正して，私が考えている直接の目的にさらに役立つように工夫した．

　この方法は，学習者がテキストから学び始める場合にも文法から学び始める場合にもうまく働く．テキストから始める場合には，文法の学習でその文に出会うとその文の文脈を思い出すので，その文はもはや学習者にとって孤立したものではない．文法から始める場合には，テキストの学習でその文に出会う

と，その文が何の文法規則を説明しているか容易に理解できる．文法とテキストを交互に何度も学習することによって，この両方の利点が確保されるのである．

(**解説**)　最初に読むのに最も適したテキストは，記述的であって，直接性，明解さ，簡潔さ，親しみやすさなどの主要な要件を満たしているものがよい．中心となるテキストは，記述的内容，物語，対話を混合したものであるが，そのようなテキストは小説や短編である．しかしこのようなテキストでも，文法構造，語彙，慣用句を理想的な形で含んでいるのではないから，テキスト以外から適切な用例を追加することによって，テキストと文法の間の橋渡しをする必要がある．

　語彙は多い必要はなく，3000語位を目安として，これらを自由に使いこなせるまでに十分に訓練することが重要である．ことわざ的慣用句や俗語は外国人には理解できればよいのであって，使用できるようになる必要はない．日本でも「ニューヨーカーの英語」のような題名の本を見かけるが，このような英語は特別な必要がない限り英語学習には無縁のものである．本が店頭に並んだ頃にはニューヨークではすでに陳腐な表現になっている可能性がある．

　学習者の興味について，「学習者は自分の能力を少し超えたものを垣間見たいのである」と述べているが，まさにその通りで，あまりに簡単な内容でも，あまりにむずかしい内容でも学習者の興味を引きつけることはできない．学習の基本原理は，「ゆっくり読む，絶えず繰り返す」である．

第14章　異なる言語間の関係：翻訳（＝訳読）(translation)

　どのような一般的学習方法でも，どれか一つの言語に適用しようとすると，必ず一定の細部の修正を必要とすることは明らかである．さらに，学習言語と学習者自身の母国語との間の特殊な関係によってはさらに一層細部の修正が必要になる．例えば，ドイツ語は英国人にとって一定の特別な困難があり，フランス人にとってはまた別の特別な困難があるが，これらは発音ばかりでなく，文法，語彙，語法においても見られる．しかしこれらの特殊な関係はすべて，言語学習の理想的な一般計画そのものと同じ連合の一般法則によって支配されている［一般的な連合法則によって，これらの困難点を処理できる］．

自国語の知識を得ることから始めよ

　外国語学習の最初の準備は自国語の特性（peculiarities）を完全に知ることである．我々はすでに，外国語の発音を習得するための第一要件は，自国語の発音を実際的に知ることであると指摘した（p. 179）．同様に，外国語の文法構造を理解するための第一要件は，自国語の文法構造を完全に知ることである．これが，我々が一般文法の観点から自国語の文法を見るように当初から教えられるべきであるとする理由の一つである．［母国語の知識の重要性］

　自国語の文法における欠陥や変則的な点を明確に知っておくことは，音声学の場合と同様に，重要である．このことは自国語の文法構造を一般言語学の視点から見ることの重要性を示している．例えば，英語には may や can のように不定詞や分詞を持たない欠如動詞がある．これらの動詞を不定詞や分詞の機能で用いようとするときには，他の語を代用として用いなければならない．I can come に対して，I shall be able to come とか I have not been able to come のように．これとは異なる面で欠如動詞であるものもある．例えば，he used to go there every year を現在時制に変えようとすると，構造を完全に変えて he goes there every year とか he is in the habit of going there every year と言わなければならない．英語におけるこれらの欠如を明確に意識しておくと，外国語を話すときに，英語の I shall can に相当する表現を使わなければないときに感じる躊躇を乗り越える助けとなる．同様に，英語の pack up における up の用法は他の言語の用法と異なっていて，他の言語のほとんどで pack up は unpacking を表し，pack up で示される概念は一般に 'pack in' のような表現で表される．英語の話者が，tie up, pack up, shut up のような構造の up の用法が非論理的，あるいは他の言語の特質とは反対であることをひとたび学習すると，英語と異なるそれらの構造をより容易に受け容れることができるであろう．［英語の up = completely］

　困難は，自国語が外国語よりも標準的で合理的または簡単であるという上記とは反対の理由からも生じる．例えば，英国人は他のほとんどのヨーロッパの言語における文法的性の区別にいらいらする［英語の文法的性は自然性に従っているので標準的である］．女性定冠詞を女性名詞と結びつけることはすぐに学習するが，木や家の性を知っていても he や she ではなくて it で呼ぶ習慣に絶えず逆戻りしがちである．

交叉連合

　我々は二つの言語間の関係が緊密であればあるほど，交叉連合から生じる混

乱の機会が多くなることをすでに見た (p. 191「母国語との関係」). しかし交叉連合は比較言語学の限界をはるかに超えて起こるもので, その言語が系統学的にいかに離れていても, どの二つの言語間にも起こり得るのである. しかしこの場合には, 交叉連合は主としてその二つの言語の統語論, 語法 (phraseology), 一般的構造に限られる. しかし, 二つの言語が構造の一般原理を共有していると [同じ構造をもっていると], 細かい違いをならして一様にしようとする傾向が必ずあるのも明らかである. 例えば, 英語と中国語の語順の主要原理は同じであるので, 英国人の学習者は, 語順が英語と違うときには中国語の語順を英語の語順に従わせようとする. 二つの言語の語順が基本的に異なる原理に従っているときには, 細かい違いを保持するのにそれほどの努力を必要としない [日本語と英語の語順は基本的に異なるが, どうであろうか]. 同様に英語とフランス語の一般的構造や語順の類似性から, 英語話者は英語の構造, 語順, 語法をフランス語に持ち込みやすい. 一方, ドイツ語はフランス語よりも直接的に英語と同族関係にあるけれども, 一般的構造においてフランス語よりもかけ離れているので, 英語の話者が英語の構造, 語順, 語法をドイツ語に持ち込む可能性はより少ない.

翻訳せずに外国語で考えること

　交叉連合の普通の是正方法として「その外国語で考えること」というのがある. しかしながら我々は十分に使いこなせる完全な外国語の知識をもつまでは, 外国語で考えることはできない. したがって, この助言は, それ自体は健全であるけれども, 我々が新しい言語を学習し始めるとき, 母国語で考えざるを得ないという事実を変えることはできない. [かつて *Thinking in English* という題名の日本の英語学習書があって, 無理なことを言うものだと思ったのを思い出す.]

　外国語で考えるとは, 各概念が直接にその概念を表す外国語の表現と結びつくことを意味し, 最初に母国語の概念と結びつき, 次にそれを外国語に翻訳することではない. このことが, 外国語を教える際に, 翻訳 (訳読) をやめて絵やジェスチャーを用いれば, 自国語との交叉連合を除くことができるという誤った考え方に多くの人々を導いてきた. 実際にはこれらの交叉連合と翻訳 (訳読) は無関係である. 交叉連合が起こるのは, 我々の心に生じる各概念が, それを口に出すかどうかは別として, 瞬時に母国語の概念を思い起こさせるからにすぎない. いかに強く我々が外国語の表現を記憶に刻み込んだとしても, 母国語の表現が常に優るのである. たとえ翻訳 (訳読) によって [母国語との] 交叉連合が強められることがあったとしても, 翻訳がその原因であると見なす

ことはできない．もしそうであるならば，これまで見てきたような二つの外国語間の混乱［我々が学ぶ外国語が多ければ多いほど，交叉連合を生じる傾向が甚だしいこと］はどのように説明できるであろうか．今学んでいる言語と直前に学んでいた言語の間に混乱を生じるのは，必ずしも直前に学んだ言語に精通している場合だけではない．交叉連合が生じるのは，前の言語を学ぶのに努力をしたことの証しなのである．

外国語からの翻訳

　翻訳には2種類あって，一つは外国語から自国語への翻訳，もう一つは自国語から外国語への翻訳である．これら二つの間の大きな実際的相違は，後者は外国語の完全な知識を前提としていることである．

　外国語からの翻訳は外国語への翻訳とは異なった位置にある．［この翻訳の結果は母国語であるので］翻訳された語や文の予備知識の必要はなく，同時にそれは原文の意味を説明する最も明白で便利な方法である．しかし改革者の中にはこの種の翻訳（訳読）でさえも初めから除外しようとする人がいる．

　絵画式教授法　その最も極端なものは，語彙を絵によって教える絵画式教授法にみられる．フランケは，翻訳式教授法は複雑な心理過程を伴い，ドイツ人がフランス語の chapeau を学ぶとき，まずそれをドイツ語の同等語である hut と結びつけ，次に hut を 'hat' の概念と結びつけると言う．これに対して，帽子の絵と連動して chapeau の語を示せば，語と概念の関係を直接的に連合できると言う．

　このような推論は，心理過程は複雑であって必然的にむずかしいにちがいないという誤謬を引き起こす．しかし実際には，ドイツ人にとって hut という語と帽子の概念は非常に緊密に結びついていて，一方が示されると，他方が瞬時に努力なく連想できる［したがって，上記のような複雑な心理過程を経るのではない］．一方，絵は chapeau という語と結びついている概念のほんの一部しか示してくれない［その絵で示されている帽子の概念しか想起させない］．絵に対して訳語がもつ大きな利点は，訳語は自国語における帽子というグループの概念全体の実際上の要約であるので，chapeau = hut という等式によって，ドイツ人は帽子の概念群を自国語の語から外国語の語に移行できる点にある．このことは絵ではできない．絵によれば，chapeau が帽子一般ではなく，'tall hat' を意味すると考えてしまう危険を犯すことになる．

　絵画的教授法は，さらに，その適用が非常に制限されている．絵や図表は時には大変有効であってほとんど不可欠な場合もあるが，他方では，不十分また

は無用な場合，あるいは抽象的概念を扱う場合のように，まったく実行不可能な場合がある．

外国語による説明　それほど極端ではない見解として，翻訳（訳読）は初学者のための支え（crutch）としてのみ用いるべきであるという考え方がある．つまり，外国語の語や文の意味を理解するために用い，その段階が終了したら放棄して，それ以降外国語の新語は外国語それ自体によって説明するのである．この方法の信奉者があげる利点の一つに，この方法によれば交叉連合の危険を減少させることができるというものがある．しかし交叉連合は我々が予想もしないところに次々とひょっこり顔を出すという厄介なものである．交叉連合を取り除くことができないただ一つの理由は，あらゆる概念が母国語の語や句と確固として結びついているからである．

外国語で説明することに対する主な反論は，外国語を学習している限り，できるだけ明解に紛らわしいところがないように説明してやることが我々の第一にすべき務めだということである．したがって，すべての説明は，我々がよく知っている言語，つまり自国語ですべきであって，我々が知らない言語でなされるべきではない．

しかしながら，さらに進んだ学生にとっては外国語による翻訳やパラフレーズをすることは時に有益なこともあり，学習者がその翻訳やパラフレーズを完全に理解していることを我々が確信できる場合には，これに反対する理由はない．というのは，たとえそれがほかに役立つことがないとしても，少なくとも外国語で練習するという役には立っているからである．

翻訳は知識をより正確にする　外国語を自国語に翻訳することは，外国語の語とその意味との間を一時的につなぐ効果以上の高度な効果がある．学習者は，翻訳によって一度句の中の語をすべて明確に把握し，句全体の意味も把握したら，説明の支えをしばらくはずして［自国語訳を放棄して］，その句の意味をできるだけ自国語で考えないようにしながら，その句と意味を直接結びつけるように訓練するのがよい．この段階を終えると外国語で考え始めることができ，ドイツ人が言うように「彼自身を外国語の中に住み込ませる」ことができる．

しかしシュトルムが述べているように「外国語の中に自身を住み込ませることにも危険を伴う．人は容易に部分的理解に慣れてしまう．つまり，それまで対応する表現の意味を自国語でよく考えたことがないので，意味の特別な陰影について明確な概念を形成することをしないのである［外国語の表面的意味が分かれば，それで満足して細かい意味の陰影まで注意が回らない危険がある］．その語を

きちんと翻訳できるようになってはじめて，その語に完全に精通し，その語を理解できるばかりでなく使うこともできるのである.」事実，翻訳は，語彙に関しては，文法規則や文解析が構造で果たす機能とほとんど同じ機能を果たしている．つまり，翻訳は我々がどの程度まで無意識的，あるいは半意識的連合を行うことができるかを教えてくれるのである [ある語の意味を無意識的，または半無意識的に理解できるか，あるいは自国語の意味を経由して意識的にしか理解できないかによって，その語を完全に駆使できるほど精通しているかどうかが分かる．文法規則や文解析も同様で，精通すれば，文法規則の適用も文解析も無意識に行われる]．例えば，[フランス語を学んでいる] 英国人が，フランス人がフランス語で 'I ask myself (*je me demande*) what this means' というのを聞くと，この言い方はこのままでも完全に意味をなし，英語では疑念あるいは驚きの表現として可能であると感じる [I ask myself what this means. (これはどういうことかと自問自答する)]．しかしその英国人がそのフランス語を正確な英語の対応表現 'I wonder what it means' (これはどういうことかしら) に翻訳してみると，例外的に強い表現であると思っていたもの [I ask myself (*je me demande*)] が実は単なる付け足しの表現であって [I wonder]，それを逐語的に頭の中で翻訳していたのはまったく間違いであったことに気づくのである．この翻訳がなければ，英国人は英語の 'I wonder …' に相当するフランス語 (*je me demande*) を見つけ出すのに戸惑うことになるであろう．このように，翻訳は，正確さをテストし，概念とその概念の外国語表現の間に無意識的機械的に形成される我々の連合の誤りを修正する最も有効な方法なのである．

翻訳の三つの段階　翻訳の使用は次の三つの段階に分けられる．

第1段階では，翻訳は学習者に情報を伝える方法としてのみ用いられる．我々は外国語の語や句を自国語に翻訳するが，それは翻訳が意味を知るための最も便利で同時に最も効果的な手引きだからであるにほかならない．

第2段階では，翻訳は最小限に留められ，意味は主として文脈から理解される．ときおり外国語による説明が加えられる．

第3段階では，自由な慣用的表現による翻訳によって，二つの言語間の相違が面と向かい合う形で明らかになる．

上記の三つの段階のほかに第4段階を付け加えることができるかもしれない．その段階では学生は自国語と外国語の間の関係について完全で組織的な知識を十分にもっているので，一方から他方へ容易にしかも正確に翻訳することができる．

自由作文：質疑応答

　改革者の間で一般に意見が一致しているのは，練習問題や外国語への翻訳を行うのではなく，その代わりに，すでに学習しているテキストから採られた主題に関して外国語で自由作文を行うのがよいということである．この作文は，すでに学習したテキストから主題が取られるので，すでに知っていることを再構築することにほかならない．

　ヨーロッパの改革者は外国語による質疑応答の方式を非常によく利用している．その質疑応答は，教師が質問し生徒が答える，あるいは教師がある生徒に別の生徒に質問をするように命じる，というように行われる．質問の主題はもちろん，生徒達が現在読んでいるテキストから取られる．例えば，We can easily see that the earth is round by watching a ship sailing out to sea. のような短い文からでも，次のようなたくさんの質問の主題を得ることができる．

> What is the earth? What is the earth like? What shape is the earth? How can we see that it is this shape? How can we see that the earth is round? What can we see by watching a ship sailing out to sea?

質問に未知の単語（例えば shape）が含まれているときには，その意味が文脈からまったくはっきりしている場合を除いては，十分に説明する必要があるのはもちろんのことである．

　外国語による純粋に口頭の質疑応答の練習は，既習内容を筆記によって再現する試みの前に行うべきである．その理由の一つは，耳による固定的な連合は，二次的で恐らく変わりやすい書き言葉による連合に先行すべきである［音声が書き言葉に先行すべきである］という一般的理由によるのであるが，もう一つの理由は，その方が容易に手っ取り早くやれるからである．口頭練習にはさらに，生徒が話されていることを理解し，それを正確に容易に再現するための訓練になるという利点もある．事実，口頭練習は，音声学的方法の代用として用いることができる最もよい方法であって，もし前もって組織的音声学の訓練がなされていれば，その効果は十倍にもなるであろう．そして，口頭訓練は生徒に最高度の刺激を与え，速さ，冷静な判断力，観察力をも発達させるのである．

　この再現的，つまり「模倣的」（imitative）方法には漸次的に進むという利点がある．そこで用いられる口頭の質疑応答は，学習し終わったことを正確に文字通り再現することであってもよいし，それを自由にパラフレーズして表現することであってもよい．質問には新語が含まれていてもよいが，それが新語

であることははっきりと指摘しておく必要があり，その説明は事前または事後にしてもよいし，文脈からの推論に任せてもよい．

　この漸次的進行は作文にも同様に当てはまる．最初，生徒は学習した内容の主題について記憶をたよりに書くことしか期待されないが，そのうち学習したテキストの主題と似た主題について小論を書き始めることができる．このようにして，作文は徐々にテキストから離れて，学習者の語学力が広がるにつれて，扱う主題がさらに一般化し，ついには普通の話題なら何でも話したり書いたりして表現することができるようになるのである．

（解説）　日本の英語教育では伝統的な文法訳読法（grammar-translation method）がいつもやり玉にあがる．会話のできる人が育たないというのがその理由である．そしてそれを改善するために英語の授業はすべて英語で行うという方針が文部科学省から出ているような状況である．本章では訳読（翻訳）と母国語教育の重要性を指摘している．

　訳読が学習上の重要な作業であることは言うまでもない．訳読は外国語学習の要であると言ってもよい．現在の英語教育で会話のできる人が育ちにくいから訳読法は誤りであると考えるのは，まさに誤りである．訳読法だけで会話力を養成することはできず，会話力の養成にはそれなりの訓練が必要であるが，そのための基礎力を養成するのには訳読法が最もよい．

　本章で翻訳（訳読）の効用として次の点をあげている．「翻訳は原文の意味を説明する最も明白で便利な方法である．」「外国語を自国語に翻訳することは，外国語の語とその意味との間を一時的につなぐ効果以上の高度な効果がある．」「その語をきちんと翻訳できるようになってはじめて，その語に完全に精通し，その語を理解できるばかりでなく使うこともできるのである．」「翻訳は，正確さをテストし，概念とその概念の外国語表現の間に無意識的機械的に形成される我々の連合の誤りを修正する最も有効な方法である．」我々はすでに母国語を習得しているので，その事実を無視して英語教育をすることはできない．そして母国語を活用する最もよい方法が訳読法である．

　しかしながら，これまでの日本の英語教育では訳読にあまりにも比重が置かれすぎていて，会話や作文の訓練があまりなされてこなかったというのも事実である．これを改善する鍵は中学校の英語にあると考える．中学校ではもっと会話的活動に力を注ぐべきである．生きた言語活動を多く取り入れることによって，生徒の学習活動が一層活性化し，英語に対する興味が途中で萎えてしまうことなく高学年まで維持できると考える．さらに，これによって会話の基

礎力が養われ，それ以降の会話に対する自学自習の方法を工夫するのにも役立つと思う．導入期である中学校の英語指導が最重要であると考える．（第10章の「解説」(p. 220) も参照）

英語は英語で教えよ，と文科省は言っている．「外国語で説明することに対する主な反論は，外国語を学習している限り，できるだけ明解に紛らわしいところがないように説明してやることが我々の第一にすべき務めだということである．したがって，すべての説明は，我々がよく知っている言語，つまり自国語ですべきであって，我々が知らない言語でなされるべきではない．」この説明に尽きるが，仮に外国語による授業が可能であるとしても，それは相当進んだ段階でなされるべきであって，高等学校の段階で一律に行うことには無理があると思う．（第11章「解説」の高校生の意見 (p. 226) を参照）

母国語教育について，「外国語学習の最初の準備は自国語の特性を完全に知ることである．外国語の文法構造を理解するための第一要件は，自国語の文法構造を完全に知ることである」と述べて，母国語教育が外国語教育にとってきわめて重要であることを指摘している．日本では英語教育ばかりに注意が向けられていてこの点が話題になることはほとんどないが，英語教育には国語教育が深く関係している．現在の国語教育では日本語の基本語順や構造分析の問題などが充分に教えられていないように思われるが，そうであれば，英語において基本語順や解釈に関わる構造分析を教えようとしても，いわば初めて言語分析を体験するような感じを受けるであろう．日本語の構造分析が的確にできる能力が身についていれば，それを基にして英語の構造分析を行う能力を展開するのは比較的容易である．母国語についての言語学的知識は外国語教育にきわめて重要である．したがって，従来の伝統的国語学的視点からの国語教育を改善して，もっと言語学的視点に中心を置いた「日本語の教育」に改善していく必要が強く求められる．

第15章　会話

外国語による会話は二つの非常に異なる視点から考えることができる．(1) それ自体が目的であるもの，(2) 言語学習および生徒の学力をテストする手段として．もちろん，後者が同時に前者の準備であると見なしてはいけないという理由は何もない．

会話がむずかしいと同時に有用であるのは，迅速さと精神の集中を必要とするからである．会話では，話す内容を完全に知っていなければならず，それが

すぐに口頭で話せる状態になっていなければならない．すでに述べた初歩的な口頭質疑応答の場合でさえ，生徒は少ないながらも知っていること［話そうとする内容の外国語による表現］はすべて完全に習得していなければならない．

会話を学習するとは，初学者が鉄道旅行やホテル生活における会話を学ぶことを意味するのではなく，将来海外旅行や外国人と会話をする機会があるときに，その基礎的訓練がその役に立たないようなものであってはならないことを意味しているに過ぎない．

［このような目的のために書かれた会話集，熟語集の具体例をいくつかあげて，大抵のものは自然な口語を再現していない，文語的である，平明な口語表現ではなく不必要でわざとらしい表現を用いている，とかの批判を加えている．］

要するに，簡潔で口語的な対話を書くことは至難の技であって，充分な準備なしに取りかかるべきではないし，特に音声学の知識が欠けていてはいけない．これらのことがはっきりと理解されるべきである．口語的な対話を書くようなことは，母国語話者以外はだれも試みるべきではない．

現在のように，本当に有用で信頼できる熟語集がないときには，会話的慣用表現を学ぶ最も安全な方法は，小説や喜劇を読んで最も有用と思われる慣用表現を選びだして収集し，それ以外は無視することである．しかしこれは遅々とした困難なやり方であって，好結果を生むためには特別な言語的感覚と特別な記憶力を必要とする．さらに外国人にとっては，その慣用表現が本当に現代の口語に属するものであり，一方では古語的，他方では卑語的俗語的に落ちる懸念なしに吸収してよいものであるかどうかを判断するのがむずかしい．

(**解説**) 外国語の教授法というよりも学習法について論じている．小説や喜劇などから有用と思われる慣用表現を収集することを勧めているが，このことは大いに推奨したい．収集する表現はいわゆる慣用表現である必要はなく，英語ではこのような言い方をするのかと興味が動いた表現や自分で面白いと感じた表現を収集するとよい．一方には英語表現を，もう一方には日本語訳を付して整理し，日本語から英語表現が出てくるように訓練するとよい．自分自身で作成した表現集の利点は，自分の興味にしたがって収集したものであるので記憶に残りやすいこと，用例の文脈が記憶に残るのでその用例の使用場面がはっきりしていることである．用例を採取するのは平明な英語で書かれた現代の通俗小説が最もよい．例えば，数年前に亡くなった Sidney Sheldon の通俗小説などがよく，Agatha Christie などは少しむずかしいこともあり避けた方がよい．このような小説から収集された用例はすべて，現代口語に属するものであり，

本文で述べられているような懸念はないし，そのような点にあまり神経質になる必要もない．このような用例の収集には，もちろん特別な言語的感覚は必要とされない．

第16章　文学，文学的作文

　合理的で漸進的な言語学習法では，外国語の文学に対する接近は徐々に行われる．学習者は学習が進展するにつれて，より自由にしかも形式よりも内容に重点を置いたテキストを選択できるようになり，ついには修正も短縮もされていない実際の文学そのものを読んで得るところがあるようになる．

　文学への接近に段階があるように，文学そのものの研究（学習）においても段階がある．学習者は当然，最も簡単な形式の近代散文でしかも最も口語に近いものから学び始めることになる．そして徐々に高度な修辞的空想的な散文へと進み，さらに古典的散文や詩歌へと進むのである．

　この手順は旧式の方法とまったく正反対である．旧式の方法は，学習者が語彙や文法を習得しないうちに，その言語の文学を紹介するばかりでなく，古典を初歩訓練の道具としたのであった．これは，音楽教師が音階や基礎練習から始めるのではなくて，音符を教えるのに古典ソナタを与えているようなものである．

　そればかりでなく，文体上の長所を鑑賞する充分な言語知識もなく，内容を味わうほどの精神的成熟も鑑賞力もない生徒に，ある言語の古典を無理やりに詰め込もうとすると，しばしば文学一般に対する嫌悪感を作り出してしまう結果となる．［無理な教育はその科目を嫌いにしてしまう．英語嫌いもこのようにして生まれることがある．］

作文

　外国語で高度な文体によって独自の作文をしようとする野心的な人は，注意深くゆっくりと進むのが肝心である．すでに読み終わったものを多かれ少なかれ自由に再構築することから始め，最初は口語体に近いものから，ついでより高度な言い回しに進んでいくのがよい．

　［我々は外国語の極端に修辞的な文体をまねるようなことをしてはいけないが，］そのような不適切なモデルの模倣に次いで，外国語による作文における最大の誘惑（snares）は文体の独創性である．我々が独創的であることができるのは，母国語においてのみである．その場合でさえも，踏みならされた道からそれほど

遠くに踏みはずすことはできない．外国語の場合には，模範を固く守らなければならない．

もちろん外国人の文体が奇妙で一見したところ独創的な特徴をもつことがあるが，それは母国語の影響の名残であって，自身の精神の独創性によるのではない．方言の影響が同じような効果をもつこともある．例えば，カーライル (Carlyle) の独創性と考えられている多くの点はスコットランド方言の影響の結果である．

第17章　一般的事項（原本第19章）

時間と努力

語学を学ぶときには，速過ぎもせず遅すぎもせず一定の速度で着実に進まなければならない．

テキストにせよ文法書にせよあまり急いで読むと，読んだことの半分を忘れてしまったり，憶えていることでも明確でなくぼんやりとした連合しか残らないという結果になる．学習言語がすでに知っている言語に近ければ近いほど，急ぎたいという誘惑は強くなるものである．

他方，学習言語が系統的に離れていてよく知らない言語であると，速く読もうとする誘惑は生じないし，そもそも始めから不可能である．たとえその言語が学習者には不慣れなアルファベットで書かれていないとしても，語彙が未知であるので学習速度は遅くならざるを得ない．実際その進度が遅すぎると，連続しているという感覚を保持できないかもしれない．つまり，学習者が，ある語や構造のもう一つ別の用例にたどり着くまでに，以前の用例を忘れてしまうのである．

したがって，ほとんどの東洋語は1日に1時間の割で読んでいては，その言語を習得することは［西洋人にとっては］不可能である．学習速度の遅い者が，この速度で10年間勉強を続けても，なんら真の進歩はないであろう．そのような言語は努力を集中して徹底的に学習する必要があり，例えば，1年間に1日4時間を費やす方が，3年以上にわたって同じ時間を費やすよりも経済的である．

学習に何時間かけるかは学習者の特質によって決まる．つまり，興味や熱心さの程度，言語学習に対する動機付けの強さ，環境，健康，最後に知的能力である．最初の段階では進歩は学習方法や補助教材の善し悪しによるが，最終的には熱意と忍耐が勝利をもたらす．

もし言語学習に与えられる時間を最大限に活用しようと考えるのであれば，一定の時間を必ず反復練習に取っておくのがよい．

例外的に記憶が速いのではないが労をいとわない学習者は，前日に読んだことを毎日繰り返して読むべきである．1ヶ月位勉強して，都合のよい休止場所に至ったら，それまでに学習したすべてを再読し，ゆっくりした進度の間に欠落してしまった連合の糸をつなぎ合わせるべきである．さらに1ヶ月間読み，同様の方法でその1ヶ月分を復習する．そして例えば6ヶ月後には全体を復習すべきである．

言語がむずかしければむずかしいほど，そして言語の系列が離れていればいるほど，反復練習は頻繁に行わなければならない．実際，各テキストは，学習者がもうそれ以上そこから利益を得ることは何もないと感じるまで，繰り返し何度も読まなければならない．つまり，そのテキストの中の語の連合を強化し新鮮にするには，それらの語が新しいテキストで異なる文脈で用いられているのに出会う必要があると感じるようになるまで，繰り返し何度も読む必要があるのである．

成果：知識の段階と程度

完全な知識　生きた外国語の完全な知識とは，外国人と思われないほどの流暢さと正確さで普通の話題について会話できる力，よく知っている話題ならどんなものでも正確な表現で手紙を書くことができる力，そしてもちろん一般文学のどのような分野について書かれたものであっても読むことができる力を意味する．これ以上のことを期待するのは，外国人に教養ある母国語話者以上にその言語を知ることを期待するのとほとんど同じである．実用的視点から見た完全な知識とは，日常生活全般にわたって普通の母国語話者と同じレベルに外国人をおくような知識ということである．

言うまでもないことだが，この理想を組織的学習だけで達成することはほとんど不可能である．外国語をそこまで完全に習得することは，一般にきわめて例外的言語能力の結果であるか（ほとんどの場合，ある種の組織的文法研究によって助けられているが），あるいは恵まれた環境の結果である．もし環境がきわめて恵まれていて学習者が自国語の一部，あるいはすべてを忘れるほどであるとすれば，その勝利は公正であるとは言いがたい．

このことは，我々に「本当に完全に2カ国語話者になることは可能であろうか」という疑問を抱かせる．答えは「可能であるが，きわめて希」である．しかし一般に，一見したところ完全な2カ国語使用に見える場合でも本当に完

全であることはなく，どちらか一方が損なわれているものである．一般に2カ国語の話し手は，2カ国語のいずれか一方，あるいは両方，の発音において何か奇妙なところ，何か異質なところがあるものである．発音が完全でなくても，構造は理論的には完璧であるかもしれないが，実用上もそうであることはめったにない［文法規則に関しては完璧であるが，実用上の慣用にかなった表現にはなっていない］．

　熟達した知識 (thorough knowledge)　普通の学習者が目標にできるのは，いわゆる外国語の熟達した知識である．熟達した総合的 (all-round) 知識とは，適度な速度で相手が理解するのに十分に正確な発音で話すこと，もちろん母語話者の話すことを理解できること，文法構造を十分に駆使できて文法的誤りを避けることができること，必要な慣用表現の知識があること，手紙を書いたり文学書を読むことができることを意味する．これらすべてについて本国人と間違われるほどの程度であることを意味するのではない．この程度の知識をもつ人でさえ英国では珍しく，そういう人がいる場合には，それは非常に長時間の努力と忍耐のたまものである．

　一般にこの熟達した知識は一方に片寄っていることが多い．それはしばしば文語の場合にのみ当てはまり，文語の健全で批判的な知識はあるけれども，一方では話すことがまったくできない場合が多いのである．

　基礎知識　健全な基礎知識とは，簡単な散文であればどんなものでも一目見てすぐに読むことができる力を意味する．例えば，学習者がそれまでに一度も見たことのない『グリムの童話』の一頁をかなり正確にそして大きな脱落もなく翻訳できたら，その人はドイツ語の基礎知識をもっていると言える．

摘要とノートブック

　完全な文法書がある場合でも，学習者は自分用の特別な抜き書き（摘要）を作るのがよい．

　ノートブックの場合も同様で，学習者はテキストに出てくる語を意味の詳細，屈折，性や構造とともに書き留めるのがよい．これはテキストの欠陥を補足するものと考えることもできるが，学習者の連合を強化する手段と見なすこともできる．この方法の大きな危険は，学習者の注意をテキストから孤立した単語に逸らしてしまうことである．単語をその自然な文脈との関連で考えるのではなくて，孤立した抽象概念として考える癖がついてしまう．つまり，学習者は語をノートブックの中の記載事項の心象として見てしまうのである．このことは，明白で簡単な意味をもつ具体的語の場合には問題ないが，文脈から切

り離すと，明白なあるいは定義可能な (palpable or definable) 意味をもたないような抽象的な語となると，［ノートに記載すること自体が］時間の浪費になってしまう．ドイツ語の haus（＝house）のような容易に孤立化できる語の場合でも，学習者はそれが中性冠詞と結びついていることがわかるまで読み続け，それが心に定着するまで文脈全体を繰り返し，さらに複数形の häuser に出会うまで読み進み，同様の方法で文脈との関係でその形式の意味を理解するようにするのがよい．

　［語や句をノートに整理するのはよい方法であるが，その際単語だけでなく，文脈も記載するのがよい．例えば，center という語を記載するときには at the center of a circle のように句によって文脈も記載するのがよい．］

テキストの主題内容

　我々はしばしばテキストの編集に関して，次のような批判を聞いたり読んだりする．その取り扱いが文法的，言語学的，文献学的に過ぎること，主題内容について解説がなされていないこと，その言語を話す話者の社会生活が描かれていないこと，テキストの文学的長所や歴史的価値について学習者の興味を引き起こすような工夫がなされていないこと，等々である．

　確かに学習者が読んでいるものの主題内容［が未知のことであってその内容］を理解することは望ましいことである．しかし，逆に，初学者の前におかれるテキストが，できるだけ既知の話題のみを扱っていることも同等に望ましいことである．もしテキストが初学者に馴染みのない主題を扱わなければならないとすると，それらのテキストでは，必要とされる定義や説明を，もちろん直接にではなく文脈を通して，間接に与えなければならないことになるので望ましくない．したがって，［上記のような批判に答えるために］初期の段階で主題内容についてさらに多くの［新しい］情報を加えることは不必要なことである．

子供を教えること

　言語学習者の間で最も重要な相違は年齢による相違である．一口に幼年時代と言ってもいろいろな段階がある．

　子供の教育を構成する様々な科目は年齢ごとに分かれて始められるべきであるが，一つにはすべての科目を並行して行う時間がないからであり，もう一つにはそれらの科目間に漸次的移行の順序と依存関係があることによる．非常に重要なことは，一連の学習が子供の精神の漸次的発達に対応していること，少なくともそれに直接反していないことである．このような考察と，言語学習の

正しい手段についてのこれまでに到達した結論を考えると，子供の言語学習は次のような順序をとるのがよいと考えられる．

　すべての言語学習の基礎は自国語の研究によって築かれなければならない．当初から自国語を正しく明瞭に発音することが強く求められる．読み［音読］の訓練は，できるだけ早い時期から授業の中核とすべきである．音声学や文法分析の初歩は，読みの訓練から推論されるべきである［読みの訓練に合わせて音声学や文法分析の初歩を教える］．語の意味には特別な注意を払わなければならない．子供に読み方を教えるに当たって，ほとんど当初から，出会った語の文法的範疇ばかりでなく論理的範疇に分類することを教えてはいけないという理由はまったくない．もちろん，専門用語や抽象的定義を用いて説明するようなことは，極力避けなければならない．

　母国語の読本は，最初は主として簡単な散文を用い，ほんの時おり簡単な詩歌をまじえるのがよい．母国語の学習をそれ以上発展させることは，語彙の範囲を広げること，より高度な性質の読みものを読むこと，同時に文法的心理学的な言語分析をもっと意識的にもっと抽象的にすること，そしてそれを徐々にまとめてあげて明確な規則に仕上げることである．

　次の大きな段階は1カ国語使用から2カ国語使用に移ることである．第1外国語はもちろん，要求されるあらゆる細部まで具体的に把握できるものでなければならない．つまり，それは現在使用されている言語であって，死語であってはならない．英国人にとって全体として最もよく条件を満たしているのはフランス語である．これは10歳で始めてよいであろう．ドイツ語を始めるなら，2年後，12歳頃がよいであろう．［これはドイツ語が系統的にはフランス語より英語に近いが，一般的構造においてフランス語よりもかけ離れているからである．］

　［自国語の読みの訓練を増やせ，教材は現代の散文を主体とせよ，音声学の基礎と文法を帰納的に教えよ，特に語彙に注意せよ，読本の中で子供が出会う語を文法的，論理的範疇に分類せよ，言語分析をできるだけ規則にまとめるように訓練せよ，外国語の学習はこのような自国語の知識を基礎として行うこと，が要点である．］

成人のための教授法；自学

　成人のための言語教授法は子供の場合よりも多様である．これは学習の目的や条件が多種多様だからである．成人は専門に研究することができるし，時間をすべて一つの言語に使うことができ，集中的学習によって精神的能力の速さの不足や適応性の不足を補うことができる．

　母語話者の教師がいる場合　もう一つの重要な要素は，大人は自学できるこ

とである．外国人教師がいたとしても，なお自学することができる．実際，その教師が熟練した音声学者で優れた教え方をする教師である場合を除いては，自学せざるを得ない．しかしそのような優れた教師はめったにいないことは言うまでもない．したがって，学習者が前もって必要な音声的言語学的訓練を受けてしまっていれば，教師は学習者にとっては単に観察と実験の多かれ少なかれ受動的な対象に過ぎないことになる．［教師は積極的に教授をする役割を持つのではなく，発音を観察して自分の発音の学習に役立てるとか，作文の添削してもらうとか，受動的役割しか持たない．］

もし学習者が連続した文中で発せられる音を聞いて，その音をはっきりと捉えることができないことが分かったときには，学習者にとって最も困難の少ないと思われる結合の中に基本的音を含んだ単語の仮のリストを作成するのがよい．それらの単語は，文法書や発音辞典やその他の補助教材によって確かめることができる範囲のものがよい．最初は教師が最小限 3 回発音するのを聞き，次にそれを模倣するように努めることによって，熱心に発音練習をしなければならない．学習者は初めは，その音が耳にしっかりと定着するまで注意深く聞くことに専念しなければならない．そうしておけば，授業中にうまく発音できなくても，自分で練習しているときにうまく発音できるようになることがしばしばある．

最初，学習者がまだ文法に不慣れであるときには，毎日 10 行にも満たないほんの少しの量しか読むことができないであろう．したがって，発音はかなり注意して勉強することができる．毎日読む部分は，まず教師が読み上げ，次いで学習者が読む．数語のグループから始めて，そのグループが文を構成するのに十分な大きさになったら，文全体を繰り返し発音する．ついでパラグラフへと進む．前日やった読みの部分は，次に進む前に毎日必ず繰り返し読まなければならない．

音声学的訓練を受けたことのない学習者は，テキストを見ないで教師の後について短い文を繰り返し発音する練習を頻繁に行う必要がある．このようにすれば，耳が訓練されて非表音的つづり字によって惑わされることが少なくなるであろう．

明確な知識から始めよ；翻訳文から　教師からの助けが一切ない自学の場合には，第 1 に必要な要件はテキスト中のあらゆる文について明確で正確な知識から始めることである．このことはどのような環境においても常に目標とされるべきである．学習者が犯したかもしれない誤りを見つけるのに自分自身の警戒心に頼らなければならないときには［誤りを指摘してくれる人がいないとき

には]，このことは二重に重要である．テキストを文法や辞典の助けによって解くべきパズルと見なすのは間違った考え方である．文法や辞典の助けによる自学によって曖昧でしばしば間違った連合が形成されるが，これらは修正されるかあるいは忘れ去られるべきものである．初学者は当初からかなり逐語的な翻訳を用意しておく必要がある．学習者は，初めの段階では，原文を読んで分析する前に，翻訳文によって必ずそれに対応する部分の各文を読むようにしなければならない．

辞典はそれを使って得られる情報が不可欠である場合，あるいは少なくとも有益である場合に限って参照すべきである．もちろん翻訳文からその段落の意味が明確になったらすぐに，その翻訳文は放棄して，知識が及ぶ範囲内で各語や構造を注意深く分析しなければならない．いくぶん進歩した段階では，学習者は文法と辞典の助けだけによって段落の意味を解釈する練習を時おり行うとよい．ただし，これは知識のテストあるいは刺激と見なすべきであって，学習方法と見なしてはいけない．

翻訳文の使用に対する現在見られる偏見は，ちょうど射的を習っている人が，確実に的を射ることができるようになるまでに何度も失敗をしなければならないのと同じように，学習者が文の意味を予測したり解明したりするときに[射的と同様に何度も間違えては訂正するような]訓練が必要であるという誤った仮定に基づいている．つまり，文の意味を推論できないような学習者は，翻訳文がなければ決して読む力を得ることができないであろうと仮定されているのである．しかし読みと射的の間には本質的な違いがある．射的の技術は一連のうまく行かない努力によってのみ習得されるが，文の意味の知識は，推論することなく，つまり翻訳文によって得ることができるのである．理にかなったやり方で文を分析することは，文の意味の知識が得られるまでは不可能である．生徒が虎の巻（crib）を使うことに反対であるのはまったく実際的理由による．つまり，生徒は虎の巻と原文を比較検討することなく，丸暗記してしまいがちである．一方，[虎の巻を使用しないで]辞典のみに頼れば，テキストそのものを勉強しなければならないし，一定の文法分析も行なわなければならない[その結果，あいまいでしばしば間違った連合が形成されてしまう危険がある]．言うまでもないことだが，聡明な教師は，生徒が翻訳文を使用していようといなかろうと，生徒の分析の健全さをテストするのに困難は感じないであろう．もちろん，最も望ましいのは，辞典も翻訳文も使用しないで生徒を教えることができることである．翻訳文というのは，自学する成人のための特別な頼みの綱なのである．

［この節を読むと，日本の英語教育の一部で行われている「訳先渡し方式」を支持しているように思われるかも知れないが，もちろん，そうではない．自学の場合は，自分の判断が正しいかどうかを判断できないので，翻訳文をみて正しい分析かどうか判断し，それが済んだら直ちに翻訳文を放棄して，その文の語や構造を注意深く学習することを勧めている．翻訳文はあくまでも，自学の際に自分の解釈が正しいかどうかをチェックするのに使用すべきであると説いている．成人の自学には対訳本が役に立つと思う．］

文法書 一般に適用される原則の中には自学にとって特に重要なものが多くある．例えば，その言語の一般的研究から始めるという原則はその一つである．これによって，前もってどこに難しい点があるかとか，各グループの言語現象に払うべき注意の程度を知るのである．もう一つの重要な原則は，短い文法書から始めるということである．しかしすべての短い文法書が初心者に向くとは限らない．初めて文法を通読するときには，躊躇することなく余分で不必要な部分は無視すべきである．例えば，同族言語との比較対照とか語形変化表にある古語古文体などはすべて無視すべきである．

語形論と同様に統語論を学習するときにも同じ原則に従わなければならない．言語一般に共通の規則，あるいはその外国語だけでなく自国語にも当てはまる原則は無視してよい．当初は，学習者はその外国語の構造の理解に絶対に必要な規則に注意を限定すべきであって，それ以外の規則は後回しにしてよい．

最初1日分を読んで，翻訳によってその意味を習得し終わったら，学習者のその時の知識の状態が許す限り，すべての語の意味と構造を理解するまで分析的に研究する．翌日同じ所を復習するときに，その文を読み返し全体として研究するのであるが，そのとき分析よりも総合の方に力点を置くべきである．そして各文をさらに繰り返し読んで，すらすらと本も見ないで反復できるようにする．この方法には，それほど時間をかけずに長い節を暗記できるという利点がある．

最初，主として統語論の一般原理と共に，不変化詞や最も普通の語に集中すべきである．これらの主題を最初に徹底的に習得しておかないと，学習者はこれらを無視する癖がついたり，読みや会話でどんなに練習しても正しく習得できなかったりする．［この点は重要で，yet, still, ever, also, too, now, just, then, always, already, yet, etc. などの副詞や前置詞は，初期の段階で正しい用法を正確に憶えておくことが必要である．］

以上の統語の知識と語彙の知識は異なる学習法を必要とする．前者は非常に限定された量の文学を注意深く繰り返し研究することによって得られるのに対

して，後者は広範囲にわたる様々な分野の代表的な文学を読むことが必要で，したがって，必然的にその読みは速く多少注意に欠けるものとならざるを得ない．それ故に，明らかに，その言語の一般的語彙を習得しようとする試み［速読］は，不変化詞や最も一般的な語が十分に習得されるまで行ってはならない．

もちろん，学習者が進歩するにつれて，もっと容易に速く読むことができるようになるであろう．それにもかかわらず，学習者は常にゆっくりと注意深く繰り返し読むための時間を毎日確保すべきであり，しかもその習慣を学習の最後まで継続すべきである．新しい主題について新しい作品を読む場合には，その最初のところに出てくる特別な語彙の中で重要なものは，しっかりと習得できるまで特に注意して読む必要がある．そうしておけば，後は多少大さっぱに読んでもかまわない．

もちろん文法の研究は，テキストを読むのと同時並行して入念に行われるべきであり，学習の全課程を通して継続されるべきである．文法を一挙にかたづけて，ついでそれを放り出してしまうような考えは決してしてはならない．読みを行うときに，ちょうどそのとき学習している文法の節あるいは章に関係している語や構文に特別に注意を払うべきである．［読みにおいて，常に文法との関係を意識すべきである．］

学習者は常に次のことを念頭におくべきである．言語知識を得る近道はないこと，言語知識は実際の文学で具現化されている言語そのものを忍耐強く研究する以外に得られないこと，文法，辞典，ノートブックはすべてこのテキスト学習のための単なる準備であり補助であって代用品とはならないこと，平均して学習時間の三分の二がテキストの読みに当てられていないような学習計画は健全なものとは言えない．

外国語を慣用的な自国語に翻訳することは多くの面で有益であるが，あまり早期に試すべきではない．その言語をしっかりと理解できるようになったら，そのような翻訳を通して自国語の特徴と外国語の特徴を比較してみるのがよい．この段階と最初期の段階の中間の段階では，学習者は新語や新しい句を，自国語を通してではなくて，できるだけ直接それらが表している概念と結びつけることによって学ぶべきである．

（解説）　一般的事項として様々な注意点を述べている．最も重視しているのが反復練習である．前日読んだところを毎日繰り返し，一定の量進んだらそれまでのところを再読し知識を確かめること，テキストはもうそれ以上得るとことがないと感じるまで徹底的に学習することを勧めている．また，テキストを読

むのと並行して文法の学習が不可欠であり，これは学習の全課程を通じて行う必要があるとし，語学学習における文法の重要性を説いている．言語知識を得る近道はないこと，言語知識は実際の言語そのものを忍耐強く研究する以外に得られないこと，が言語学習の要点であると結論する．

VI. 独自の教授法をもつこと：あとがきに代えて

『毎日新聞』（2016年4月4日朝刊）に「英語教科書繰り返し5回」の記事が掲載された．文部科学省が2月に公表した2015年度の中高校生の英語力調査の結果は，4技能すべてで国が掲げる目標にほど遠く（V. スウィート第10章「解説」(p. 220) を参照），教育界に落胆が広がったが，その4技能でめざましい成果を上げている公立中学校があるとして，横浜市立南高付属中学校の取り組みを取り上げている．その要因は，従来の概念を覆す授業法にあるとして，「5ラウンド式」と呼ばれる方法を紹介している．「5ラウンド式」授業法のイメージは次のようになっている．

　　1周目　音声中心（第1章から第11章）（4月→6月）
　　2周目　音と文字の一致（第1章から第11章）（7月→9月）
　　3周目　音読（第1章から第11章）（9月→10月）
　　4周目　文の構造（第1章から第11章）（11月→1月中旬）
　　5周目　話す・書く（第1章から第11章）（1月中旬→3月）

この表に示すように，焦点を変えながら教科書を1年間に5回繰り返す．1周目は「聞く」に重点をおいて，教科書の本文を繰り返し音声で聞かせる．あえて読み書きはせず，英語に耳を慣らさせる．その上で本文の内容を描いたカードを準備して，生徒にストーリーの順に並べ替えさせる作業をさせる．これを4月〜6月の3ヶ月間で第1章から最終章まで一気に進める．

　2周目には，教科書の本文を一文ごとに順不同に並び替えたシートを生徒に配り，音声を聞きながら順番通りに並べ替えさせる．シャワーのように浴びせた音と，単語や文章を一致させるのが狙いである．

　3周目は「読む」が主眼で，音読が中心である．

4周目は，教科書の本文中の動詞や形容詞など複数の箇所を空白にしたワークシートを配布し，その穴を埋めながら音読させる．英文の構造を意識するようになるという．
　5周目は「話す」を重視する．2人1組で，本文の要旨をパートナーに英語で説明することを繰り返す．そして最後に本文の要旨をまとめて英語で書く．以上がこの方式の主な流れである．
　この方式を実行するに当たっては，保護者の心配，教員の失敗できないというプレッシャーなどいくつかの問題が立ちはだかるが，それを乗り越えての実践であった．そして，「想像以上」の結果が出たという．この方式が重視している点は「使える」英語である．記者が取材をした授業は，1年生の3学期の「5周目」．生徒がペアを組んで，内容をお互いに1分ずつ説明し合う．5周目で内容が頭に入っているらしくどの生徒も口調がなめらか，それが終わると各自が説明した内容を3分間でまとめて書くように指示，ここでもペンをすらすらと走らせる生徒が目立った．週末に何をしたかという教師の質問にも生徒達は口々に英語で返答した，と記事にはある．
　このような結果に対して，「中高一貫で中学入試がある付属中だからできるのではないか」との記者の問いに対して，発案者の西村教諭は「このスタイルはどの学校でも通用すると思う」と答えている．横浜市は今後，この方式を市内の中学校に広げる方針であるという．

　テキストのある1節あるいは1頁を取り上げて，読む（発音）・聞く・文法・理解・書くの作業を一通り行いながら授業を進める従来の方式を「細切れ方式」と呼ぶことにしよう．細切れ方式と5ラウンド方式の間には次のような違いがある．
　(1)　5ラウンド方式ではテキストの内容が細切れにならず，一つのまとまりとして扱われる．したがって，物語を一つのストーリーとして楽しむことができる．細切れ方式では，一つのセクション，あるいはパラグラフごとに発音，文法，文構造，解釈の訓練が行われるので，物語の筋もそれに伴って分断される．（スウィートの指摘するように「この本を翻訳で読みたい．一日20行だけ読んでいるのでは話の筋が分からない．」(p. 241) という意見が生徒からでることになりかねないし，面白い話も教科書にでるとつまらなくなるという批判を受けることにもなる．)
　(2)　3周目まで音声に重点を置いた授業であることから明らかなように，音声に非常に大きな重点が置かれている．語学学習の基礎は音声学にあるとい

うスウィートの提言に合致する．この音声中心の訓練が，ひいては会話の基礎訓練となり，自由な会話につながっていくことは自然な流れである．

　(3)　文構造を集中して扱うので，細切れに構造を学習するのに比べて，英語の構造の一定の形を理解しやすくなる．

　(4)　文法を集中して扱うことが可能となるので，一つのまとまった体系として文法を教えることができる．文法内容を分散して教えた後にそれらをまとめ上げる方法よりも効率的であると考えられる．

　(5)　何にも増して，同一のテキストを5回読むのであるから，テキストを繰り返す度に忘れたことを思い出したり，不確かなことを再確認できたりして，スウィートの言う「連合」を強固なものにできる．いわばテキストをしゃぶり尽くすような，テキストの徹底的活用である．細切れ方式ではこのような再確認の機会がほとんどない．

　一方，この方式を実施するに当たっては，それぞれのラウンドで教授上の多様な工夫を施すことが重要であると思われる．上記の記事にその一部分が紹介されているが，たとえば，1周目の音声中心の指導を行う際に，単に発音練習や「聞く」学習を繰り返していては生徒の興味を持続させるのがむずかしいから，いくつかの指導上の工夫がなされていることと思う．また，音声中心と言っても，意味を理解しないで「聞く」ことは意味のあることではないので，意味をどのように理解させるかの工夫も必要である．記事によれば，内容を描いたカードが使用されているとある．

　さらに，テキストを初めから終わりまで通して5回繰り返して教えることには抵抗を感じる教師もいるであろうし，学校全体として取り組むことに抵抗もあると推測される．そこで，この方式の基本的考え方は保持しながら，期間を短縮する形に変更することは可能である．その方法の一つとして，「one lesson 繰り返し5回方式」が考えられる．上記の方法を一つの課に限定して適用するのである．この方式によれば，従来の細切れ方式に慣れている教師でも比較的容易に取り入れることができると思われる．これによって，生徒は一つの課の内容を一つのまとまりとして理解することができるし，その課の構文や文法事項を一括して学習することができる．昔高等学校の教科書の作成に関わった経験があるが，一つの課はまとまりのある内容として組み立ててあり，それを全体として理解することを前提として編纂してある．それにもかかわらず指導書はセクションごとに，文法事項，解釈，内容理解等の説明がなされているので，教師はそれに従って細切れ方式で指導しているものと考えられる．教師の少しの工夫で「one lesson 繰り返し5回方式」の実施は可能であろう．

編著者の英語教育に対する意見は解説で断片的に述べてきたが，まとめの意味で個人的意見を述べておこう．

　1．英語教育で最重要であるのは中学校の英語である．中学校では会話を最終目標とする指導が必要である．これはいわゆる「会話」を学習せよと言っているのではなくて，中学校レベルの英語がかなり自由に操れることを目標にすべきであるということである．これによってコミュニケーションの使用に耐える英語の基礎が十分に確立されると考える．使えない英語の元凶は中学英語にある．

　2．国語における文法教育を徹底する．従来の伝統的国文法による指導ではなく，文型を中心とする文構造の分析的指導が必要である．これによって，外国語の文型や文構造の理解が格段に容易になるであろう．日本の国語教育ではこの点がまったく不足している．英語教育には国語教育が重要な関係をもっているが，従来この点は看過されていたと思う．国語における文法教育の充実は，言語教育一般の視点から見てもきわめて重要な問題である．

　3．文法訳読法は語学教育には不可欠である．従来の問題点は，英語教育においてこれ以外の訓練を十分にしなかったところにあるのであって，文法訳読法に語学教育上の欠陥があるのでは決してない．これまで様々なアプローチとかメソッドと呼ばれる方法が試されているが，それが実績をあげたということは聞いたことがない．語学の学習は単一の方法ですべてを律することができるほど単純な活動ではなく，語学学習は多面的であって，学習活動の内容にしたがって，それに適した方法が存在すると考えなければならない．

　4．文法は語学教育の根幹である．文法なくしては，言語学習は不可能である．しかしながら，これまでの文法教育には不必要な情報を教え込むような明らかな問題点もあって，たとえば，重文と複文の区別，話法の転換，不定詞の用法の区別など英語の運用にまったく無関係な事項に重点を置く面があったことは否めない．一方，構文の性質，構文間の関係，受動文の使用文脈などの問題は，実際の英語の運用において重要な役割を果たす情報である．文法指導では，このような情報を中心にして，生徒に文法規則を動的に使用できるように習熟させる具体的教授法が求められる．また，ここでは詳細な議論はできないが，従来の5文型は範疇（品詞）と機能が混在していて，学習上の不必要な混乱を招く可能性があること，基本文型としてまったく不十分であることなどの基本的問題を含んでいるので，範疇を用いた基本語順の形で再整理することが必要であると考える．

　5．教授法には一つの魔法の杖のようなものがあるのではない．教授法は教

VI. 独自の教授法をもつこと：あとがきに代えて

師の数だけ存在する．教師は，経験の少ない初期には，様々な文献から情報を得て，それを実践し，改良しながら進んでいくことになるが，一定の経験を積んだ後では，自分自身の教授法を持つべきである．その教授法は固定的ではなく柔軟であるべきであって，各自が，その後の研究研鑽によって改善修正しながら，独自の個性的な教授法へと発展させていくべきである．そしてその教授法を絶えず点検改善することによって，さらに進化させるように努めなければならない．これが教師としての責務であると考える．

（付記）2016年8月2日付けの『毎日新聞』（朝刊）に指導要領改訂案の記事がでた．小学校の英語教科化とともに，教員が新たな学びに対応できるのかの懸念はぬぐえないとしている．

小学校の英語は現在，歌などで楽しみながら学ぶ教科外の「外国語活動」として，5，6年生でそれぞれ週1時間（年間35時間）の授業がある．今回のまとめによると，20年度に外国語活動を3，4年生の授業に前倒しし，5，6年生で正式科目に格上げしたうえで授業時間を週2時間，年間70時間に倍増する．

このような改訂がなされた中で，現場の小学校教員には不安があるのは当然で，小学校教員を目指す学生には英語指導法は必修ではないから，英語指導法の知識がまったくない現場教員は多いはずである．教員養成や指導態勢の整備が喫緊の課題であることは明らかであり，江利川春雄（和歌山大学）は「入門期は単語も文法も知らない子どもに音声を中心に指導しなければならず，教員には高い力量が求められる．それを支える予算や人員確保，教員研修が不十分なままでは学習効果は期待できない．現時点での英語の教科化は見切り発車で，文科省の計画は半ば破綻している」と厳しく指摘している．Well-begun is half-done.（始めよければ半分できたも同然）の真反対の状況だというのである．

同じく『毎日新聞』（朝刊）7月30日の「オピニオン」のインタビューの中で，外山滋比古は最近の英語教育について尋ねられ，「読み書きだけでなく，会話を身につけるならできるだけ早い方がいい．まもなく小学校3年から英語が始まりますが，それでも遅い．本来なら小1でも遅いくらいです．（中略，しかし）中途半端な形で小学生に教えるくらいなら，中学生で始めた方がまだいい．というのも現在の小学校ではきちんとした英語が教えられる先生が育っていません．いいかげんな状態で基礎を教えると，余計な混乱を生んでしまいます」と述べている．江利川の懸念と同じである．間違ったことを教わった生徒の誤りを矯正するには，はじめに正しい内容を教え込むことよりも，本人にとっても教授者にとっても多くの労力と時間を必要とすることは，英語を教え

た人ならだれでも経験していることであり，そのことはすでにスウィートにおいて指摘されている．すでに述べたことであるが，小学校英語において最も注意を払うべき点は，生徒に正しい発音を教えることである．音声指導には十分すぎる配慮が必要である．

参照文献および新聞記事

I. 序論
「外国に学ぶ」（石橋幸太郎，『随筆集　日本人と外国語』（財団法人語学教育研究所編，開拓社），1966 年）

『日本の英語教育史』高梨健吉・大村喜吉著，大修館書店，1975 年

『英語講座の誕生——メディアと教養が出会う近代日本』山口誠著，講談社選書メチエ，2001 年

『言語学者列伝』樋口時弘訳，朝日出版，2010 年（Thomas A. Sebok (ed.), *Portraits of Linguists, Indian University Press,* vols I. II., 1966 の抄訳）

『エッセンシャル英文法』中島文雄訳，千城書房，1962 年（Jespersen, O. *Essentials of English Grammar*, 1933）

『英語学と英語教育』伊藤健三・島岡丘・村田勇三郎著，1982 年，大修館書店

『新英文法』（Sweet, H. *New English Grammar* (Part I, 1891: Part II, 1898)）（半田一吉訳，『新英文法——序説』南雲堂，1980 年（*New English Grammar*. Part I—Introduction の訳））

『近代英語文法』（Jespersen, O. *Modern English Grammar*, 7vols, 1904~1949）

II. 外山正一著『英語教授法　附正則文部省英語読本』
『近代文学研究叢書　第 4 巻』昭和女子大学光葉会，1956 年

『外山正一先生小伝』三上参次著，1911 年（明治 44 年）

『日本の英語教育史』高梨健吉・大村喜吉著，大修館書店，1975 年

『正則文部省英語読本』外山正一・B. S. Chamberlain 著，1889-1890 年

III. 岡倉由三郎著『英語教育』
『近代文学研究叢書　第 41 巻』昭和女子大学近代文化研究所，1975 年

『英語の先生，昔と今——その情熱の先駆者たち』高梨健吉著，日本図書ライブ，1985 年

『日本の英語教育史』高梨健吉・大村喜吉著，大修館書店，1975 年

『英語講座の誕生——メディアと教養が出会う近代日本』山口誠著，講談社選書メチエ，2001 年

『英語学と英語教育』安井稔著，開拓社，1988 年

『英会話文法』齋藤秀三郎著，*English Conversation-Grammar* (Hidesaburo Saito, 興文社，1893 年（明治 26 年））

『和文英訳研究——方法と実際——』山田和男，研究社，1986年
『ウィキペディア』「筆記体」の項
『日本語のアクセント，英語のアクセントどこが違うのか』杉藤美代子著，ひつじ書房，2012年
『英文の解釈』小野圭次郎著，1921年（大正10年）；復刻版『英文解釈研究法』河出書房新社，2011年
『和文英訳の修業』佐々木高政著，文建書房，1957年
『英語の発想がよくわかる表現50』行方昭夫著，岩波ジュニア文庫
『新英和大辞典』岡倉由三郎編，研究社，1927年（昭和2年）
『実例解説英文法』中村捷著，開拓社，2009年
『思考訓練の場としての英文解釈 (1)』多田正行著，育文社，1973年
『思考訓練の場としての英文解釈 (続)』多田正行著，オリオン社，1980年
『思考訓練の場としての英文解釈 (3) 完結編』多田正行著，三村浩一編，育文社，2014年

IV. イェスペルセン著『外国語教授法』

『語学教授法新論』オットー・イェスペルセン著，前田太郎訳，東亜堂，1913年（大正2年）；大塚高信補訳，富山房，1941年
『イェスペルセン自叙伝』前田儀一郎訳，研究社，1963年
『言語学者列伝』樋口時弘訳，朝日出版，2010年
『英語の話しかた』国弘正雄著，サイマル出版会，1970年
『ぜったい音読』シリーズ，国弘正雄編集，講談社インターナショナル，2000年
『話法』江川泰一郎著，研究社，1968年
『実例解説英文法』中村捷著，開拓社，2009年
『英会話文法』齋藤秀三郎著，*English Conversation-Grammar* (Hidesaburo Saito, 興文社，1893年（明治26年））
『実用英文典』齋藤秀三郎著，開拓社，中村捷訳説，*Practical English Grammar* (I)-(IV) (Hidesaburo Saito, 興文社，1898-1899年（明治31-32年））
『英語教育の中の英語学』安井稔著，大修館，1973年

V. スウィート著『言語の実際的研究』

『言語の実際的研究』ヘンリー・スウィート著，小川芳男訳，英潮社，1969年
『言語学者列伝』樋口時弘訳，朝日出版，2010年
『新編英語活用辞典』市川繁治郎編，研究社，1995年
『英語の話し方』国弘正雄著，サイマル出版会，1970年
『英語の話しかた——国際英語のすすめ（新版）』国弘正雄著，サイマル出版会，1984年

『国弘流英語の話しかた』国弘正雄著，たちばな出版，1999 年
『英語上達完全マップ』森沢洋介著，ペレ出版，2005 年
「中 3「英検 3 級」7 割届かず」(『毎日新聞』朝刊，2016 年 2 月 3 日)
『日本の英語教育の今，そして，これから』長谷川信子編，開拓社，2015 年
「英語教育改革における盲点」(『毎日新聞』朝刊，2016 年 3 月 6 日)
『実例解説英文法』中村捷著，開拓社，2009 年
『和文英訳の修業』佐々木高政著，文建書房，1957 年
「英語をたどって III」(『朝日新聞』平成 28 年 1 月 6 日夕刊)
『新明解国語辞典』山田忠雄主幹，三省堂，1972 年
『アンカー英和辞典』柴田徹士主幹，学研，1972 年
『スーパー・アンカー英和辞典』山岸勝榮主幹，学研，1996 年
『熟語本位英和中辞典』齋藤秀三郎著，正則英語学校出版部，1915 年（大正 4 年）

VI. 独自の教授法をもつこと：あとがきに代えて

「英語教科書繰り返し 5 回」(『毎日新聞』2016 年 4 月 4 日朝刊)
「小 5 英語 20 年度教科に」(『毎日新聞』2016 年 8 月 2 日朝刊)
「オピニオン，インタービュー英文学者外山滋比古」(『毎日新聞』2016 年 7 月 30 日朝刊)

索　引

1. 人名・事項・英語語句に分け，日本語はあいうえお順で示し，英語で始まるものは ABC 順で最後に一括してあげた．
2. 〜は見出し語を代用する．
3. 数字はページ数を示し，ff は「次ページ以降に続く」を意味する．

人　名

アーン　174, 176, 240
アガーサ・クリスティー　253
アリストテレス　44
イェスペルセン　2, 3, 173, 225
石橋幸太郎　2
市河三喜　2, 27, 29
伊藤健三　3
上田明子　103
ヴェント　143
内村鑑三　2
江川泰一郎　136
江利川春雄　269
岡倉由三郎　1, 2, 28
小川芳男　173
小野圭次郎　66
オルレンドルフ　15, 176, 212, 240
カーライル　254
ガベレンツ　204
グアン　60, 176, 207, 240
国弘正雄　129, 207
熊本謙二郎　58
ゲーテ　143
ゴールドシュミット　113, 115
齋藤秀三郎　2, 44, 121, 145, 233
佐川春水　76
佐川洋　76

佐々木高政　17, 44, 69, 227
シドニー・シェルダン　252
柴田徹士　232
島岡丘　3
シュトルム　88, 101, 144, 209, 247
スウィート　2, 3, 4, 88, 93, 95, 97, 100, 104, 113, 121, 148, 165, 173, 176
スウィントン　22
杉本美代子　52
スチュアート・ミル　98
セイス　169
高梨健吉　3
多田正行　79
ダンテ　98
チョムスキー　44
外山滋比古　269
外山正一　1, 2, 9, 24, 96
ドレイスプリング　15
行方昭夫　69
バーレー　23
長谷川信子　220
ピーターセン　137, 138
樋口時弘　3
パイル　126
ファウラー　230, 233
フランケ　246
ブレンダーガスト　15, 176
ベルリッツ　202

275

ミルトン　125
村田勇三郎　3
メゾファンティ　206
森沢洋介　207
安井稔　33, 172
山岸勝榮　233
山口誠　2
山田和男　44
山田忠雄　232
ラム　241
リップマン　60, 73
レネバーグ　145
ロジェイ　230, 233

事　項

［あ行］

アクセントの重要性　49
　　〜の種類　50, 52
誤りの訂正　143
アレキサンドリアの文法家達　177
暗唱（暗誦）　17, 49, 61, 62, 68, 127, 215
　　〜の基本問題　5ff
　　〜の教材　62
　　〜の効用　62
　　〜の準備　215
　　口頭〜　69
暗喩　199
生きている言語　139, 171
　　〜言語学　175, 177
意識的分析的感覚　178
イタリック体　67
一時に一つの事柄を　169
一般原則の必要性　175
意味の焦点　55, 56
　　〜の体系的学習　232
意訳　20, 57, 66
印刷体　45

引用符　67
迂言的説明法　118, 119
英語学習の基本原理　1
　　〜の基本問題　1, 39
英語各分科の関係　41, 43, 79ff
英語学力試験結果（2015）　220
英語教授を始める時期　30
英語で教えることの問題点　251
英語の実用的価値　36
英作文
　　口頭〜　17, 44, 145
　　進んだ〜教授法　74
　　中学の〜　65
英習字の模範　46
絵単語　60, 113
NHKラジオ基礎講座　29
演繹的教授　61
押韻と韻律　63
音
　　〜の孤立化　178
　　〜の習得から始めよ　183
　　〜の違いを感じる　179, 180
　　〜の聴覚的効果　178
　　〜の模倣　127
音構成の分析　179
音声学　82, 153, 177ff, 187ff
　　〜的知見と音声指導　165
　　〜と音声表示　164
　　〜に基づく教授法　177
　　〜の利点　187, 188
音声器官の基準　217
音声上の困難　195
音声的つづり字法　184
音声表記
　　〜から綴り字への移行　163
　　〜とつづり字法　181
　　〜の教育上の意義　163
　　〜の使用　153
　　〜の利点　180
　　〜法　180ff

音調（intonation）　50
音読　12, 14, 17, 22, 125ff, 129
　　〜の重要性　129

[か行]

海外移住の原則，問題点　203
絵画式教授法　246
外国読本の不適切さの理由　11ff
外国教科書の問題点　14
外国語
　　〜学習の修養的側面　77
　　〜学習の目的　88, 90
　　〜からの翻訳（訳読）　246
　　〜教育の根本問題　33
　　〜教育と母国語の知識　31
　　〜教授の効果　89, 90
　　〜授業における弊風　18
　　〜による説明　247
　　〜の音声と一般音との関係　179
　　〜と母語の音体系　179
　　〜の学習年齢　169
　　〜の完全な知識　255, 256
　　〜の基礎知識　256
　　〜の字母（アルファベット）　182
　　〜の修養的価値　82
　　〜への翻訳　143, 246
外国人教師　83, 259
外国字母の字訳　182
解釈（翻訳，訳読も参照）　54ff
　　〜と発音　55
　　〜とは何か　65
　　〜の三つの手順　56
　　〜の教授　65
　　〜の留意点　55, 56
解読　80
会話　42, 71, 251ff
　　〜と暗記　17
　　〜と音読　15, 22
　　〜と作文　71ff
　　〜と読本　14
　　〜の教材　16, 17
　　〜の訓練　71
返り読み　37, 57, 66
科学的学説　174
書き写し（copy）　163
書き取り
　　〜の効用　63
　　〜の材料　63
　　〜の訂正法　63
　　〜の方法　128
　　〜の利点　129
学習
　　〜計画と読みの配分　262
　　〜時間　254
　　〜上の一般的事項　206, 254, 262
　　〜の基本原理　241, 243
　　〜の速度　254
仮説演繹法　151
型（pattern）　209, 224
活用可能な語彙　44
過度の反復　215
観察方法の訓練　146
間接認知の方法　112
関連のない用例の例　91, 92, 93
記憶と概念の連合　176
　　〜と反復　215
機械的暗記暗唱　17
　　〜暗記の弊害　137ff
　　〜学習　204
　　〜孤立化　208, 209
　　〜段階（前文法の段階）　223
器官的基準　179
聞き取りと暗唱　72
　　〜の材料　72
規則
　　〜と用例　211
　　〜と用例の順序　225, 227
　　〜の演繹的使用　220
　　〜の有用性の基準　208

～は不可欠　210
規則的事実と孤立的事実　208
基礎語彙と活用語彙　39, 232
帰納的教授　61
　　～文法教授法　216
　　～方法　217, 220
帰納法の手順　151
規範文法　4
基本構文　39
旧教授法失敗の理由　176
旧制の学校制度　7
教育主義（方針）の変遷　32
教育的価値　35
教材の作りかえ　134
　　～の提示法（音声の場合）　161ff
教師（教員）　13, 17, 18, 24, 82, 170, 172, 220
　　～独自の教授法　269
　　～に対する要求　81ff
　　～の修養（職業上，個人的）　81, 83
　　～の授業準備　22
　　～への注意　21
強弱アクセント　50
教授法
　　～進歩の弊害　33
　　～の一般原則　199
　　～の過重視の弊害　32
　　～の基本原則　174
近代語教授の目的　88
屈折の困難　196
句読点の用法　58, 67
経済の原則　215
形式的統語論　222
形式と機能　223
言語
　　～の外的困難　191
　　～の科学　4
　　～の技術　4
　　～の困難　191ff
　　～の実際的研究　175, 176, 211

～の単位　210
～の内的困難　193
～の不合理な面　199
～は意味を伴う音である　45
～は音を伴う意味である　45
～は同等にむずかしい　197
～は部分的に合理的　199
～変化　201
～の理論的研究　175, 176
言語学習の能力　205
　　～の要点　263
言語研究の基礎　175
言語使用のための技術　4
言語知識を得る近道はない　207, 262
語彙解説（glossary）　117
語彙集の扱い方　151
語彙の学習　231
　　～の困難　196
　　～の指導　149
口語性の度合い　185
口語は文語の源　189
交叉連合　181, 190, 192, 202, 207, 210, 214, 245
　　～と翻訳（訳読）の関係　245
口授　113, 118
高低アクセント　50, 52
口頭
　　～暗唱　69
　　～英作文（和文英訳）　17, 44, 145
　　～教授　161
　　～による翻訳のさせ方　123
合理主義　4
合理的教授法　206
語学学習の多面性　268
語学教育の基本　39
語学の才能と知的才能　205
国語教授の重要性　31
国語の文法教育　268
語形変化表　210
語形論（形態論）　221, 222

語順　221
個人的才能の差異　207
ゴチック体　183
古典主義　4
語と概念の連合　190
言葉の本質　41, 45
語と連想　109
語彙の爆発的増加期　201
5文型の問題点　268
個別音声学　179
細切れ方式　266
古来の修学の工夫　33
5ラウンド式授業法　265
今後の英語教育の道　38
根本語　199

[さ行]

作文（英作文も参照）　42
　　〜の教授　72
算術的誤謬　93
3000語　219, 231, 236, 243
自学　39, 258
　　〜と文法書　261
　　〜と翻訳文　259
試験の弊害　169, 171
思考の道具　44
自国語からの意味の類推　116
　　〜による説明　247
辞書の使用　63
自然教授法　48, 201
　　〜の欠点　201
質疑応答による訓練　249
実用音声学　179
実用的価値　35
実用の意味　35
辞典　227ff
詩の教授　62
自明の文　116
字訳　180, 182

釈解　42, 43
釈即読み，読み即釈　57
趣意　19
自由英作文　73
自由作文（質疑応答による）　249
習字練習上の注意　45
従属節の書き換え　135
集中的音声指導　165
周到な準備の必要性　82
自由な再現，創造　171
修養　35
　　〜的価値　79
従来の学習文法書の問題点　152
受動化における注意　134
唱歌　126
初学者と日常語　94
初学年指導の力点　37
助動詞 do の教え方　147
初歩の英語教授　48
人工的記憶術　215
死んだ言語　139
心智開発の訓練　80
心理学の法則　176
スウィートの基本的理念　176
　　〜の言語学的背景　4
数の練習　130, 135
進んだ生徒の指導　166
正書法　163
成人のための教授法　258ff
正則英語読本　15
　　〜サンプル　25ff
　　〜の使用法　16
正則と変則　7, 12
斉読（reading in unison）　125
精読と速読　166
　　〜の重要性　167, 171
接続法の学習　209, 223
漸次的教授法　217
先天的素質　204
総合的方法　210, 226

即席の用例の問題点　226
速読の効用　167
　〜の時期　262
組織化する訓練　149
組織的単語集　99
素養　35

[た行]

大学生の英語力　1
代名詞の教え方　147
単語帳の作成　152, 232
単語
　〜の暗記　18, 59, 60
　〜の取り扱い　59, 68
　〜の補給　59
　〜表の暗記　211
知覚の方法　67
逐語訳（主義）　42, 56, 66
中学
　〜では会話中心　268
　〜指導の力点　37
　〜の英作文　65
　〜英語の重要性　220, 224, 268
　〜英語の目的　17
聴覚的感覚　178, 179
直接観察（直接認知）の方法　112
直接教授法　29, 202
直読直解　36, 37, 58, 66, 71
直訳　20, 21, 37
　〜主義　57, 66
　〜と意訳　19
直喩　199
強い音と弱い音　50
テキスト（読本も参照）　233ff
　〜と文体　234
　〜と文法　211, 216, 217, 242
　〜と用例　242
　〜の語彙　237, 239
　〜の主題　234, 257

〜の難易の段階　240
　〜の分類　234
摘要（抜き書き）の作成　256
転写（音訳）　183
同一の基本的心理過程　206
　〜の言語学習の道　206
同義語の指導　150
統合から分析へ　68
統語論　221
動詞の重要性　67
　〜の変化形の教授法　141
時の副詞節の解釈　70
独修（自学）　30
読書（翻訳，訳読，解釈も参照）　36
　〜中心　37
　〜の二要件　36
　〜力の標準　37
　〜力の養成　36, 38
読本（テキストも参照）
　〜選択　96ff, 104
　〜の使用法　104ff
　〜の新語の配置数　99, 104
　〜の難易　98
　〜の文法上の困難　101
外山の英語教科書論　24
　〜の英語教授論　24
　〜の教師に対する要望　24
虎の巻使用反対の理由　260

[な行]

2カ国語話者　255
日英語
　〜のアクセントの違い　52
　〜の話し方の違い　53
　〜発音の比較　180
　〜比較の知識　121
日本語のアクセント　49
　〜の活用　68, 226
認知（理解）の段階　223

索　引

認知方式　113
　　〜と試験　122
ノートブックの使用　256

　　　　　　［は行］

発音
　　〜器官の動き　178
　　〜記号　153
　　〜教授　48, 51
　　〜と読みの違い　48
　　〜の技術　177
　　〜の強形と弱形　184, 185
　　〜の取り扱い方　152ff
　　〜の標準　186
　　〜表記の効用と使用目的　158ff
　　〜練習の方法　39, 40, 127, 129, 259
発見の手順（語彙と文法）　151, 152
発明的文法教授法　216
話し言葉　175, 189
話す活動　168
話せる英語　38
反復練習　17, 169, 215, 255
比較の対象　67
卑語　186
筆記体　45
　　〜指導の変遷　47
一目で見渡せること　229
非表音的　180
表現集　219
表現の書き換え指導の例　150
表現の収集　252
表現法（phraseology）　239
品詞論　76, 77
不規則形の学習法　101, 102
不規則変化　218
複文の教え方　16
普遍音声学　179
文学と学習　253
文語と口語　174, 189

分詞構文の問題　136
文章論（統語論）　77
分析的方法　210
分析と総合　210
文体と用例　94
文の変換（疑問文）　131ff
文法　42, 76ff, 221ff
　　〜規則の助け　209
　　〜規則の発見的手段　78
　　〜教材の配列の不備　149
　　〜教授の要点　151
　　〜項目の教え方　147
　　〜書の使用法　78
　　〜前の段階　216
　　〜的性の学習　209
　　〜的分析の段階　223
　　〜と実例　77
　　〜の教え方　77
　　〜の活用法　148
　　〜の役割　14
　　〜は語学学習の根幹　268
　　〜不要論の過ち　152
　　〜訳読法の重要性　268
　　〜訳読法の利点　250
　　〜を学ぶ利点　143
文脈　211
分離した文　211
文例（用例も参照）　91ff
変則　12
変則訳読授業法　13
補完し合う多くの方法の併用　170
母国語の字母と字訳の関係　183
翻訳（訳読，解釈，読書，読みも参照）
　　121ff, 129, 243ff
　　〜重視の理由　107
　　〜と暗唱　128
　　〜と音読　15
　　〜と試験　122
　　〜と新教材　122
　　〜の位置づけ　122

〜の技術　108, 109
〜の効用　250
〜の三段階　248
〜の二種類　246
〜の利点　120
〜の練習法　123
〜は知識を確実にする　247
〜は不可欠　110
〜（訳読）方式　106, 110

[ま行]

無意識の連合　213
無自覚の心的活動　141
無声音　158
目標の設定　39
文字　42, 45
模倣原理　209
模倣する前に聞け　179
模倣的（再現的）方法　144, 249
問答練習　133, 135, 136

[や行]

訳読（翻訳，解釈，読書，読みも参照）
　12, 13, 22
　〜の利点　110
訳文先渡し方式の問題点　110, 261
有声音　158
よい学習法と悪い学習法　176
用語集の使用　216
用例　224ff
　〜と規則　224
　〜の扱い方　226
　〜の収集　226, 227
　〜の提示法　225
　〜の役割　224, 227
　よい〜の条件　225
予備知識　7
予備的やり方　148

予備的練習　39, 42, 45
読み方（音読）　41, 42, 51, 80
　〜と解釈の結合　57
読み（読書）の重要性　166
読むと聞く　43
4技能の関係　43

[ら行]

律動　63
理論的研究　4
臨界期　145, 201
類推　140
連合　181, 212, 220
　〜形成の過程（言語の学習）　212
　〜能力と記憶力　205
　〜の主要公準　213
　〜の大法則　212
ローマ字　182, 183
ローミック記号　184
論理性と合理性　193
論理的辞典　230
　〜統語論　222

[わ行]

和英辞典　65
和文英訳（英作文も参照）　121, 143
　〜の効用　145
　〜の通弊の回避法　73
話法変換の問題点　134, 136
漸次的教授法の機械的段階　217, 218, 219
one lesson 繰り返し5回方式　267

[発音記号で始まるもの]

/h/ の省略　186
/r/ の挿入　186

英語語句

as ... as 66
back 229
bat 109
bread 150
caiman 95
cannot but do 21
cannot help doing 21, 200
cap 114
capital 118
chapeau, hut, hat 246
coast, shore 121, 232
come to oneself 20
come up to, go down to 198
come, go 198
dentil 117
detect 61
die, dies 95
earn 64, 70
floor 117
get out 61
get wet, become wet 237
glove 114
gonna 187
hat 113
head 120
here, there, yonder 197
hip 120
history 150
How do you do? 185
I asked myself what this means. と I wonder what this means. 248
I must be off, I must be going now. 238
idea(r) of 186
if it were 189
if not sooner 233
in there, out there, down there 140
India(r) Office 186

it is natural that ... 67
little, few 21
loaf 150
lord 186
make haste 219
Norwegian knapsack 185
over there, over here 198
pack up, pack in 244
part from, part with 228
pit, peat 179
primage 117
promise 68
protect 61
regret, remorse, repentance 64
responsibility 68
seek, look for 237
Serve you right. 93
sharp 194
sit down 61
sky 189
stand up 61
storey 117
story 150
supper 200, 201
take responsibility for 68
tall, high 121
tell 20
tell him 186
tell him not her 186
think of/about/over 228
tie in a knot 219, 237
turn up the gas 219, 237
up = completely 244
used to 244
wanna 187
What is the matter? 219
when you are such a dunce 20
will, shall 193
wonder 61
would you mind ~ing ...? 21

著者紹介

中村　捷（なかむら　まさる）

1945年　島根県生まれ．
現在：東北大学名誉教授．博士（文学）
職歴：東京学芸大学，東北大学大学院文学研究科，東洋英和女学院大学を経て，現在．マサチューセッツ工科大学研究員（フルブライト若手研究員）．カリフォルニア大学（アーバイン校）客員教授（文部省在外研究員）．
著書：『形容詞』（現代の英文法 7，共著，研究社，1976：1977年度市河賞受賞）『生成文法の基礎──原理とパラミターの理論──』（共著，研究社，1989），『束縛関係──代用表現と移動──』（ひつじ書房，1996），『ことばの核と周縁──日本語と英語の間』（共編著，くろしお出版，1999），『ことばの仕組みを探る──生成文法と認知文法──』（共著，研究社，2000），『生成文法の新展開──ミニマリスト・プログラム──』（共著，研究社，2001），『英語の主要構文』（共編著，研究社，2002），『意味論──動的意味論──』（開拓社，2003），『英文法研究と学習文法のインターフェイス』（共編著，東北大学大学院文学研究科，2007），『英語学モノグラフシリーズ』全21巻（共編，研究社），『実例解説英文法』（開拓社，2009），『実用英文典』（齋藤秀三郎著，訳述，開拓社，2015），など．

名著に学ぶ
これからの英語教育と教授法

Ⓒ 2016 Masaru Nakamura
ISBN978-4-7589-2234-0　C3082

編著者	中村　捷
発行者	武村哲司
印刷所	日之出印刷株式会社

2016年11月19日　第1版第1刷発行

発行所　株式会社　開拓社
〒113-0023　東京都文京区向丘 1-5-2
電話　(03) 5842-8900 (代表)
振替　00160-8-39587
http://www.kaitakusha.co.jp

JCOPY＜(社)出版者著作権管理機構　委託出版物＞

本書の無断複写は，著作権法上での例外を除き禁じられています．複写される場合は，そのつど事前に，(社)出版者著作権管理機構（電話 03-3513-6969，FAX 03-3513-6979，e-mail: info@jcopy.or.jp）の許諾を得てください．